Mit Stieren ackern

MARIA GRUBER

Mit Stieren ackern

Eine Bauerntochter erzählt
ihr Leben

Weltbild

Besuchen Sie uns im Internet:
www.weltbild.de

Genehmigte Lizenzausgabe für Verlagsgruppe Weltbild GmbH,
Steinerne Furt, 86167 Augsburg
Copyright der Originalausgabe © SüdOst Verlag, München.
Illustrationen im Innenteil: © Michael Lauss, Wegscheid
Umschlaggestaltung: Höpfner-Thoma, Planegg
Umschlagmotiv: Ullsteinbild.de (© Fritz Eschen)
Gesamtherstellung: CPI Moravia Books s.r.o., Pohorelice
Printed in the EU
ISBN 978-3-86365-077-3

2015 2014 2013 2012
Die letzte Jahreszahl gibt die aktuelle Lizenzausgabe an.

Glückselig jener,
der entfernt vom Weltgeschäft
sein Vaterfeld mit eig'nen Stieren
wohl durchpflügt

HORAZ

Inhaltsverzeichnis

Zu diesem Buch

Niemals in der bewusst erlebten Geschichte hat ein das Volks- und Staatsleben wesentlich tragender Berufsstand so schwerwiegende, tief einschneidende und nicht rückgängig zu machende Veränderungen erfahren, wie die Bauern im 20. Jahrhundert. Bauern als Entwickler der Landeskultur, Bauern als Schöpfer und Bewahrer von Brauchtum und Sitte, Bauern als Träger der ehrwürdigen Religion, Bauern als »Menschenquelle« und kaum auszuschöpfender Born an Wissen, Können, Fertigkeiten und Traditionen gehören der Vergangenheit an. Kaum dass der Bauernstand noch als Ernährer aller anderen begriffen und akzeptiert wird.

Die Autorin dieses Buches, dem der eindringlich-symbolhafte Titel gegeben wurde: »Mit Stieren ackern ...«, wurde noch in die alte Welt der Bauern hineingeboren, lebte in und aus ihr und machte jeden Schritt des unerhörten Umbruchs mit, setzte sich endlich in einem ganz »neuen Zeitalter« hin und schrieb auf, an was sie sich erinnert. Obwohl ihr eine höhere Bildung, zu der sie reiche Anlagen besaß, verwehrt blieb, ist sie durch angeborene Erzählgabe, ein getreues, bildhaftes Gedächtnis, ungetrübtes Erinnerungsvermögen, schlichte Humanität und große menschliche Reife wie selten jemand dazu befähigt, ein Dokument der Kultur-, Sozial- und Arbeitsgeschichte unserer Heimat zu schaffen und zu hinterlassen.

Es käme einer einmaligen Sensation gleich, wären die Erinnerungen der ehemaligen Kagerbauern-Tochter, die in der

11

bäuerlichen Männerwelt achtungsvoll »der Kittlbaumann« genannt wurde, in vollendet literarischer Form entstanden. Niemand konnte so etwas erwarten. Das Manuskript wurde deshalb vor der Drucklegung behutsam überarbeitet, ohne den unverwechselbaren Stil und Tonfall anzutasten, vorsichtige Kürzungen und eine den Fortgang der Erzählung nicht hemmende Einteilung wurde vorgenommen. Dort, wo es nötig war, sind Worte und Begriffe erklärt. Denn eines der unübersehbaren Merkmale des Umbruchs der bäuerlichen Welt ist das Verschwinden ihrer so wunderbar bildhaften und vielsagenden Sprache innerhalb nur einer Generation.

Was mit diesem originellen und vielschichtigen Buch der Öffentlichkeit übergeben wird, ist ein Zeugnis mehr der geistigen Schöpferkraft der oft mit Unterton sogenannten »einfachen Leute«. Gerade solche Einfachheit, die nichts anderes ist als gesunder Menschenverstand und das Herz auf dem rechten Fleck, ist uns allen so nötig!

Leben, Arbeiten, Leiden, Rackern, Freuen, Bangen (aber niemals Klagen oder Anklagen), endlich Frieden finden – der schlichten Tochter eines einfachen Bauern von zahllosen im Heimatland konnte ich nur mit Bewegung und Anteilnahme in dem mir anvertrauten Manuskript verfolgen. Es hat mir große Freude gemacht, es in der nun vorliegenden Form, illustriert von einem heimischen Künstler, der die ländliche Welt kennt und liebt, der Öffentlichkeit vorzustellen. Ich wünsche mir, dass sehr viele Menschen meine Begeisterung für das teilen, was das einstmalige Gruber-Marerl von Kagerbauer bei Simbach am Inn so mitreißend erzählt.

Volker Stutzer

Der Kagerbauern-Hof kostet
13 000 Goldmark

Als mein Vater Ludwig Gruber am 27. Januar 1914 unsere Mutter Mathilde heiratete, gehörte ihm ein landwirtschaftliches Anwesen in Kleinfreiöd. Noch im selben Jahr, am 26. Mai, verkaufte er diesen Besitz und erwarb den Kagerbauern-Hof. Er bezahlte dafür 13 000 Mark in Gold. Bis dahin war Lorenz Altmannshofer, ein Bruder des Pfarrers von Zeilarn, Josef Altmannshofer (sein Grab ist noch dort), der Kagerbauer gewesen. Er war Junggeselle und alt, hatte eine Haushälterin, die mit der Arbeit auf dem Hof nicht mehr fertig wurde. Er und sie hingen die Kühe an Pfosten in der Wiese an, damit sie das Gras abfressen konnten, den beiden Alten fehlte die Kraft zum Eingrasen. Deswegen bot Lorenz Altmannshofer das Anwesen zum Kauf an, das hat meine Mutter oft erzählt.

Der Hof war recht heruntergekommen, aber die Lage, der Grund und der große Obstgarten haben meinen Eltern gleich gefallen. Der Vorbesitzer ist ein großer Gartenliebhaber gewesen und ein Künstler beim Baumveredeln. Meine Eltern erwarben mit dem Kagerbauern-Hof Bäume mit drei oder vier Obstsorten, schöne, große Bäume, aber auch solche, die nur eine Sorte Äpfel oder Birnen trugen. Vierzig Sorten Äpfel, zwölf Sorten Birnen und sieben Sorten schöne und gute Kirschen ernteten wir auf dem Kagerbauern-Hof. Das Obst ist gut gereift am sonnigen Südhang, umgeben von schützendem Wald, der raue Winde fernhielt.

Als meine Eltern den Kagerbauern-Hof erwarben, gab es dort nur zwei Gebäude, ein Wohnhaus mit einem kleinen Stadel für Heu und Stroh direkt darangebaut und einen Stall mit großem Heuboden darauf. Mein Vater fing an, die heruntergekommenen Gebäude umzubauen und zu erneuern und schlug Bauholz aus dem Wald, den er vom Freiöder Anwesen behalten hatte. Im August 1914, als die Eltern mitten im Bauen waren und die Erntezeit kam, brach der Krieg aus. Am zweiten Tag der Mobilmachung musste der Vater fort. Er war dann Sanitäter an vorderster Front.

Eisernes Kreuz für den Sanitäter

Es war ein Samstag. Den ganzen Tag haben die Eltern noch Weizen eingefahren. Am Abend hat die Mutter dem Vater die Haare geschnitten, damals gingen die Bauern nicht zum Friseur. Dann kam der Abschied. Jetzt war die Mutter allein zur Arbeit. Der Stadl war auch noch nicht fertig. Die älteren Handwerksleute arbeiteten am Bau noch weiter, die jüngeren Zimmerer mussten auch fort in den Krieg. Die Mutter erwartete dazu noch ihr erstes Kind. Ein Bub wars, er kam im Oktober zur Welt. Es war eine Frühgeburt, der Bub ist mit sechs Wochen gestorben. Das war kein Wunder bei der Arbeit, die meine Mutter zu verrichten hatte. Vater war ja an der Front, er hat das Kind überhaupt nicht gesehen. Der alte Burnervater hat meiner Mutter bei der Feldarbeit manchmal geholfen. Auch ältere Nachbarsleute halfen, wenn die Arbeit recht viel war. Der Krieg dauerte vier Jahre, der Vater kam einige Male in Urlaub heim. Meine ältere Schwester kam am 23. April 1916 zur Welt.

1917 erhielt der Vater das Eiserne Kreuz Erster Klasse. In den Tagen vom 10. bis 18. Oktober 1917 stand das 16. Bayer. Infanterieregiment an einem der schrecklichsten Kampfplätze des Weltkrieges, auf den Schlachtfeldern Flanderns. Das zweite Bataillon des Regiments war nächst dem Dorf Polderhoek eingesetzt und hatte dort besonders vom 9. bis 14. Oktober Fürchterliches auszuhalten. Vernichtendes Trommelfeuer, schwere, ununterbrochene Infanterieangriffe, grundloser Boden, Granattrichter voll Wasser und Schlamm. Schutzlos waren die Soldaten dem Regen und Geschosshagel bei Tag und Nacht ausgesetzt. Viele schwere Verluste kosteten diese Tage unserem tapferen Heimatregiment und deshalb gab es gerade für die pflichtgetreuen Sanitäter dieser Truppe fast Übermenschliches zu leisten. Im zweiten Bataillon tat sich einer ganz besonders hervor, der Vater, Ludwig Gruber von Kagerbauer, Gemeinde Kirchberg, damaliger Sanitäts-Sergeant der 5. Kompanie. Als einziger Sanitäter war er nach den ersten Kampftagen in seiner Kompanie übrig geblieben. Die anderen waren teils gefangen, teils verwundet. Ganz allein wollte und sollte er jetzt überall sein, denn von allen Seiten wurde seine Hilfe begehrt. Bei diesem aufopferungsvollen Wirken inmitten des grausam tobenden Kampfes wurde auch er verwundet. Deswegen hat er aber seine Kameraden an der Front nicht verlassen, er half weiter, wo er nur helfen konnte. Nicht nur allein auf seine Kompanie erstreckte sich die Hilfe, sondern auch bei der anschließenden 8. Kompanie und bei der Maschinengewehr-Kompanie sprang er ein, da auch dort kein Sanitätspersonal mehr vorhanden war. Seine Hilfe war für manchen Kameraden die letzte Rettung.

»Mein Leben ist nicht mehr wert als das meiner Kameraden«, dachte mein Vater und blieb inmitten des schauerlichen Kampfes. Jeder Augenblick konnte für ihn Tod oder Gefangenschaft bedeuten und er wusste, dass Frau und Kind zu Hause sind und er selbst schon blutete. Als bekannt wurde, dass vom letzten Gegenstoß noch einige Schwerverwundete des 6. Regiments in einzelnen Granattrichtern liegen, ging er auf die Suche und manchen hat mein Vater noch geborgen und gerettet. Diese aufopfernde Hingabe für seine Kameraden konnte nicht ohne ein äußeres bleibendes Zeichen der vollsten Anerkennung durch die Führung bleiben. So wurde dem Sergeanten Ludwig Gruber nach Ablösung aus den Kämpfen das Eiserne Kreuz Erster Klasse verliehen. Als höchstes Gut besaß mein Vater aber den frohen Gedanken, dass er ein großer Helfer und Lebensretter war. Das erzählte er uns Kindern des Öfteren.

Der Dank des Vaterslandes

Im Jahre 1918 war der Krieg dann zu Ende, aber meinem Vater durchschlug zwei Tage vor Kriegsschluss eine Gasgranate beide Knie, als er einen schwer verwundeten Soldaten zurücktragen wollte. Vater lag schwer verwundet in verschiedenen Lazaretten, zuletzt war er in Simbach in einer Pflegestation. Lange musste er mit zwei Krücken gehen. Oft zeigte er uns seine breiten großen Narben und erzählte uns Kindern, wo es ihn so erwischt hat. Mich überkam jedes Mal ein Schaudern, ich sah mir das gar nicht so gern an. Mir kam dabei der Gedanke, wie schrecklich ein Krieg doch ist. Erst bekam Vater auch eine Kriegsrente, aber nicht lang. Vater arbeitete auf dem eigenen Hof mit. Eine recht neidige Nachbarin hat ihn dann hingehängt und sofort war die Rente weg. Mein Vater sagte: »Das ist der Dank des Vaterlandes.«

Sechs Kinder im neuen Haus

Bis der Vater vom Krieg zurückkam, hatte die Mutter die durch den Hofkauf entstandenen Schulden abbezahlt. Am 13. Dezember 1920 wurde Bruder Ludwig als 3. Kind geboren. 1923 war gerade Inflation, als ich am 23. März als 4. Kind zur Welt kam. Bei der Geburt hatte ich schon 1 Million Mark Unkosten gemacht, erzählte mir Mutter öfters. Alle Kinder kamen zu Hause zur Welt. Also auf Kagerbauer. Die Hebamme kam ins Haus, es gab noch kein Krankenhaus in Simbach. Ist eine Geburt schwierig gewesen, so holte man den Arzt und Geburtshelfer. Bei noch schwereren Fällen kam eine Frau dann ins Krankenhaus nach Braunau oder Altötting. Braunau war am nächsten, die Kinder, die dort zur Welt kamen, waren österreichische Staatsangehörige. Das war der Nachteil. Als 5. Kind kam im Mai 1925 mein jüngster Bruder zur Welt, Als 6. Kind am 28. Februar 1928 meine jüngere Schwester. Als wir Kinder noch klein waren, waren Dienstboten auf dem Hof, ein Knecht und eine Dienstmagd. Meine Eltern haben auch das Wohnhaus gleich nach dem Krieg neu gebaut. Der Stadl wurde während des Krieges noch fertiggestellt. Der Stall wurde nicht verändert, er steht heute noch, er war groß genug. Neu gelegt wurde der Heuboden, auch ein neuer Dachstuhl kam darauf und neue Schindeln. Die Stiege zum Aufgang, das war alles zum Erneuern. Wasser war auch sehr wenig am Hof. Die alten Leute, die Vorbesitzer, mussten Wasser sparen und haben Regenwasser aufgefangen. Meine Eltern ließen bald von der Firma Aufschläger in Simbach das laufende Wasser einrichten. Am Fuße des Schlossberges wurden zwei Wasserquellen gefunden. Der Wassereinrichter hat die Quellen zusammengeleitet in eine sogenannte Brunnenstube. Von da weg wurde

eine Rohrleitung gelegt, den ganzen Berg hinunter ziemlich
tief und dann den Berg zu uns herauf. In den Metallrohren
lief das Wasser in eine große Reserve, die auch für den Druck
sorgte. Von der Reserve weg bestand eine Wasserleitung in die
Küche und eine in den Stall. Wegen der Wasserkühlung war
auch eine Leitung zum Rohölmotor nötig. Auch zum Backofen und für das Gartengießen legte Vater eine Leitung. Der
Rohölmotor musste die Schneidmaschine, den Dreschwagen
und auch die Schrotmühle in Schwung bringen und auf Tou-

ren halten. Das kalte Wasser lief in den Motor hinein und das heiße Wasser heraus.

S'Marerl und der Wasserstoß

Im Winter hat es uns immer wieder die Wasserleitung zum Motor zugefroren. Das war eine Arbeit mit dem Auftauen! Mit der Lötlampe sind wir dem Übel zu Leibe gerückt. Für den Winter mussten sämtliche Rohrleitungen mit alten Lumpen und mit Stroh eingewickelt und auch die Reserve winterfest gemacht werden. Das Überwasser von der Reserve lief in eine Grube, war die voll, so ließ man in einem kleinen Graben das Wasser den Berg hinunter auf die Wiese. Die Wasserleitung, die zur Reserve gelegt war, hatte im Wald hinten die tiefste Stelle. Von da weg stieg die Leitung den Berg ganz steil hinauf. Da war der Wasserstoß. Der musste alle vier Wochen aufgegraben und die Steckschraube am Tiefstand herausgeschraubt werden. Wasserablesen nannte man das. Da schoss das Wasser ganz rostig und gefärbt aus der Rohrleitung heraus. Im Sommer oder wenn es nicht so kalt war, ist das keine üble Arbeit gewesen, aber im Winter bei 20 Grad und noch mehr! Wie hat es mich da abgespritzt, bis ich bei diesem Wasserdruck die Steckschraube einschrauben konnte! Handschuhe konnte man dabei auch nicht anziehen. Meine Hände waren oft ganz blau vor Kälte. Keines meiner Geschwister wollte das machen im Winter, jedes drückte sich davor. Dem Vater wars halt auch schon zu kalt. Es ist auch einige Male passiert, dass wir das Wasser heimfahren mussten. Im Jahre 1955 hat es die ganze Wasserleitung eingefroren. Auch bei unserem Nachbarn in Strickberg.

Der konnte noch im Wald oben seine Wasserleitung anzapfen. Wir hatten zum Wasserholen ein neues, noch nicht benutztes Jauchefass. Das bauten wir auf einen großen Schlitten (welcher im Winter auch zum Mistfahren oder zu anderen Arbeiten verwendet wurde) auf. Damit stellten wir das Blechfass unter die Zapfstelle. Mit Ochsen wurde das gefüllte Blechfass heimgefahren und sämtliche Wasserbehälter und Grander[1] aufgefüllt. Hernach stellten wir den Schlitten mit dem leeren Fass wieder an die Zapfstelle, das der Nachbar für sich füllte und nach Strickberg runterfuhr. So ging das fort bis zum Frühjahr. Als es wärmer wurde, kaufte mein Vater die ganzen Wasserrohre neu. Wir legten eine Freileitung. Kaufen mussten wir die Rohre ohnehin, denn die im Boden liegenden Rohre hat es beim Auftauen alle zerrissen.

Erst später gruben wir die neue Rohrleitung in die Erde ein. Auch im Hochsommer ist es manchmal passiert, dass das Wasser weg war. Meist haben wir es erst bemerkt, wenn die Reserve leer war. In dieser Wassernot haben wir uns bei der Kapelle unten eine kleine Grube ausgegraben, neben einem Bächlein, und das Wasser dort eingeleitet. Für so viele Tiere das Wasser heimfahren, das war eine Arbeit, und das noch während der Erntezeit! In der Brunnenstube, die wir im Wald hatten, nahm ein recht boshafter Mensch den Seiher von der Rohrleitung weg und hat das Rohr verstopft. Auf der Brunnenstube lag nur ein dicker Holzdeckel, den jeder wegheben konnte, der hineinwollte. Der Vater hat dann Betonringe gekauft und eingesetzt und mit einem schweren Betondeckel zugemacht. Wenn wir

---

1) *Grand, Grander:* Altes oberdeutsches, im bäuerlichen Bayrisch fortlebendes Wort, das einen aus Granitstein gehauenen, oft sehr großen Wasserbehälter meint.

nun hineinmussten, hatten wir extra ein Hebegerät zum Entfernen des Betondeckels. Einmal hat man auf der Waldstraße, unter der die Wasserleitung durchging, mit einer Holzfuhre die Rohre auseinandergedrückt. Genau bei einer Verbindungsstelle. Da gab es eine harte Arbeit mit Rohrzange und Gewindeschneider, die wir vom Schmied holten. Ein neues Rohrstück musste zurechtgeschnitten und eingesetzt werden. Auch diese Arbeit musste während der Heuernte gemacht werden. Dabei war die Arbeit ohnehin sehr viel.

Sauschlachten und Einsuren

Der Schweinestall wurde in den neuen Stadl eingebaut, neben dem Wohnhaus. Das Schweinefutter wurde in der Küche zubereitet. In Blecheimern trugen meine Eltern und früher die Dienstboten das Futter in den Flur, dann dem Wohnhaus entlang über die Gred, so hieß das Pflaster, das am Haus entlang in den Schweinestall führte. Ich kann mich noch gut erinnern, wir hatten im Durchschnitt acht Schweine, früher hatten wir auch ein Mutterschwein. Das war lustig, wenn die kleinen Ferkel zur Welt kamen, die waren immer so niedlich. Einige Jahre ging das gut. Plötzlich brachte ein Mutterschwein die Hälfte der kleinen Ferkelchen immer tot zur Welt. Mein Vater hatte sich daraufhin entschlossen, die Schweinezucht aufzugeben. Die kleinen Ferkel zum Großfüttern haben wir uns von den umliegenden Bauern gekauft.

Zwei Schweine im Jahr wurden für uns geschlachtet. Zu Weihnachten eine vier Zentner schwere Sau, die viel Speck hatte. Er wurde abgezogen, auf lange Bretter gelegt und auf den

Dachboden des Hauses getragen. Nach einigen Tagen, wenn die Speckschwarten fest waren, wurden die Stücke vom Dachboden geholt und geschnitten. Kleine Stücke mit dem Messer und mit zwei Fleischmaschinen mit Handbetrieb zerkleinert. Damals wusste man noch nichts von einem Elektrowolf. Da kamen auch die Nachbarsleute gerne zum Helfen. Dafür bekamen sie dann Blutwürste. Es ging oft recht lustig zu, Spaß war auch zur damaligen Zeit erlaubt. Der geschnittene Speck wurde in großen Bratpfannen auf der heißen Ofenplatte ausgebraten. Immer wieder musste mit dem Kochlöffel umgerührt werden, damit die Grammen[2] nicht anbrannten. Das Schweinefett war oben und die Grammen lagen am Boden der Pfanne. War das Grammenzeug schön hellgelb, zog man die Backpfanne vom heißen Herd weg und wartete, bis alles lauwarm war. Inzwischen richtete man sich die Steintöpfe her und eine Seihschüssel. Darüber wurde langsam der Inhalt der Bratpfanne gegossen. Die Grammen ließ man noch gut abtropfen, das roch fein. Sie wurden in einen anderen Tiegel geschüttet und auch aufbewahrt.

Die Grammen nahm man zum Kochen, in Knödeln schmecken sie sehr gut, oder im Strudel. Etwas angewärmt kamen sie aufs Brot zum Dreibrot, wie man die Nachmittagsbrotzeit früher nannte. Mit Schweinefett hat man früher bei den Bauern gebacken, Küchel, Krapfen, Haubn, Hasenöhrl, Zwetschgenbavesen, Apfelscheiben, Nüsserl aus Rahm. Das Schmalzgebackene gab es am Freitag, denn da war Abstinenztag oder beim Dreschen und wenn die Dienstboten wechselten zu Lichtmess und zur Raunacht. Ein weiterer Grund zum Ba-

---

2) *Grammen, Grammeln:* Krümeliger Rückstand, der beim Ausschmelzen von Fett entsteht, auch Grieben genannt.

cken war auch gegeben, wenn das Brandschmalz zu Ende war. Brandschmalz war das Schweinefett, worin das sog. Schmalzgebackene ausgebacken wurde. Dieses Brandschmalz wurde auch zum Kochen hergenommen, z. B. zum Sauerkrautschmalzen, zum Schwammerlrösten und zum Nudlbraten. Zum Pfannenkuchenbacken gabs Butterfett. Auch das hatten die Bauern selbst. In meiner Kindheit gab es noch keine Milch- und Rahmlieferung, alles blieb im Haus und damit auch die viele Arbeit.

Im Sommer, wenn etwas kühlere und regnerische Tage waren, schlachteten wir ein kleineres Schwein. So ungefähr 1 ½ bis 2 Zentner schwer. Das Fleisch wurde in Kübel eingehackt und eingesurt, genauso wie das Fleisch von der Winterschlachtung. Die Kübel kamen in den Keller, der sehr kühl war. Das Fleisch wurde in die Kübel eingerichtet, eingesalzen und dazwischen Salz, Zwiebel und Knoblauch gestreut, am Schluss kam der Holzdeckel darauf und mit einer Holzschraube wurde das Fleisch gepresst. Jeden Tag wurde die Holzschraube nachgezogen, bis die Sursoße[3] schön über dem Deckel stand. So blieb das Fleisch einige Wochen im Keller stehen. Das knochige Surfleisch verblieb in den Fleischkübeln und wurde als gekochtes Fleisch mit Knödel oder als Surbraten zum Mittagessen bereitet. Das schöne knochenlose Surfleisch wurde aus den Fleischkübeln rausgenommen, an einem Ende wurde der Fleischranken durchstochen mit einer Hakennadel, feste Spagatschnur durchgezogen und eine Schlinge geknüpft. So wurde jeder Surranken[4] an die Räucherstange gehängt. Die Räucherkammer war im Dachboden an den Kamin angebaut.

---

3) *Sur:* Salzlake zum Haltbarmachen von Fleisch.
4) *Ranken:* Handliches Stück Fleisch.

Mit einem Schubblech konnte man die Hitze regulieren und auch den Rauch. In der Zeit, wo geräuchert wurde, musste man auf die Heizung in der Küche sehr achten. Wir haben nur Buchenscheiter geheizt, da wurde das Geselchte am schönsten und am besten.

Probestich in die Blutwurst

Bei jeder Schlachtung gab es schöne Blut- und Leberwürste. Wenn der Metzger oder der Vater, der auch manchmal geschlachtet hat, fertig war, musste die Mutter mit einem sauberen Eimer das Blut auffangen und mit einem Kochlöffel fest rühren, damit das Blut nicht stockte, denn das musste flüssig bleiben, »Blutrühren« nannte man das und obenauf war das Blut schaumig. Wir stellten das Blut im Eimer in den kühlen Keller. Der Metzger putzte die Därme und den Magen sauber. Die Därme, die wir zum Blutwurstmachen brauchten, holten wir uns dann raus, putzten sie noch mal mit dem Messerrücken links und rechts und legten sie dann noch in Essigwasser, damit ja kein Darmgeruch dran war. Einen Tag später holten wir das Blut zur Weiterverarbeitung aus dem Keller. Das Blut wurde abgeseiht, in eine große Schüssel (zu der man einige Liter Milch goss) gegeben. Dazu kam Majoran, Salz, Muskat und gekochtes Backenfleisch, das ebenfalls ein bisschen gesalzen und gepfeffert war. Vom rohen Speck kamen auch kleine, viereckig geschnittene Stückerl dazu. Die Därme wurden ungefähr 30 cm lang durchgeschnitten. An einem Ende wurde der Darm mit Leinenfäden zugebunden, dann ließ man Wasser in den Darm, damit man sehen konnte, ob er auch dicht ist. Beim Eingießen des Blutes in den Darm steckte man abwechselnd die Fleischwürfel, Grammen und Speckwürfel. War der Darm gefüllt, wurde er zugebunden und die Wurst in eine Schüssel gelegt.

Dann gings an die nächste Füllung und so weiter, bis das Blut zu Ende war. Das waren meist so 8 bis 10 Würste. War diese Arbeit getan, wurde eine große, breite Pfanne mit Wasser auf den Küchenherd gestellt und das Wasser heiß gemacht.

Aber nicht zu heiß. Die ungekochten Würste wurden langsam mithilfe eines Kochlöffels in die mit Wasser gefüllte Pfanne gelegt. Das Wasser darf ja nicht kochen, »britten« nannte man das. Nach ungefähr 10 Minuten machte meine Mutter mit einer Stopfnadel in jede Wurst einen Probestich. Kam noch Blut heraus, war die Blutwurst noch nicht fertig, blieb der Blutfluss weg, war die Wurst fertig. Jetzt wurden die Würste aus dem Wasser gehoben und auf ein langes Brett gelegt. Hernach alles in den Keller getragen. Von dort holten wir uns Würste, wenn wir welche brauchten. Auch Blutpresssack und den weißen Presssack machte meine Mutter sehr fein. Bei uns gab es ab und zu auch geräucherte Schweinszüngerl und auch geräucherte Blutwürste. Beides schmeckte sehr gut. So war auch das Lüngerl oder Voressen, wie es genannt wurde. Gut schmeckte auch aus gehackten Schweinsfüßl gemachte Sülze. Oder auch zerhackte Schweinsfüßl, das Schwanzel und die Ohren klein geschnitten, natürlich gekocht, in Beize hinein und dann eine dunkle Einbrenn aufgegossen, mit der Beize Lorbeerblatt 'rein und mit Essig gut aufgekocht, schmeckte uns als Voressen prima. Die Blutwürste haben wir uns meist im Rohr gebraten. In einem Reindl etwas Wasser und obenauf fest Salz streuen und hinein ins Rohr. Brotsuppe und Pellkartoffel dazu, da läuft mir heute noch das Wasser im Munde zusammen! Und alles so natürlich. Die Schweine bekamen Kartoffel, Runkelrüben, Magermilch, Buttermilch und Getreideschrot zum Fressen. Alle Gewächse wurden nur mit Mist gedüngt, auf unserem Hof wurde kein Kunstdünger verwendet. Damals gabs auch kein Fischmehl für die Schweine zum Fressen. Biologisch würde man zu jetziger Zeit das heißen.

Wenn man heute Schweinebraten macht und während des Bratens das Rohrtürl öffnet, weiß man gleich, was man eingekauft hat. Es geht einem der Dunst in die Nase, als läge ein Fisch in der Bratreine! Hier hilft das Würzen auch nicht mehr. Das liegt ja nur an der Fütterung, wenn das Fleisch nicht gut ist, das gilt für jede Tierart. Mit welch giftigen Sachen wird das Unkraut in Getreide und Maisfeldern jetzt bekämpft. Unkraut vernichtete man in meiner Jugendzeit auf dem Hof mit der Hand durch Ausreißen. Die Distel wurde mit dem Distelstecher ausgestochen. Den Hedrich haben wir aus den Haferfeldern, Kartoffel-, Kraut- und Runkelrübenäckern mit der Hand ausgerissen. Ganz braun waren dann unsere Handinnenflächen. Damals gab es noch keine Gummihandschuhe, die man jetzt zur Gartenarbeit trägt.

Die Kapelle am Bach

Als wir Kinder größer wurden, erkannten wir erst so richtig, welch schöne und fruchtbare Heimat wir hatten.

Am Fuße des lang gezogenen Berges schlängelte sich ein Bächlein dahin, gleich daneben stand eine kleine Kapelle. Sie war schon ziemlich alt und rissig. Dort hielten wir Kinder uns gern auf. Holzbänke standen drinnen, wenn wir uns darauf setzten, knarrten sie, das fanden wir immer lustig. Ein Holzaltar befand sich auf einer Mauerbank. Das Bild in der Mitte des Altars zeigte die Erscheinung der Mutter Gottes von La Salette mit den zwei Hirtenkindern. Die Kapelle wurde immer baufälliger. Eines Tages sperrte sie mein Vater mit einem Stangengeländer ab, weil Einsturzgefahr bestand. »Betreten auf eigene Verantwortung« stand auf einer angehängten Tafel. Sobald die Arbeit in Haus und Hof etwas leichter war, haben meine El-

tern die Kapelle abgerissen. Ein guter Freund des Vaters, vom
Flussbauamt in Simbach, zeichnete den Bauplan für die neue
Kapelle. Im Frühjahr 1932 wurde sie erbaut. Karl Schäfler aus
Kirchberg hat sich sehr gesorgt um den Neubau. Er kam jeden
Abend nachsehen, ob alles nach Plan läuft. Ein Türmerl wurde

auf die Kapelle gebaut, das hat den Maurer ziemlich gefuchst. Für dieses kleine Türmerl brauchte der Maurer drei volle Tage. Karl Schäfler stiftete ein Glöcklein, das einen wunderbaren Klang hatte. Es wurde auf dem Türmerl eingemauert. Bis April war alles fertig. Pinzl, Schreiner von Simbach, ein Nachbarssohn, fertigte die neuen Sitzbänke und den großen Betstuhl sowie die Gittertüren vor dem Altar an.

Im Vorbau machte er die aufklappbare Sitzbank und die Türe zum Innern der Kapelle. Den Dachstuhl und den schönen hölzernen Vorbau fertigten Zimmerleute. Der Altar ist noch von der alten Kapelle. Der hatte so eine dunkelbeige Farbe. Den hat der Pinzl-Schreiner hellgrün angestrichen, die Schrift unter dem Bild ist erneuert und das Ölgemälde von der Erscheinung von La Salette war auch so frisch, vielleicht mit einem farblosen Glanzlack oder Firnis überstrichen. Die neue Kapelle ist auf einer kleinen Anhöhe erbaut, einige Meter neben der alten abgerissenen. Drei Stufen muss man dort hochsteigen, damit man in den Vorraum der Kapelle kommen kann. Um an diesem romantischen Platz der Natur noch ihr Recht zu lassen, betonierte man die Stufen nicht, sondern suchte drei gleich lange Natursteine dafür und setzte sie ein. Als Stufengeländer nahm man ungeschälte Birken, nicht zu dick und in zwei Formen nagelten die Schreiner das zusammen. Am 1. Mai 1932 wurde die neue Kapelle von Pfarrer Josef Kastenmeier eingeweiht. Anschließend hielt er die erste Maiandacht. Der Kirchenchor von Kirchberg hat ganz feierlich dazu gesungen, unter der Leitung von Hauptlehrer Ferdinand Schäfler, der damals Chorregent war. An diesem Tag war recht schönes Wetter, daran kann ich mich noch gut erinnern. Wir hatten die Kapelle geziert. Eine lange weiß-blaue Fahne brachte uns Karl Schäfler, die stellten wir an der Seite auf. Um den Vorbau herum hängten wir quer eine Fahne, darüber zwei geflochtene Tannenkränze und Girlanden über den Kapelleneingang. Leute standen da aus Nah und Fern. Zum ersten Mal wurde das Glöcklein geläutet, alles lauschte dem schönen Klang. Von dem Tag an wurde mit diesem Glöcklein jeden Tag Abendgebet geläutet. Wer gerade Zeit hatte von uns, lief den Berg runter zur Kapelle zum Aveläuten. Wenn die neun Maiandachten in der Kirche in Kirchberg zu Ende waren, dann ging es bei uns in der Kapelle an. Auch neun Tage. Da mussten wir Kinder abwechselnd vorbeten. Der große Kastanienbaum, der vor der alten Kapelle stand, ist heute noch da, nur steht er von der jetzigen einige Meter weg. Immer, wenn dort Maiandachten gehalten werden, steckt er auch seine Kerzen an. Da steht er ganz feierlich in voller Blüte.

Geleitschutz für die Blasbalgholer

Im Frühjahr, wenn der Schnee gut weg war, entfaltete sich um die Kapelle nach vorn und auch nach hinten die ganzen Erlenstauden entlang in die Wiese und auch dem kleinen Wässerlein entlang ein herrlich bunter Frühlingsteppich aus Schlüsselblumen, Buschwindröschen, Sumpfdotterblumen und vermischt mit helllila blauen Veilchen. Da war noch so ein sonniges Fleckchen dem Bächlein entlang. Hier standen so schöne blaue Enzianblümchen mit herrlichen weißen Sternen innen. Die sind längst verschwunden.

Was war da für eine Freude bei uns Kindern, wenn wir die ersten Frühlingsboten sahen, die ersten Schmetterlinge, die es damals gab. Ich schaute ihnen so gerne zu. Sind dann die ersten Stare gekommen in ihrem schwarz-schillernden Reisekleid, wenn sie flügelschlagend vor ihren Häuschen pfiffen, das fand ich immer schön. Oder wenn die Lerchen tirilierten und in die blauen Lüfte schwebten.

Im Frühling begannen in unserem großen Obstgarten zuerst die Kirschbäume zu blühen. Sie steckten wie riesige weiße Sträuße im saftigen Grün der Wiesen. Und dieser herrliche Duft. Gingen wir an den blühenden Bäumen vorbei, hörten wir ganz laut das Gesumm der Bienen. Ich beobachtete sie entweder am Flugloch vor dem Bienenkasten oder an den blühenden Zweigen, die tief nach unten hingen. Bei uns standen die Bienenkästen auf dem Balkon, immer 4 bis 5 Kästen. Diese fleißigen Bienchen, welch dicke gelbe Höschen hatten sie an ihren zierlichen Beinchen! Sie sammelten Blütenstaub für Wachs und Blütensaft für den Honig. Nebenbei erledigen sie eine ganz große Aufgabe, die Blütenbestäubung. Dies ist ja ganz wichtig, ohne sie gibt es keine Kirschen oder sonstiges Obst. Die Bienen hört man auch im Wald an den blühenden Heidelbeersträuchern, Himbeerblüten und Brombeerblüten, auch an den jungen Fichten und Tannenzapfen. Daher der gute Waldhonig. Unsere Bienen lieferten für die Familie den Honig und auch das Wachs.

Ich kann mich noch gut erinnern, wie meine Eltern die Honigwaben aus den Bienenkästen herausholten. Das war um Josefi. Wir Kinder wurden am Tag vorher zu Nachbarn geschickt, um den Blasbalg. Der war ziemlich groß. Sosehr wir uns auf den Honig freuten, zum Nachbarn zu gehen hatten wir große Angst. Da war der Burgholzer Bauer, der hatte einen so großen weißscheckigen Doggenhund. Wenn wir uns dem Hof näherten, sprang er ganz wild herum. Neben dem Hof war ein hölzernes Austragshäusel und darin wohnte die alte Löfflermutter. Zu der sind wir in unserer Not gegangen, damit sie uns in den

Hof begleitete um den Blasbalg. Diese alte Frau hat der Hund gut gekannt, dann hat er auch uns nicht angebellt und angesprungen.

Zu Hause mit dem Gerät angekommen erzählten wir nicht, dass wir wegen dem Hund Hilfe geholt hatten.

»Ein Bienenschwarm im Mai ...«

Am nächsten Tag wars dann zum Impenbrechen (so hieß das damals), ich habe da gerne zugeschaut. Dabei musste man sehr Obacht geben, dass man von den Bienen nicht gestochen wurde. Am Abend vorher verriegelte mein Vater an den Bienenkästen die Fluglöcher mit Blechstreifen. Auf der Diele wurde eine große, schwere Bank hingestellt, Fürbank hat man sie genannt. Vater und Mutter legten den länglichen Bienenkasten auf dem Balkon um und trugen ihn in die Diele auf die bereitgestellte Fürbank. Hernach wurde die Feuerung am Blasbalg geöffnet, Wiednadeln hineingestopft und mit Zündhölzl angezündet. Die Mutter nahm den Blasbalg zur Hand, sie musste ihn fest bewegen und zusammendrücken, damit vorn viel Rauch entstand. Der Vater nahm den Deckel vom Bienenkasten weg, der Rauch vertrieb die Bienen in die andere Hälfte vom Bienenkastl. Vater nahm dann ein Eisen zur Hand mit einem langen Stiel. Das hat ähnlich ausgesehen wie ein Baumentrinder. Mit diesem Eisen stieß der Vater die Bienenwaben, welche zu allen Seiten fest angebaut waren, vom Bienenkastl weg. Mit einem langen Eisenhagel holte er die Honigwaben heraus. Damals kamen in diese alten Bienenkastl keine Rahmen, was zur jetzigen Zeit geschieht. War der Bienenkasten halb leer, nagelte der Vater den Deckel wieder drauf, dann wurde der Bienenkasten wieder an seinen alten Platz hingestellt. Erst im nächsten Jahr wurde die verbliebene Hälfte herausgenommen.

Dann kam der nächste Bienenkasten dran, bis alle durch waren. Die Honigwaben wurden in eine große Schüssel gelegt. Wir Kinder bekamen in einem Teller abgebrochene Waben mit Honig auf den Tisch gesetzt. Das schmeckte uns besonders gut. Die große Schüssel mit den Honigwaben wurde auf den heißen Ofen gestellt und geschmolzen. Das Wachs blieb obenauf, wenn alles wieder erkaltet war, der Honig unten. Aus dem noch lauwarmen Bienenwachs wurden Kugeln geformt. Die tauschten wir für Kerzen um. Der Honig wurde in große Einmachgläser gefüllt. Damals gabs noch keine Honigschleudern. Später kaufte mein Vater moderne Bienenkästen. In diese Kästen wurden Holzrahmerl eingehängt. Darin bauten die Bienen ihre Waben. Da gibt es Honigwaben und auch Brutwaben. Die Bienen werden ja nicht alt. Die Königin legt stetig Eier und sorgt, dass das Bienenvolk nicht ausstirbt. Die Bienen sind alle weiblich, sie müssen die Waben bauen. Die Brut, das sind die Bienenlarven, muss gefüttert werden. Die männlichen Bienen (Drohnen) befruchten die Königin, sie haben sonst keine Aufgabe, alles machen die weiblichen Bienen, daher der Name »fleißige Bienen«.

Leichter war das dann später mit den Rahmerlwaben. Das war ja nur mehr die Hälfte Arbeit. Auch der Schleuderhonig schmeckte besser als der nach alter Methode getrennte Honig. Wenn oft schlechte Jahre für Bienen waren (viel Regen, erfrorene Blüten) hat mein Vater die Bienen mit dick eingekochtem Zuckerwasser gefüttert. Dazu hatte er runde Glasballons mit einer rohrartigen Öffnung. Die wurde beim Bienenkastl obenauf in einen Bienenfütterer gesteckt, dort konnten die Bienen das Zuckerwasser wegsaugen. Im Winter schlafen die Bienen. War der Winter recht kalt, hatten wir über die Bienenkästen Decken gelegt. Waren im Januar recht schöne warme Tage, hat der Vater die Bienen zum Reinigungsflug herausgelassen. Da ist es schon öfters passiert, dass Bienen im Hof im Schnee herumlagen. Die rührten sich nimmer, ihnen war es doch zu kalt geworden. Die sammelten wir ein und stellten sie in einer Schüssel mit einem Seiher darüber in die Nähe des Ofens. Plötzlich erwachten die Bienen wieder; erst waren sie erstarrt vor Kälte. Vater nahm dann die Schüssel mit und trug sie hinauf zu den Bienenkästen. Dort ließ er die wiedererwachten Viecherl raus. Ein schönes modernes Bienenkastl kaufte der Vater schon zeitig. Ich habe als Kind mich oft zu dem Bienenkastl hingekniet, die Holztür geöffnet und durch die Glaswand die Bienen beobachtet, wie sie in ihrer Behausung arbeiteten. Ich sah auch öfters die Königin krabbeln. Das ist eine große, lange Biene.

Hörte man leise Unkenrufe aus dem Bienenstock, war dies die Voranzeige dafür, dass in einigen Tagen ein Bienenschwarm mit einer Königin auszieht, wenn eine zweite Königin ausgeschlüpft war. Das war eine Arbeit für den Vater. Er hatte ja das Zeug dazu, einen Bienenschleier und eine Bienenpfeife zum Rauchen und Handschuhe. Mit alten Blechhafendeckeln wurde dann fest geklopft und Lärm gemacht, damit sich die Königin nahe beim Hof in den Obstbäumen niederließ und nicht in den nahen Wald davonflog. Wenn der Bienenschwarm höher an einem Obstbaumästl hing, lehnte Vater eine Leiter an, stieg mit einem kleinen Baumsägerl hinauf, schnitt das Astl ab und trug den Bienenschwarm, welcher wie ein großer Zapfen daranhing, vorsichtig herunter. Dort hielt er ihn über ein bereitgestelltes Bienenkastl. Mit dem Flederwisch strich er den Bienenklumpen in das Bienenkastl, legte noch den Deckel darauf und ließ

es stehen. Erst am Abend, wenn es dunkel war, trug man das Bienenkastl mit dem Inhalt auf den Balkon und stellte es neben die anderen Bienenkästen hin. Bei diesem Geschehen sahen wir Kinder nur von Weitem zu, die Bienen waren erregt und stachen gern zu. Jede Biene, die sticht, muss ihr Leben lassen, also war es für sie eine Verzweiflungstat. Dem muss man aus dem Weg gehen, wenn es irgend möglich ist.

Während des Krieges, der Bruder war eingerückt, und wenn der Vater auch nicht zu Hause war, musste ich selbst in Vaters Kluft schlüpfen, um einen Bienenschwarm abzunehmen und ins Bienenkastl zu verfrachten. Angst hatte ich nur, als ich das zum ersten Mal machte. Wie wichtig das Bienenschwärmen genommen wurde, zeigt das Sprichwort »Ein Bienenschwarm im Mai ist wert ein Fuder Heu«. Als Kinder hat uns öfters eine Biene gestochen. Meist in die Füße, wenn wir barfuß über die Wiesen liefen. An den Löwenzahnblüten saßen auch die Bienen gerne. Wenn man nicht achtgab, was Kinder oft tun, war man schon gestochen. Es gab dann schon Tränen. Die Einstichstelle ist meist recht angeschwollen. Vater oder Mutter, wer als Erster zur Stelle war, hat den Stachel herausgezogen und Arnika, Jod oder Salmiakgeist daraufgetupft, dann ließ der Schmerz gleich nach. Über die Wiesen gingen wir, wenn wir nach unserem begehrten Ganserer (Wiesenbocksbart) suchten. Er hat so ähnlich geblüht wie der Arnika, aber größer war die Blume. Wir Kinder aßen die Stängel und die Blätter gern, die waren so milchig und süß, den Blütenkopf ließen wir liegen. In unserer Kindheit gabs wenig Süßigkeiten und Schokolade. Damals musste man sparen. Auch wurde noch kein Kunstdünger gestreut, deshalb konnte man diese Pflanze als Ersatz für Süßigkeiten essen. Jetzt wäre das nicht mehr möglich. Dieser Wiesenbocksbart ist aber auch längst verschwunden, wie so manche andere Pflanze, dasselbe gilt auch für viele Schmetterlinge und Käferarten.

Vogelpolizei im Obstgarten

Nicht nur die Bienen, sondern auch die Vogelwelt war wichtig für unseren großen Obstgarten. Mein Vater war sehr bedacht auf die natürliche Schädlingsbekämpfung. Er fertigte zusammen mit meinem älteren Bruder immer wieder neue Vogelhäuschen an. Beide waren Mitglieder im Garten- und Vogelschutzverein, dort wurde empfohlen, Nistkästen zu machen. Ich habe da gern zugesehen. Aus hohlen Baumstämmchen, so ungefähr 18 cm Durchmesser, schnitt man ca. 30 cm lange Stücke ab. Die Höhlung wurde noch sauber ausgeraspelt, an einer Seite etwas schräg abgeschnitten, dann ein Brettl drauf als Schrägdach, damit das Wasser ablaufen konnte. Als Boden wurde auch ein Brettchen angenagelt. Das Flugloch wurde gebohrt und am Häusl hinten ungefähr 8 cm unter dem Dachl quer eine 80 cm lange leichtere Latte oder ein dickerer runder Stecken angeschraubt. So wurde das Vogelhäuschen dann in einer Baumastfurckel[5] aufgehängt, und zwar so, dass das Flugloch gegen Süden war. Für die Rotschwänzchen wurden kleinere viereckige Kästchen zusammengenagelt und unter Dachziegeln angebracht. Die Stare brauchten größere Fluglöcher als die Meisen, Finken und Baumläufer. Die jungen Burschen vom Vogelschutzverein haben sich zusammengetan und zur damaligen Zeit schon Vogelhäuschen gebaut und in den angrenzenden Wäldern aufgehängt. Ich habe noch Fotos, die dies zeigen. Waren im Winter die Starenhäuschen verlassen, haben sich oft Spatzen eingenistet. Wenn die Stare im Frühjahr zurückkamen, konnte man schon Kämpfe um den Besitz eines solchen Häuschens sehen.

---

5) *Furckel:* Verzweigung der Äste von Obstbäumen.

Die Schwalben brauchten keine Häuschen, sie nisteten im Stall, Stadl, Hausflur, ja sogar im Schlafzimmer hatten wir manchmal Schwalben. Ich kann mich noch gut erinnern, wenn wir die ersten Schwalben zwitschern hörten, sind wir Kinder gleich heimgelaufen und haben die Stalltüren geöffnet, damit die Schwalben rein konnten zu ihren Nestern. Wir hatten immer mehrere Schwalben in Stall, Stadl und Haus. Vater und Mutter erklärten uns Kindern schon zeitig die Sprüchlein »Wo Schwalben nisten, zündet kein Blitz« und »Wo die Schwalben nisten, kehrt das Glück ein«. Auch der erste Kuckucksruf erfreute uns immer sehr, das war meistens um Ostern. Und erst die Amseln, wenn sie so schön pfiffen! Im Mai sangen dann die ersten Nachtigallen. Einfach, friedlich und ruhig war mein Daheim. Wenn ich vom Gebetläuten heimging, sah ich noch die Rehe am Waldrand friedlich grasen. Auch die kleinen Rehkitze waren mit ihren Müttern zu sehen. Die kleinen Dinger mit ihren weißgetupften Streifen über den Rücken waren schön und besonders auch die niedlichen Köpfchen. Sie waren gar nicht scheu. Ich bin oft stehen geblieben und hab' sie mir angesehen. Im Mai kamen die jungen Rehkitze zur Welt. Die hörte man manchmal aus dem Wald schreien. Mein Vater war kein Jäger. Er hat uns Kindern zeitig erklärt, dass man ein Rehkitzchen nicht anrühren darf, sonst mag die Rehgeiß es nicht mehr und es müsste verhungern. Einmal hörten wir so ein Kitz recht lange schreien. Mein Vater sagte, dem muss was passiert sein, weil es nicht aufhört zu schreien.

Vater nahm sich die Lederhandschuhe mit und wir gingen dem Schreien nach. Tatsächlich fanden wir ein frisch gesetztes Rehlein unter ganz dicken Dornenstauden, das am Rücken schon geblutet hat. Vater zog die Handschuhe an und entfernte die Dornenstauden. Wenn der Vater es nicht befreit hätte, wäre es kaputtgegangen. Später sahen wir das Kitzlein mit seiner Mutter beim Grasfressen. Einen schon damals seltenen Vogel zeigte uns der Vater. Wenn er diesen Vogel pfeifen hörte, hat er uns Kinder geholt und uns die schöne Goldamsel gezeigt. Die sahen wir nur auf unserem großen Gelbkirschenbaum. Ob der Goldamsel der Baum lieb war, weil er so nah am Wald stand oder ihr die gelben Kirschen so schmeckten, weiß ich nicht. Auf jeden Fall habe ich sie nur dort gesehen. Dieser herrlich gelbe Vogel mit seinen schwarzen Flügeln war größer und nicht so dick wie die schwarze Amsel. Er pfiff etwas wie »kuglegegleau«. Heute gibt es gar keine mehr, alle sind ausgestorben, schade. Die Raben sieht man auch nur mehr selten. In unserer Zeit der Kindheit gab's ja noch viel. Besonders im Winter kamen sie nahe an den Hof heran. Im Volksmund nannte man sie »Krah«.

Und wie mich nun die Erinnerung ganz einspinnt, will sie ein Gedicht werden:

> *Ringsum nun wird es stille*
> *indes der Tag versinkt*
> *im sonn'gewärmten Gras die Grille*
> *den Tau der Dämm'rung trinkt.*
> *Aufsteigt die Nacht im Westen*
> *sie atmet hörbar kaum*
> *und wiegt von Ast zu Ästen*
> *den Wald in Schlaf und Traum.*

Der Ochse mit dem Saulederschuh

Am Waldrand neben dem Kagerbauer standen verstreut sechs große, knorrige Eichen, heute gibt es hinter der Kapelle nur noch eine. Von diesen Bäumen sammelten wir die Eicheln und gaben sie den Schweinen zum Fressen. Auch kleine Tiere bastelten wir Kinder damit. Ein Kastanienbaum steht auch bei der Kapelle. Die Kastanien holten wir uns auch zum »schnirzln«, so nannte man das damals. Der Vater zeigte uns allerlei zum Fertigen. Er selbst hat das sehr gerne gemacht, er war halt so ein Schnitzer. Er hat Bilderrahmen, Spiegel, Fotorahmerl und Kreuze geschnitzt. Auch mit dem Laubsägebogen hat er gerne gearbeitet. Vater erzählte uns Kindern öfters, dass er Zimmerer werden wollte. Das haben ihm seine Zieheltern nicht erlaubt. Ich weiß, Vater hat zu Hause neue Hoftore gemacht. Auch Fleischkübel hat er gefertigt und die Mostfässer hat er, wenn sie leer waren, geöffnet, was sonst ein Fassbinder macht. Waren die Mostfässer wieder sauber geputzt, hat Vater den Fassboden wieder selber eingesetzt. Den Binderbosch,[6] den man dazu benötigte, hat er sich ab und zu von den Innauen geholt. Wenn das Fass fertig war, hat er es auch ausgeschwefelt. Das benötigte Werkzeug hat sich der Vater gekauft.

Im Winter hat der Vater für die ganze Familie die Holzschuhe gemacht. Zur damaligen Zeit trug man bei der Arbeit nur Holzschuhe, auch auf dem Feld. Wir Kinder sind auch mit Holzschuhen zur Schule gegangen. Hohe Schnürschuhe wurden nur am Sonntag zum Kirchgang angezogen. Da wurde einfach mehr gespart und Holzschuhe wurden grundsätzlich nicht gekauft, sondern selbst gemacht. Wenn wir eine große Sau ge-

---

6) *Binderbosch:* Zum Fassbinden gut geeignete, biegsame Weidenzweige.

schlachtet haben, wurde diese gehäutet. Die Sauhaut fuhr der Vater meist mit dem Rad nach Tann zum Gerben. In Simbach war damals keine Gerberei. Nach einiger Zeit holte er das fertige Sauleder heim, er brauchte es als Übergeschirr für die Holzschuhe. Wenn der Sattler ins Haus kam zum Ochsengeschirrflicken oder Neuanfertigen, brauchte er auch das Sauleder oder auch zum Reparieren des Lederkanapees. Auch der Schuster, wenn er ins Haus kam, fertigte Lederpantoffel aus Sauleder. Hat ein Ochs recht gehunken, wenn sich Steine in die Klauen gebohrt hatten, wurde alles fein säuberlich rausgeputzt und ein vom Sattler gefertigter Saulederschuh darübergezogen.

Semmeln an der Kirchentür

Die Straßen waren zu unserer Zeit nicht geteert, sondern mit Kies befestigt. Auch die großen Landstraßen waren Kiesstraßen. Damals gab es noch keinen Bulldog. Wir hatten zwei ganz schwere Zugochsen im Stall zur Arbeit, manchmal auch drei. Die Arbeit am Hof war nicht bloß für uns schwer, auch für die Zugtiere. Bei uns war es halt bergig, das kennt keiner, der nur Wiesen und Felder auf der Ebene hat. Unsere Gegend ist romantischer, aber die Arbeit schwieriger, und die Aussicht vom Kagerbauer war einmalig da oben. Unsere Blicke konnten weit über Simbach und Braunau bis tief ins Österreicher Land schweifen. War das Wetter hell und klar, sah man die Berge so schön, man konnte auch Maria Schmolln gut erkennen. Gerne spazierten Freunde und Bekannte aus Simbach und Braunau zu unserer Kapelle, dann hinauf zu uns und den Berg noch weiter hoch zum Waldrand. Dort war ein herrlicher

Aussichtsort. Zu dieser Zeit gab es noch kaum Autos, da gingen die Leute am Sonntag meistens wandern. Weitere Strecken fuhr man höchstens mit dem Rad. Ich erinnere mich noch gut, wie bei uns zu Hause die Schlachtkälber und Schlachtschweine vom Metzger mit dem Wagl, an das ein Pferd gespannt war, abgeholt wurden. Im Winter hatte der Metzger einen Schlitten, der Gaissl genannt wurde. Bauern, die Pferde hatten, fuhren mit Wagerl, Kutschen oder Landauern.

Zur Firmung oder bei Hochzeiten oder gar bei einer Primiz waren diese Fahrzeuge recht begehrt. Nur ab und zu sieht man heute noch ein Brautpaar fahren oder einen Primiziaten, weil man die alten Bräuche wieder ausüben möchte. Meine Taufpatin kam auch mit Ross und Wagerl, wenn sie Godnsachen[7] brachte oder bei der »Außifirtigung«, wenn man die 7. Klasse Volksschule verließ. Meine Taufleute hatten einen sehr weiten Weg zu uns. Ihr Bauernhof war zwischen Zeilarn und Erlbach. Ihre nächste Bahnstation war Buch am Inn. Von Streifing nach Buch war's auch schon so weit, dass man nur mit Ross und Wagl hinkommen konnte. Als das Rad dann mehr und mehr im Kommen war, fuhren wir mit dem Rad zu Besuch nach Streifing. Auch Vater und Mutter sind dorthin manchmal mit dem Rad gefahren.

Meine Taufpatenleute sind längst verstorben. Zur Beerdigung von meinem Taufgöd sind wir mit dem Taxi dorthin gefahren. Der Taufgöd ist an einem Unfall mit einem jungen Pferd gestorben. Da ging ich noch zur Volksschule. Bei der Beerdigung waren viele Geistliche da, es war ein levitiertes Leichen-

---

7) *God, Godn, Göd:* Patin und Pate eines Kindes, gebildet aus den althochdeutschen Wörtern »Gotfater« und »Gotmuter«. Godnsachen: Die von der Patin dem Patenkind üblicherweise gegebenen Geschenke.

amt und Beimessen. Hernach ging jeder zum Wirt zum sogenannten »Leichentrunk«. Ich kann mich noch gut erinnern, als
wir aus der Kirche gingen, stand je zur Seite ein großer Korb
mit Semmeln. Bei jedem Korb stand eine Frau, sie gab jedem
Beerdigungsteilnehmer, der die Kirche verließ, zwei Semmel in
die Hand. Bei uns in Kirchberg gab es diesen Brauch nicht. Ich
wollte die Semmeln nicht annehmen. Ich schaute erst meine
Mutter an, die hinter mir war, erst als sie mir zunickte, nahm
ich die Semmeln aus der Hand der Bäckersfrau. Der Taufgöd
lag aufgebahrt zu Hause in Streifing. Von dort bewegte sich ein
langer Leichenzug zum Friedhof. Der Sarg mit dem Taufgöd
wurde mit einem Leichenwagen, an den zwei Pferde gespannt
waren, zum Friedhof gefahren. Es war ein weiter Weg von Stei-
fing zum Friedhof bei strömendem Regen. Die Beerdigung von
meiner Taufgoden war 1959, da sind wir schon mit dem Auto
gefahren. Jetzt zurück zu den Pferdegespannen. Auch vor die
Postkutsche waren Pferde gespannt, die der Postillion fuhr. In
meiner Kindheit fuhr jedoch schon ein großes Postauto. Aber
meine Eltern erzählten mir öfter davon, wie der Postillion während der Fahrt manchmal so schön aufgeblasen hat, was sie
gern gehört haben. In der Schule stand in unserem Lesebuch
das Gedicht, das mir auch im Gedächtnis geblieben ist: »Lieb-
lich war die Maiennacht, Silberwölkchen flogen, ob der hol-
den Frühlingspracht, freudig hingezogen. Schlummernd lagen
Wies und Hain, jeder Pfad verlassen. Niemand als der Mon-
denschein, wachte auf den Straßen. Rauer war mein Postillion,
ließ die Geißel knallen und über Berg und Tal dahin frisch sein
Horn erschallen.« Das muss einmal schön gewesen sein.

An eins kann ich mich noch gut erinnern. Die Mutter erzählte uns, wie das erste Auto ausgeschaut hat, das sie als Kind
sah. Meine Mutter ist in Lanhofen geboren. An ihrem elter-

lichen Anwesen führte die Straße nach Tann vorbei. Sie spielte mit ihren Geschwistern auf der anliegenden Wiese, als ihnen die Mutter plötzlich schrie: »Kinder, kommt schnell und seht euch den Wagen an, der jetzt daherkommt, der hat keine Deichsel dran und kein Pferd und fährt.« Sie liefen hin und staunten nicht schlecht. Die Mutter erzählte weiter, dass zwei Männer im Wagen saßen und hielten etwas in der Hand wie Eisenrohre und pumpten so, als möchten sie Wasser schöpfen. Eine Weile sind die Kinder hinter dem Wagen hergelaufen, dann sind sie wieder umgekehrt. Zeitungsabbildungen zur 100-jährigen Entstehungsgeschichte des Autos erinnerten mich an die Erzählungen der Mutter. Wenn da die alten Leute noch sehen könnten, wie viele Autos heute auf den Straßen fahren! Und erst die Flugzeuge, die kämen aus dem Staunen nicht heraus.

Kein Tadel und Zopfziehen!

Im Jahr 1929 nach Ostern war für mich Schulbeginn. Unsere Lehrerin hieß Frieda Schiele. Sie unterrichtete die ersten drei Klassen, das hieß »die kleine Schule«. Handarbeitsunterricht gab es für die Mädchen der kleinen und der großen Schule. Wir Mädchen aus der kleinen Schule hatten am Dienstag und die aus der großen Schule am Donnerstag je eine Stunde.

Früher gab es auch die Sonntagsschule für Mädchen, die aus der Volksschule waren. Später hieß das Fortbildungsschule. Die war dann am Montag von 12 bis 16 Uhr. Die Buben hat der Lehrer von der Berufsschule unterrichtet. Nach der Berufsschule stand man dann im Leben draußen.

An meinen ersten Schultag kann ich mich noch gut erinnern. Damals gab es noch keine Schultüten. Vom Fräulein bekamen wir beim Einschreiben Süßigkeiten. Die Lehrerin hat mir gleich imponiert. An die Tafel war ein recht schöner großer Osterhase gemalt mit großen bunten Ostereiern. Das hat mir sehr gefallen. Das Fräulein war nett, ich habe mich auch bemüht, fest zu lernen. Vor allem gut aufpassen und ruhig sein war wichtig. Ich bekam nie Tadel oder am Zopf gezogen oder gar Tatzen. Am liebsten hatte ich Singen oder wenn die Lehrerin Märchen erzählte. Wir mussten diese dann nacherzählen. Da kamen die Schulkinder auf, die nicht aufgepasst hatten oder es nicht kapierten.

Im Schulranzen hatten wir eine Schiefertafel, eine Griffelschachtel mit Schiefergriffel, Bleistifte, Federhalter, Schreibfedern, Radiergummi und Hefte. An der Schmiertafel war links ein Loch durch den hölzernen Tafelrahmen. Dort war ein Kreuzbandel durchgezogen. An einem Ende von dem Bandl war ein Schwamm angenäht, am anderen Ende ein dicker Lappen festgenäht. Den Schwamm hielten wir immer feucht, damit wischten wir die Tafel ab und mit dem Lappen trockneten wir nach. Im Schulranzen hatten wir noch ein Lesebuch und einen Katechismus. Auch ein Rechenbüchl gehörte zur Ausstattung.

Der Aufsatz wurde erst auf die Tafel geschrieben und wenn er heftreif war, mit Federhalter und Tinte ins Heft übertragen. Dasselbe geschah mit den Rechnungen. Die gläsernen Tintengefäße steckten in den Schulbänken. Waren sie leer, zogen wir sie raus und ließen uns von den Lehrkräften Tinte nachfüllen. Da hieß es gut aufpassen, gleich ob beim Einfüllen der Tinte oder beim Schreiben. Tintenbatzen gab es schnell. Hier hat man sich leicht den Zorn der Lehrkräfte zuziehen können. Man hat damals sorgfältig und schön schreiben gelernt. In meinen Heften stand nur »ordentlich« als Bemerkung. Da war ich schon froh. Wenn die Lehrerin oder später war es dann ein Lehrer ins Schulzimmer kamen, mit einem Stoß Hefte unter dem Arm, haben wir gleich hingeschaut, wie viele Hefte quer lagen auf dem Heftstoß. Die Besitzer dieser Hefte konnten sich schon auf etwas gefasst machen. Da gabs Tatzen oder den Buben wurde die Hose stramm gezogen und mit dem Stock der Hintern verhauen. Da waren Hefte dabei, da stand mehr mit roter als mit schwarzer Tinte drin. Diese Hefte wurden dann von den Lehrkräften in der Schule rumgezeigt. Da stöhnte der Lehrer »lauter solche Helden wenn wir hätten, das wäre zum Verzweifeln.« Jetzt kämen solche Kinder in die Sondervolksschule. Die Schulkinder jetzt kennen keine Schiefertafel und Griffel oder Federhalter mit eingesteckten Federn und offene Tinte. Auch meine Kinder haben das nicht mehr gekannt.

Schnell waren die ersten drei Klassen vorbei, dann gings 'rauf in die große Schule zum Lehrer Nerud. Vor dem hatten wir Angst. Den haben wir manchmal schreien hören bis in die kleine Schule 'runter. In der vierten Klasse waren wir zehn Kinder, sechs Buben und vier Mädchen. Wir waren auch Erstkommunikanten. Den Herrn Pfarrer hatten wir schon seit Schulbeginn als Religionslehrer. Und den Herrn Lehrer brauchte auch keiner zu fürchten, der ordentlich und fleißig war. Dort hatten wir uns bald eingewöhnt. Besonders umsorgt waren wir von unsrem Herrn Pfarrer Kastenmeier. Er hat extra für uns eine Zeitschrift bestellt. Die hieß »Das Kommunionglöcklein«. Ich freute mich immer so darauf, weil so schöne interessante Geschichten darin zu lesen waren und die Bilder farbig waren. Diese Zeitschrift erhielten wir kostenlos, sie hat den Kommunionsunterricht verständlich gemacht.

Das erste Packerl Persil

Weihnachten mussten wir zur ersten hl. Beichte gehen. Das hat uns der Katechet recht schonend beigebracht. Dann mussten wir alle vier Wochen zur Beichte gehen. Am 23. April 1932 war Erstkommunion. Das Kommunionkleid wurde für mich hergerichtet. Das war das weiße Kleid meiner Schwester, die um sieben Jahre älter war als ich. Die hat es zu ihrer Erstkommunion neu erhalten. Meine jüngere Schwester hat das Kleid auch noch zur Erstkommunion und zur Firmung getragen. Sie ist fünf Jahre jünger als ich. Damals hat man mehr gespart. Für die jüngste Schwester wurde das Kleid im Kloster Marienhöhe neu umgestaltet. Kerze, Kränzlein, Strümpfe, Handschuhe und Handtasche wurden für jede von uns neu gekauft. Für mich hat die Mutter das Kleid selbst gewaschen. Ich kann mich noch gut erinnern, zu dieser Zeit ist das Persil-Waschpulver erst aufgekommen. Eines Tages kam eine Vertreterin ins Haus. Von der Frau kaufte meine Mutter das erste Packerl Persil, das war so ein grün-rotes Packerl. Mit diesem Persil hat dann die Mutter das Kleid gewaschen. Einige Tage später kam dann die Schneiderin ins Haus und nähte für die Mutter ein Kleid. Bei dieser Gelegenheit gab ihr meine Mutter das weiße Kleid zum Aufbügeln, damit es ja gut aussehe. Zur damaligen Zeit gab es noch nirgends ein elektrisches Bügeleisen. Alles wurde mit dem Kohlebügeleisen gebügelt, auch Schneider und Schneiderin benutzten es.

Meine Mutter und auch ich haben mit Kohlenglut im Bügeleisen alle Wäschestücke und Kleider damit gebügelt. Das Bügeleisen war aufklappbar. Mit einem alten Löffel nahm man die Glut aus dem Küchenherd und füllte das Bügeleisen auf, klappte den Eisendeckel, an dem ein hoher hölzerner Griff befestigt war, zu, verriegelte es gut mit dem Eisenriegel, welcher am Bügeleisen befestigt war. Dann ging die Büglerei los. Ließ die Hitze im Bügeleisen nach, hat man es fest nach links und rechts geschwungen. Im Bügeleisen waren an jeder Seite vier Luftschlitze. Durch die Luft, die beim Schwingen hineinkam, ist die Glut wieder fest aufgeglüht. Dann konnte man das Bügeln fortsetzen. Unsere jetzige Jugend hat von der damaligen Büglerei keine Ahnung mehr, sie würde dazu nur noch lachen. Als die Schneiderin mein Erstkommunionkleid bügelte, war außer meinem älteren Bruder Ludwig niemand zu Hause. Die Schneiderin bügelte das Kleid, hängte es auf ein Kleiderholz, gab es dem Bruder und sagte ihm, er solle es gleich rauftragen und in den Schrank hängen, dass es nicht schmutzig wird. Das hat er auch befolgt. Meine Mutter hat sich auch weiter nicht gekümmert.

Am Kommuniontag flocht mir die Mutter zwei Zöpfe. An jeden Zopf band sie mir eine schöne breite weiße Schleife. Dann holte sie das weiße Kleid vom Schrank. Ich zog es an, auf beiden Seiten von der Achsel weg waren braune Striemen. Das Kleid war zu heiß gebügelt worden! Meine Mutter war ganz entsetzt. Aber sie wusste sich zu helfen. Sie nahm mir die beiden Schleifen wieder ab, machte die Zöpfe auf und ließ die Haare offen hängen, über den Rücken und nach vorn über die Schultern. So waren die braunen Striemen nicht mehr zu sehen. Ich war auch sehr enttäuscht und es gab bei mir Tränen, da ich mich sehr auf diesen Tag gefreut hatte. Aber es ist dann doch schön gewesen.

Am 23. April 1932 war der lang ersehnte Tag. Am Vormittag waren die Hügel um uns herum leicht mit Schnee überzuckert. Am Nachmittag war es wärmer. Wir versammelten uns im Schulhaus, von dort holte uns der Herr Pfarrer mit den Ministranten ab. Unter feierlichem Glockengeläute zogen wir mit den Kerzen in der Hand in die Kirche ein. Der Gottesdienst wurde festlich gestaltet. Der Kirchenchor sang während der Kommunion ein recht festliches Lied. Nach dem feierlichen Gottesdienst und dem Dankgebet nahm uns der Herr Pfarrer mit in seine schöne Stube. Auf der Polsterbank neben dem Kachelofen legten wir die Kerzen ab. Ein großer runder Tisch stand da, der war ganz weiß gedeckt. Kaffeetassen und Teller standen da, auf jedem Teller lag ein schönes großes Stück Torte. Zum ersten Mal sah ich in meinem Leben eine Torte. Wir getrauten uns kaum an den Tisch. Der Herr Pfarrer saß mitten unter uns und trank mit uns Kaffee. Die Köchin kam dann mit der Kaffeekanne und goss uns Kaffee und Milch nach. Sie war dazu recht freundlich, was sie sonst nie war mit uns Kindern. Vor der hatten wir immer Angst. Als wir fertig waren, gingen wir zum Schulhof, dort fotografierte uns Herr Lehrer Nerud. Hernach machten wir uns auf den Heimweg, natürlich zu Fuß. Es gab ja noch kaum Autos. Nachmittags um 2 Uhr schritten wir Kommunikanten zur Andacht ohne Kerzen. Hernach gingen wir gemeinsam zum Gasthof Nöhmeier hinunter. Dort spielte der Burschenverein ein Theaterstück in fünf Akten und unter Leitung von Pfarrer Kastenmeier. Der Eintritt war für uns Erstkommunikanten frei. Wir hatten ganz vorne unsere reservierten Plätze. Wir bekamen auch dort noch was zu essen und zu trinken. So etwas kann man nicht vergessen. Ein recht schöner Tag ging zu Ende.

Auf der Schwelle wartet der Tod

Ein Jahr danach hatten wir Firmung. Hier fiel auf mein Leben der erste Schatten. Im Februar 1933 erkrankte meine älteste Schwester mit 17 Jahren an Diphterie. Dienstboten hatten wir nicht mehr auf dem Hof. Meine älteste Schwester war ja damals schon aus der Berufsschule und mein ältester Bruder aus der Volksschule. Meine Schwester lag zu Hause mit dieser schweren Infektionskrankheit. Wir Kinder durften wochenlang nicht mehr zur Schule gehen.

Die Schwester lag drei Wochen mit 41 Grad Fieber im Bett. Es herrschte zu dieser Zeit grimmige Kälte, deshalb stand das Krankenbett mitten in der Wohnstube. Darin war ein großer Kachelofen und der wurde immer geheizt. Wir Geschwister durften nicht 'rein zur Kranken wegen Ansteckungsgefahr. In der Stubentür, die von der Küche aus zugänglich war, ist die Hälfte aus Glas gewesen und da konnten wir Geschwister durchschauen. Unsere Mutter hat meine Schwester gepflegt. Bevor die Mutter in die Küche kam, hat sie ihre Kleidung gewechselt und sich die Hände mit einem Desinfektionsmittel gewaschen, welches sie vom Hausarzt erhielt. Jeden Tag kam der Doktor und jedes Mal bekam die Kranke eine Spritze. Das Fieber ging einfach nicht weg. Drei Wochen lag sie schon so da. Die Schwester wurde immer schwächer. Mein Vater war Sanitäter. Er hatte sich Arzneibücher gekauft. Ein dickes Buch hieß »Praktischer Hausschatz der Heilkunde«. Wenn jemand krank war, hat er darin gelesen. Wegen Kleinigkeiten ist man damals nicht gleich zum Doktor gegangen. Unsere Leute waren auch bei keiner Krankenversicherung, es musste alles privat bezahlt werden.

Bei der Krankheit meiner Schwester nahm er auch das Buch

in die Hand, daraus las er, dass Eisumschläge über Füße und Waden das Fieber senken. Diese Eisumschläge machten meine Eltern von früh bis spät am Abend. Um 0,2 Grad ging das Fieber auf 40,8 zurück. Der Hausarzt erklärte meinen Eltern, sie sollen meiner Schwester die Sterbesakramente erteilen lassen, da helfe nichts mehr. Am Aschermittwoch kam dann der Herr Pfarrer Kastenmeier zum »Versehen«. Wir waren alle bestürzt. Als meine Schwester die hl. Kommunion empfing, knieten wir alle an dem kleinen Hausaltar gleich hinter der Stubentür. Ich sah meinen Vater zum ersten Mal weinen. Wir heulten alle mit. Bevor sich der Geistliche von uns verabschiedete, hörte ich, wie er zum Vater sagte: »Lass ihr doch keine Spritzen mehr geben, das ist ja lauter Gift.« Am nächsten Tag kam der Hausarzt wieder und wollte eine Spritze geben. Mein Vater ließ es jedoch nicht zu. Daraufhin war der Doktor so eingeschnappt, dass er die Krankenbesuche einstellte. Ganz verzweifelt waren meine Eltern. Vater nahm wieder das Buch zur Hand und blätterte und suchte, ob er nicht doch noch was entdecken würde, das helfen könnte. Und siehe da – bei Halskrankheiten soll Heublumendampf angewendet werden. Das wurde gleich versucht.

Wir heizten in der Küche fest ein, stellten einige Töpfe Wasser auf. Vater ging in den Stadl und holte ein Bündel recht schönes Heu. Das steckte er in ein Holzschaffel, in ein breites. In der Stube wurde es auf einen Stuhl gestellt. Den großen Tisch zogen sie auch näher ans Krankenbett. Zwei umwickelte kurze Latten, auf die sich die Kranke stützen konnte, wurden aufgebaut. Das kochende Wasser wurde über die Heublumen im Holzschaffl darübergegossen. Vater und Mutter zogen die Schwerkranke aus dem Bett und stellten sie mit dem Kopf über den Heublumendampf. Bevor die Eltern ein bereitgelegtes Deckenzeug darüberlegten, hörte ich noch, wie mein

Vater zur Schwester sagte: »Nun atme mit offenem Mund so tief, wie du noch kannst«. Wir sahen durchs Küchentürfenster zu. Ich bekam dabei solche Angst! Ich dachte nur noch, die muss ja ersticken. Eine halbe Stunde dauerte das. Jetzt nahmen meine Eltern die Zudecke weg, hoben die Kranke zurück ins Bett. Ihr Gesicht war ganz gelb, die Wasserperlen ganz dicht dran. Schnell trocknete meine Mutter mit bereitgelegten Frotteehandtüchern das Gesicht ab. Die Schwester sagte, ihr wird so schlecht. Meine Mutter rief: »Schnell, zündet die Kerzen an, jetzt stirbt sie!«, und hielt meiner Schwester den Nachttopf hin und sie musste so erbrechen! Der Topf war mehr als die Hälfte voll von lauter Eiter und braunen Häuten. Die Eltern übergossen alles mit Desinfektionsmittel und räumten das Zeug weg. Die Schwester hat wohl alles herausgebrochen und das Fieber ging nach kurzer Zeit weg, Gott sei Dank.

Ein Gelübde und sein Opfer

Meine Schwester hat ein Versprechen gemacht, wenn sie wieder gesund wird, dann geht sie ins Kloster. Aber gesagt hat sie es uns nie. Erst als sie vor zwei Jahren bei mir in Heimaturlaub war, hat sie es mir erzählt. Aber ich kriegte es bald zu fühlen. Denn ich war bereits im Kloster Marienhöhe für eine höhere Schule angemeldet. Meine Schwester hat mich bearbeitet, ich soll zu Hause bleiben, damit sie ins Kloster gehen kann. Lass den jüngeren Bruder ins Studium, der hat es nötiger als du, sagte sie. So ging das immer dahin, bis der Vater meinte: »Studieren kann nur ein Kind, mehr kann ich nicht leisten.« Das Studium musste von der Familie bezahlt werden, damals hat der Staat keine Mark bezahlt wie heute. Unser Pfarrer sagte: »Wenn aus einer Familie ein Kind studiert, haben die Geschwister es zu büßen, aber hernach kommt es ihnen zugute.« Ich kann mich noch gut erinnern, dass damals die Englischen Fräulein zu mir auf Kagerbauer gekommen sind, auch die Oberin war dabei und redeten wegen dem Schulübertritt. Ich hatte das Radfahren schon gelernt, weil ich mit dem Rad zur Schule nach Simbach gefahren wäre, als Externe. Aber meine Schwester hat mich so bearbeitet, dass ich zur Frau Oberin »Nein« sagte. Mich hat die Frau Oberin noch an der Hand gefasst und gesagt: »Das wird dich einmal reuen, so viel du Haare auf dem Kopf hast.« Da fing ich an zu weinen, ich konnte doch nicht erzählen, dass mich meine Schwester davon abhält. Meine Schwester ist dann am 1. Dezember 1935 nach München zu den Barmherzigen Schwestern ins Kloster eingetreten. Ich war damals in der 7. Klasse der Volksschule, aus der ich Ostern 1936 entlassen wurde. Ich musste schon unsere Kühe melken.

Meine Eltern haben auch damals (1933) ein Versprechen gemacht. Wenn die Sterbenskranke wieder gesund wird, werden sie in der neu erbauten Kapelle jeden Ostermorgen die Auferstehung feiern. Das wurde auch eingehalten. Von da ab sind wir am Ostertag um ½ 5 Uhr aufgestanden. Alle gingen wir runter zur Kapelle, die Kerzen wurden angezündet und der glorreiche Rosenkranz gebetet. Dann gingen wir schnell heim zur Stallarbeit. Wir mussten uns damit beeilen, weil wir sonst zum Festgottesdienst in der Pfarrkirche zu spät gekommen wären. Vor dem Hochamt war noch die Speisenweihe. Da durften wir ja nicht zu spät kommen. In einem kleinen Körbchen richtete die Mutter alles her. Brot, gefärbte Eier, ein Osterlämmlein aus Kuchenteig und ein Stück Geselchtes. Wir hatten genau ¼ Stunde bis zur Kirche zu gehen. Vor dem Mittagessen bekamen wir erst die geweihten Sachen vorgesetzt. Jedes Familienmitglied hat von den geweihten Sachen etwas gespart. Mit diesen Restlein ging der Vater dann zum Fuchsfüttern. Wir Kinder sind da ab und zu mitgegangen. Das hat mich sehr interessiert.

Die schlauen Füchse

In dem Wald, der gleich an unsere Wiesen und Felder angrenzte, waren einige Fuchsbehausungen. Vor so einer Fuchshöhle streute mein Vater die geweihten Reste hin. Das war ein ganz alter Brauch. »Und warum machst du das?«, fragte ich meinen Vater. »Damit uns das schlaue Füchslein keine Hühner, Gänse oder Enten stiehlt. Das habe ich von meinen Vorfahren gesagt bekommen«, sagte mein Vater. Also auch damals schon ein uralter Brauch. Unsere Hühner sind bis in den angrenzenden Wald zum Laubhochkratzen gegangen, weil darunter Würmchen und Käfer zu finden waren. Der Fuchs hat bei uns kein Federvieh geholt. Ob da das Fuchsfüttern zu Ostern wirklich geholfen hat, weiß ich nicht. Es war wohl so, wie man sagt, dass der Fuchs nahe seiner Behausung keine Beute macht, um sich nicht zu verraten. Und der Fuchsbau war sozusagen unser Nachbar. Wir gingen oft dort vorbei und sahen Eidotter, Hühnerfedern und Eierschalen herumliegen. Der Fuchs hatte sich anderswo etwas geholt.

Nach der Gesundung meiner Schwester durften wir etwa eine Woche danach wieder in die Schule gehen. In diesem Jahr sollte ich gefirmt werden. Der Apotheker in Simbach war ein guter Freund meiner Eltern, er war oft Gast auf Kagerbauer. Der sagte damals zu meiner Mutter, als meine Schwester genesen war: »Nach so einer schweren Infektionskrankheit bricht meist nach ¼ Jahr wieder eine aus.« Der schöne Monat Mai war schon da. Plötzlich erkrankte mein älterer Bruder an Scharlach. Wieder durften wir Kinder nicht mehr zur Schule gehen. Für mich wäre längst Firmunterricht fällig gewesen. Mein Bruder war nicht so schwer krank wie meine Schwester, er hatte auch kein so hohes Fieber. Trotzdem durften wir nicht zur Schule. Meine Mutter hat den Ludwig genauso sorgfältig gepflegt wie meine Schwester. Jedes Mal die Kleidung gewechselt und sich die Hände mit Desinfektionsmitteln gewaschen, bevor sie wieder zu uns in die Küche kam. Wir Geschwister durften nicht zum Ludwig ins Schlafzimmer 'rein. Zwei Wochen vor der Firmung durften wir Kinder wieder zur Schule gehen. An diesem Tag hatten wir gerade Religionsunterricht. Der Herr Pfarrer fragte mich gleich, wie es meinem Bruder geht. Dann sagte er zu mir, dass am 21. Juni die Firmung ist und ob ich schon eine Patin habe. Ja, sagte ich zum Herrn Pfarrer, aber beim Godnbittn war ich noch nicht, weil wir doch nirgends hingehen durften wegen der Infektionskrankheit meines Bruders. Da mischten sich die anderen Firmlinge ein, ich könnte nicht gefirmt werden, weil ich beim Firmunterricht gefehlt habe. »Seid still«, sagte der Herr Pfarrer, »die kann mehr wie ihr.« Da waren alle ruhig. Am Sonntag gingen dann mein Vater und ich zum Godnbitten, so hieß das damals.

Godnbittn und zu Fuß zu Firmung

Ich kniete mich auf den Boden nieder bei der Mitternberge-rin und bittete mit erhobenen Händen, ob sie meine Godn sein wollte. Der Firmtag war ein recht herrlicher schöner Tag. Erst am Firmtag erfuhren wir, dass unser damaliger Bischof Sigismund Felix erkrankt sei. In unserer Gegend weilte zu dieser Zeit ein schwedischer Bischof, Erik Müller, ein ganz kräftiger, großer Herr war das, der hielt dann die Firmung in Simbach. Vor 10 Jahren ist er in Salzburg gestorben. Das habe ich im Bistumsblatt gelesen.

Am Firmtag bin ich schon zeitig aufgestanden, habe mich sauber gewaschen und mein hellblaues Sonntagskleid angezogen. Die Mutter hat mich gekämmt, zwei Zöpfe geflochten und an jeden Zopf eine breite, weiße Haarschleife gebunden. Das weiße Kleid hängte sie mir über den Arm. In einer Schachtel hat mir die Mutter die weißen Strümpfe, Handschuhe, Kränzlein und Handtasche gepackt. In der anderen Schachtel waren die Schuhe. Ich nahm alles zusammen und los gings, natürlich barfuß. Die Godn war ¼ Stunde entfernt vom elterlichen Hof.

Als ich dort ankam, nahm mir die Godn gleich das Kleid und meine Schachteln ab. Das Kleid hängte sie auf ein Kleiderholz in das schöne Zimmer, wo ich mich später dann umzog. Sie brachte mir gleich Seife, Handtuch und Hausschuhe. Bei dem Wassergrand vor dem Haus wusch ich mir die Füße, trocknete sie ab und rein in die Hausschuhe. Ich ging dann in das Zimmer, wo meine Sachen waren zum Umziehen. Bis die Godn wieder zu mir ins Zimmer kam, war ich fix und fertig angezogen. Sie zeigte mir gleich die Godnsachen, die sie für mich gekauft hatte. Nun hatte sich auch die Godn fertig gemacht, sie zog ein schwarzes Seidenkleid an. Auch der Göd hat sich festtäglich angezogen, auch er hatte einen Firmling. Meine Godn setzte ein ganz großes schwarzes Seidentuch auf den Kopf. Ich staunte nicht schlecht, als ich sah, wie die Godn das machte. Den Kopf drückte sie gegen die Stubentür und ich hielt ihr die Schachtel mit den Stecknadeln hin. Sie selber sperrte das große Seidentuch am Kopf an. Als sie fertig war, gingen wir los. Das Wagerl, das aussah wie eine Kutsche, haben sie einer Nachbarin ausgeliehen, weil die auch ein Dirndl hatte zum Firmenlassen.

Blieb uns keine andere Wahl, wir gingen also zur Firmung zu Fuß. Der Weg führte über die Marienhöhe durch die Ewigkeit, so hieß die Ortschaft, nach Simbach. Ich habe kein Gesicht verzogen, weil ich nicht fahren durfte. Hab es so genommen, wie es eben war. Die größte Bäuerin von Kirchberg ging zu Fuß zur Firmung. Sie war auch damals schon die Einzige mit ihrem großen schwarzen Seidentuch. Mich hat das nicht gestört. Wir sind, als wir in Simbach ankamen, zu dem Buben hingegangen und haben ihn abgeholt. So sind wir dann zur Simbacher Kirche gegangen. Die Godn mit mir und der Göd mit seinem Firmling. Erst war der Einzug vom Bischof. Es waren viele Leute da und die Firmlinge. Die Andenkenverkäufer liefen grad so rum. Meine Godn kaufte mir eine große Fotokarte vom Bischof. Die klebte ich mir ins Fotoalbum. Keinen so kleinen Metallanstecker, wo der Bischof ganz klein drin war. Dann sind wir in die Kirche reingegangen zum Festgottesdienst. Danach war gleich die Firmung der Buben. Die Mädchen mit ihren Godn haben die Kirche verlassen. Meine Godn ging mit mir zum Weißwurstessen. Als die Firmung der Buben zu Ende war, wurde mit der großen Glocke geläutet. Wir machten uns auf den Weg zur Firmung. Die Buben kamen gerade mit ihren Paten aus der Kirche, dann konnten wir erst rein. Damals waren so viele Pfarreien beieinander zur Firmung in Simbach. Jetzt ist es besser, weil an mehreren Orten die Firmung gehalten wird. Die Firmung war wirklich schön. Beim Leibinger waren wir auch beim Mettrinken. Den gibt es zu jetziger Zeit gar nicht mehr. Bevor wir uns auf den Heimweg begaben, hat die Godn noch fest eingekauft.

Wir waren beide so bepackt, als wir den Heimweg antraten. Mein Lehrer hatte auch einen Firmling. Der saß schon beim Mittagessen im Mooser Gasthaus an unserem Tisch. Der war ja so befreundet mit meinen Godnleuten. Als er uns dann wieder traf, war meine Godn hoch bepackt. Der Lehrer sagte, sie solle aufhören mit dem Einkauf, das könnt ihr ja gar nicht mehr tragen. Gab ihm die Godn zur Antwort: »Das geht dich gar nichts an, du Geizkragen!« Hat der gelacht! Die beiden haben sich immer gern geneckt. Meine Godn hat mir das ganz hoch angerechnet, weil ich so bescheiden und anspruchslos war. Wir sind dann so gegen ½ 7 Uhr in Mitternberg angekommen, hab mich dort umgezogen, meine Sachen, die ich tragen konnte, mitgenommen und bin nach Hause gegangen. Dort angekommen, wurde ich von meinen Geschwistern ausgelacht, weil ich zu Fuß zur Firmung gehen musste. Als ich aber zum Auspacken anfing, wurden ihre Hälse immer länger. Erst als ich ihnen erklärte, dass ich gleich morgen noch mal zur Godn gehen muss und meine restlichen Sachen heimhole, weil ich nicht alles tragen konnte, da haben die Geschwister nicht mehr gespottet. Keines meiner Geschwister bekam so viel von ihrem Firmgöd oder Godn. Natürlich wollte der Lehrer am nächsten Schultag auch noch wissen, was ich von meiner Godn alles bekam. Ich sagte, dass ich heute noch mal hingehen muss, weil ich gestern nicht alles heimtragen konnte. Dann war seine Neugierde bezähmt.

Spielen und Singen

Im selben Jahr 1933 erkrankte ich im Herbst an Gelbsucht. In der Schule fehlten schon mehrere Kinder, die alle an derselben Krankheit litten. Mich hat es dann auch erwischt. Es war schon Herbst. Ich ging noch zur Schule und war schon so matt. Der Herr Lehrer sah mir in die Augen, die waren ganz gelb. Da schickte er mich während des Unterrichts heim. Ich nahm meinen Schulranzen, ehe ich die Schultür erreichte, sagte der Lehrer zu mir: »Du kommst erst wieder zur Schule, wenn du wieder gesund bist.« Von der Schule nach Hause war ein Weg von ¼ Stunde. An diesem Tage brauchte ich zwei Stunden. Immer wieder setzte ich mich am Wegrand nieder und schlief auch noch ein vor lauter Müdigkeit. Einige Tage vorher brachte ich einen Hirschkäfer dem Lehrer mit in die Schule. Ich dachte, damit die Kinder auch diesen seltenen Käfer anschauen können. Doch der Herr Lehrer gab mir den Hirschkäfer nicht mehr, er tötete das arme Tierlein und steckte es in eine glasüberzogene Schmetterlingssammlung. Mir tat das Viechlein so leid. Reue und Ärger waren bestimmt mit schuld, dass ich die Gelbsucht bekam. Zur Gelbsuchtbehandlung gab es Karlsbader Salz zum Trinken und Breikost. War die Mutter nicht in der Küche, habe ich das ekelhafte Getränk in den Ausguss geleert. Einmal hat mich die Mutter dann doch erwischt, da war es dann aus mit dem Weggießen. Wenn auch unsere Eltern sehr streng waren, Spaßverderber waren sie nicht.

Wir durften nicht zu den Nachbarskindern gehen zum Spielen, dafür durften die zu uns kommen zum »Scherzen«, so hat man das in unserer Kindheit genannt. Wir hatten ja eine große Stube, da konnten wir uns richtig austoben. Wir spielten Fangermandl oder Blinde Mäusl, Einschauen oder Nachbar leih mir den Butscha. Wenn die Luft rein war, haben wir schnell die Strümpf ausgezogen, damit wir noch besser laufen konnten. Wenn der Kachelofen im Winter geheizt war, wurde auch der Boden wärmer. Haben wir gemerkt, dass jemand in die Stube kommt, gings schnell in die Strümpfe rein. Das Mühlfahren nannten wir Spanzogln. Warum das so genannt wurde, weiß ich nicht. Vater hat uns das zeitig gelehrt. Wir hatten einen alten, recht leichten Tisch, der war gut zu tragen. In die Tischplatte hat uns der Vater zwei Mühlespiele und ein Fuchs- und Hennenspiel eingekratzt. Die getrockneten Bohnenkerne lagen in der Tischschublade, weiße und dunkle Bohnen. Die brauchten wir zum Mühlfahren und auch zum Fuchs- und Hennenspielen. Das letzte Spiel hab ich gar nicht gern mögen, da hat unser Vater immer gewonnen. Wir hatten auch so ein Würfelspiel, jedoch nicht das »Mensch ärgere dich nicht.« Wie das geheißen hat, weiß ich leider nicht mehr. Auch ein großes Märchenspiel hatten wir, das musste zusammengesteckt werden. Das waren so große viereckige Holzstöckl. Auf jeder Seite war ein Teil von einem Märchen abgebildet. Das musste richtig zusammengestellt werden und da musste man sich schon anstrengen. Auch Puppen und Puppenwagerl bekamen wir als Kinder von Freunden meines Vaters und von Verwandten geschenkt.

Wir bekamen auch Spielsachen von unserem Besuch aus München. Der kam alle Jahre zur Erntearbeit. Wir nannten den Herrn »Münchner Lucki«. Auf diesen Besuch freuten wir Kinder uns riesig. Wenn Feierabend war, hat dieser Lucki die Mandoline, die er bei sich hatte, hervorgeholt und gespielt und gesungen. Der Bauer ist gefahren ins Heu, wir Kinder haben dann nachgesungen, der Bauer ist gefallen ins Heu. Musik war für uns damals etwas Seltsames. Es gab ja zu dieser Zeit kein Radio oder andere Musik. Höchstens hörten wir beim Bauerntag die

Blechmusik spielen. Am Tag vorher, wenn Zapfenstreich war, sind die Musikanten vom Wirt rauf zum Huber-Bauern gezogen und rüber zum Pfarrhof und wieder runter zum Wirt. Dabei haben sie fest auf ihren Musikinstrumenten geblasen. Wir haben uns zu Hause auf Bänke vor dem Hof hinausgesetzt und gehorcht. Rings um unsere Wiesen und Felder war Hochwald. Wenn die Musikanten in Kirchberg drüben spielten, gab es aus diesem Wald einen schönen Widerhall. Es kamen auch Leute aus Simbach zu uns, die gern mithorchten. Als der Burgholzer Bauer den Hochwald abholzte, wars aus mit diesem schönen Widerhall. Der Münchner Besuch hat als Erster die Musiktalente bei uns Kindern geweckt. Wir hatten auch einen Onkel, der war Zitherlehrer. Auch er kam öfters zu Besuch und brachte seine Zither zum Spielen mit. Manchmal hatte er auch noch seinen Freund Karl dabei, der begleitete den Onkel Martin mit der Violine. Wir Kinder durften dann mitsingen und das taten wir gern. Im Winter hatten auch die Erwachsenen ihren Spaß. Es wurde auch damals nicht nur gearbeitet.

Ab Lichtmess waren dann die Schlenkltage und auch die Bauernfeiertage. Die Nachbarn sind auch damals zusammengekommen im Hoagarten oder zum Kartenspielen. Im Winter wurde der Kachelofen in der Stube fest eingeheizt. In diesem Kachelofen waren zwei Durchsichten. Dort legten wir Äpfel hinein zum Braten. Das hat recht gut gerochen, waren sie fertig, legten wir die Bratäpfel auf einen Teller und stellten diesen auf den Tisch. Einmal war Kartenspielen bei uns, einmal in Strickberg, dann wieder in Holzschneid. So ging das immer weiter. Es wurde entweder gezwickt oder Schafkopf gespielt. Aber ohne Geld, nur um Bohnen oder Zwetschgenkerne.

In der Stube hing über dem Tisch ein großer Rundbrenner, das war eine Petroleumlampe mit Porzellansturz darauf.

Die Lampe war zugleich eine Zuglampe. Die konnte man rauf und runter ziehen. Damals gab es bei uns noch kein elektrisches Licht. Auch in der Küche hatten wir so eine Petroleumlampe hängen. Für die Stallarbeit gab's Stalllaternen mit einem Ölpfandl drin. Erst später gab es dann die Sturmlaternen. Zum Zeitungslesen stellte man sich meist eine Kerze in einem Kerzenleuchter hin. Erst 1940 bekamen wir dann das elektrische Licht. Nun weiter zum Kartenspielen. Auf den Tisch wurde meist ein großer Krug mit Most hingestellt. Dazu ein Laib Brot und ein großes Messer zum Abschneiden. Auf einem Holzteller kam ganz dünn aufgeschnittenes Geselchtes und eine Essgabel dazu auf den Tisch. Da konnten's die Spieler schon aushalten.

Der Eisstock an der Teufelsbuche

Im Winter, wenn es schön gefroren war, gings in den angrenzenden Wald zum Eisstockschießen. Da habens vorher die Eisbahn gut hergerichtet. Der sogenannte Bründlacker am Fuß des Schlossberges war so ein lang gezogener Wassertümpel mitten im Wald. Daneben stand eine große Buche, die wurde die »Teufelsbuche« genannt. Unsere Eltern erzählten öfters, dass da oben bis über Mitternacht hinaus Eisstock geschossen wurde. Da haben sich die Eisschützen Laternen aufgehängt, damit sie sehen konnten. Nach 12 Uhr ist dann ein Eisstock zu viel auf der Eisbahn gestanden, der niemandem gehörte. Dann sind die Eisschützen auf und davon, sie haben alles liegen und stehen gelassen. Da haben's dann erzählt, dass der überzählige Eisstock der Teufel gewesen ist. An dieser Buche sei damals einmal auch ein kleines rotes Lichtlein gesehen

worden. Ich denke, dass man auch deswegen die Buche »Teufelsbuche« genannt hat. Als meine Schwester 1933 an Diphterie erkrankt war, wurde diese Buche umgeschnitten. Wir Kinder sind da raufgegangen und haben uns das angesehen. Vierundzwanzig Ster Scheitholz hat die Buche ergeben. Das haben sich zwei Grundangrenzer geteilt. Mit einer Motorsäge hätte man die nicht umsägen können, weil der Stamm zu dick war. Mit einer 4 m langen Schliersäge haben Michael Spielbauer aus Hinterholz, Hans Schrädobler (bei Spielbauer aus Hinterholz als Pferdeknecht), Heinrich Birndorfer, Teilhaber an der Buche und Heinrich Wegerer, Sägfeiler beim Andalbauer, Simbach a. Inn, lange Zeit geschnitten, bis der Baum umfiel. Den Baumstock habens nicht rausgemacht. Da hat jemand drei Löcher reingebohrt und in jedes Loch ein Kreuzlein reingesteckt. Wer das gemacht hat, wusste niemand. Der Stock ist schon ziemlich verfault. Diese ehemalige Eisbahn ist heute trocken und überwachsen. Da tut niemand mehr Eisstockschießen. Ich möchte auch dort gar nicht mehr drübergehen, hab mit eigenen Augen gesehen, dass dort Gewehre und Munition reingeworfen wurden, auch Soldatenuniformen. Als der Krieg zu Ende war, haben sich die deutschen Soldaten von allem befreit, bevor sie sich in Gefangenschaft begaben. Niemand redete mehr von der einst so berühmten Eisbahn. Dr. Pinzl, dessen Bruder, der Schreiner Pinzl und auch unser damaliger Pfarrer Johann Hinter sind längst verstorben. Die haben alle auf der einst so begehrten Eisbahn Eis geschossen. Auch der Strickberger Heini und sein Vater, auch unser Vater, waren leidenschaftliche Eisschützen. Sie ruhen alle schon in Frieden.

Vaters Kerze erlischt als Erste

Ein sehr gern besuchter Markt war der Tanner Wachsmarkt. Dort sind Vater und Mutter oft hingegangen. Mutters Verwandtschaft aus Lanhofen und Zeilarn ist auch zum Tanner Wachsmarkt gekommen. Sie haben sich alle dann im Wirtshaus getroffen. Dort haben sich die Leute dann recht gut unterhalten und ihre Probleme besprochen. Die Mutter ist später dann nicht mehr mitgegangen. Ihr war der Weg zu weit. Vater ist noch lange mit den Nachbarn zum Wachsmarkt gegangen. Dabei wurden alle Kerzen eingekauft, die wir brauchten. Wachsstöckl, eine Wetterkerze, die schwarz war, Zierwachsstöckl, lange Kerzen und Pfennigkerzen. Alles wurde dann am Lichtmesstag zur Weihe getragen. Am Abend zündeten wir die Pfennigkerzlein an und beteten den Rosenkranz. Jedes hatte sich ein Kerzlein gemerkt. Vater hatte immer ein rosarotes, Mutter ein blaues, Bruder Ludwig ein grünes, Schwesterchen ein weißes und ich ein dunkelrotes Kerzlein. Immer ist Vaters Kerze als Erste verbrannt. Er hat gesagt, ihr werdet schon sehen, dass ich der Erste bin, der aus unserer Familie stirbt. Tatsächlich war es auch so. Das nächste Kerzlein, das immer erlosch, war Bruder Ludwig seins. Auch das hat sich erfüllt. Das Kerzlein der Mutter hat immer lange gebrannt. Vater sagte dann zu ihr: »Du wirst sehr alt.« Sie hat den Vater um 15 Jahre überlebt.

Die gewöhnlichen Wachsstöcke brauchte man zum Kirchgang, zur Mette und zum Engelamtgehen. Das Engelamt war um 6 Uhr morgens, da war es noch dunkel. In der Kirche war damals noch kein elektrisches Licht. Wenn zu jetziger Zeit in der Mitte das Licht ausgeschaltet wird, während das Lied »Stille Nacht, heilige Nacht« gesungen wird, dann denke ich immer an meine Kindheit zurück, wie es früher aussah ohne elektrische Beleuchtung. Wenn ein Familienangehöriger oder naher Verwandter gestorben ist, hat man während des Trauergottesdienstes ebenfalls Wachsstöckl angezündet. Nach dem Trauergottesdienst war noch der Friedhofsgang, da hat man noch das brennende Wachsstöckl mitgenommen. Erst hernach hat man das Lichtlein ausgelöscht. Als wir früher Dienstboten auf dem Hof hatten, bekamen auch sie zu Lichtmess Wachsstöckerl, meist Zierstöckerl. Die Zeit hat sich so verändert. Dienstboten gibt es schon lange nicht mehr auf den Bauernhöfen. Der Bauer und die Bäuerin müssen jetzt selbst die Außen- und die Stallarbeit verrichten. Zum Melken gibt es jetzt die Melkmaschine, alles mit Strom. Der Mist beim Ausmisten wird auch mit Strom entfernt. Es gibt auch kein Einstreuen mehr. Die Rindviecher stehen auf Rosten. Es gibt auch kein Kuhdecken mehr. Wenn die Kuh oder die Kalbin stiert, holt man den Besamungstechniker per Telefon. Jeder Bauer hat das Telefon im Haus und einen oder mehrere Bulldogs. In jedem Hof gibt es ein Auto, oft sogar mehrere, und da soll's noch schlecht gehen? Wo war denn zu unserer Kindheit schon ein Telefon? Im Pfarrhof und beim Wirt, später noch beim Bürgermeister. Beim Wirt war auch noch die Posthilfsstelle, deswegen das Telefon zur Benützung. Wir zu Hause sind immer zum Wirt 'runtergegangen, wenn wir den Tierarzt schnell brauchten, meist zum Kälbern.

In der Zeit gab es bei Tieren noch keinen Kaiserschnitt, was jetzt der Tierarzt macht, wenn eine Kalbgeburt nicht geht. Der Tierarzt kam, wenn der Vater nicht mehr helfen konnte, dann war's meist schon kompliziert. Wir haben einige Kühe schlachten müssen, wenn sie nicht kälbern konnten. Vater hat sich beim Kuhkälbern recht helfen können. Er wurde oft auch von Nachbarn und auch von Bauern weiter weg geholt. Nachts haben sie den Vater manchmal aus dem Bett getrommelt. Der

Tierarzt musste halt bezahlt werden. Vater hat das nur für ein »Vergelts Gott« gemacht. Das Geld war zu der Zeit rar. Wenn wir den Doktor brauchten, hat ihn der Vater mit dem Rad in Simbach geholt.

Bruder Ludwig stürzt vom Dach

An einem Ostermorgen ist einmal etwas Schreckliches passiert. Vater hatte den Brauch, wenn wir am Palmsonntag den geweihten Palmbaum heimbrachten, diesen auf das Stadeldach zu werfen. Er warf ihn auf die Stelle, wo das Hausdach das Stadeldach überdeckte. Dort konnte weder Regen noch Schnee hinfallen. Dort blieb der Palmbaum bis zum Ostertag. Wer den am Ostersonntag in die Küche trug, bekam das erste rote Ei. Das war halt nur der Vater, wer hätte sich von den Kindern schon dort raufsteigen getraut? Mein älterer Bruder ging schon in die 5. Klasse. Der stand an diesem Ostertag recht früh auf, holte sich eine kleine Leiter und lehnte sie an das Stadeldach an, und zwar auf den Übergang, der vom Stadel in den Kuhstallheuboden führte. Von dort konnte er mit der kurzen Leiter das Stadeldach leicht erreichen. Der Haken war nur, dass die Stelle, wo er raufgestiegen ist, am untersten Stadeldach war. Der Palmbuschen, den er holen wollte, am obersten Ende vom Stadeldach lag. Das große Pech war noch, dass die Schindel ganz weiß waren vom Reif und natürlich rutschig.

Mein Vater, vom Bett aufgestanden, ging auf die Gred hinaus und sieht den Ludwig auf dem Dach, wie er gerade herunterrutscht. Er schrie dem Buben zu, sich an der Dachrinne festzuhalten, sprang von der Gred in den Hof hinunter und wollte den Ludwig noch auffangen. Es war aber zu spät. Vor seinen Augen fiel er nieder, genau auf einen Bruchstein vor der Tennbrücke. Vater hob den Ludwig auf und trug ihn rein auf das Kanapee in der Stube. Der Verunglückte war bewusstlos und hat Blut erbrochen. Vater fuhr nun mit dem Rad gleich nach Simbach und holte den Doktor. Wir anderen Kinder haben geweint, wie der Vater den Ludwig hereintrug, weil er ganz leblos war und alles hängen ließ. Wir Kinder glaubten, er lebt nicht mehr. Der Arzt stellte nur schwere Prellungen fest. Es verging eine geraume Zeit, bis sich der Bruder wieder erholte. Von da an wurde der Palmbusch nicht mehr auf das Dach geworfen oder sonst irgendwohin versteckt. Wenn man sich das denkt, wegen einem roten Ei so ein blöder Brauch!

Wenn ich noch zurückkommen darf auf den Lichtmessbrauch – ist auch alles vorbei. Das mit den Pfennigkerzlein und Rosenkranzbeten, das macht niemand mehr. Auch das Schenken von Wachsstöcklein bzw. das Verwenden in der Kirche und bei sonstigen Gebeten und Bitten ist alles zu Ende. In der Kirche werden nur mehr die Kerzen geweiht, die dort für den Gottesdienst gebraucht werden. Oder geweiht werden noch die dicken Kerzen, die von Vereinen gestiftet werden. Alles verkommt mit der Zeit. Die heutige Jugend hält nichts mehr von diesen Bräuchen, sie lacht nur mehr über die alten Sachen. Die Welt hat sich so verändert und auch die Leute. Wenn man so am Wallfahrtsort Altötting seine Beobachtungen macht, es sind nur noch ältere Leute, die dort die Rosenkränze und Kerzen kaufen und weihen lassen oder auch spenden. Wenn da die alten Leute einmal weg sind, sagte eine Andenkenverkäuferin zu mir, dann dürfen wir unsere Läden zusperren. Was noch eher geht, sind die Zierkerzen für die Geburtstage, Hochzeiten, Taufen und Kommunion. Diese Kerzen gibt es aber auch bei uns, da braucht man nicht nach Altötting zu fahren. Bei den jetzigen Beerdigungen nimmt man höchstens rote Grablaternenkerzerl zum Brennen während des Trauergottesdienstes. Die sind viel handlicher als die einstigen Wachsstöckl und tropfen auch nicht so, weil sie in einer roten Hülle stecken, und man kann sie überall hinstellen.

Den Dienstbotenwechsel gibt es auch schon lange nicht mehr zu Lichtmess. Die Maschinen ersetzen alle Menschenkräfte auf dem Bauernhof. Ich kann mich an das Kastenfahren zu Lichtmess noch erinnern, das war zu meiner Kindheit. Küchl und Krapfen backen war auch danach zu Lichtmess noch Brauch. Während der Kriegszeit machten wir das auch nicht mehr. Bei so einer Schmalzbäckerei roch das ganze Haus. Wenn ohnehin so viele Hamsterer kamen, hätten sie das gerochen, da wären sie noch schlimmer geworden, als sie schon waren. Auf der einen Seite musste man die Essensnot verstehen, die diese Stadtleute zu ertragen hatten. Die Lebensmittelkarten waren sehr beschränkt. Wer keinen Zusatz auftreiben konnte, der musste hungern. Wer noch nie in einer solchen Lage war, kann das nicht verstehen. Die heutige Jugend hat von allen diesen Dingen keine Ahnung mehr. Zur jetzigen Zeit wird ja alles geboten, ob Essen, Kleidung oder Lustbarkeit. Alles in Hülle und Fülle.

Ich will noch zurückkommen auf die Kinderspiele im Winter, für die die Stube da war. Im Sommer haben wir natürlich im Hof gespielt. Hier wurde viel geschussert oder Esl-reit gespielt. Im Winter sind wir dann, wenn Schnee genug lag, fest Schlitten gefahren. Vom Hof bis zur Kapelle runter war eine schöne lange Rodelbahn. Da sind auch die Nachbarskinder mit ihren Schlitten gekommen. Da gabs rote Bäckchen im Gesicht! Wars uns kalt, sind wir in die geheizte Stube rein, dann gab es heißen Tee zu trinken und Kletzenbrot zu essen.

Zwei Neinstimmen gegen die Nazi

Es war 1933 – die Machtergreifung vom Hitler. Da hörten und sahen wir allerhand in der Schule. Jeden Freitag verteilte unser Herr Pfarrer den Altöttinger Liebfrauenboten (das war eine dicke Zeitung). Diese Zeitschrift hatte fast jeder Haushalt. Da stand ganz dick gedruckt »wer nationalsozialistisch wählt, der wählt den größten Feind der Kirche«. Das war vor der Wahl. Am nächsten Freitag nach der Wahl staunten wir Kinder, als uns der Herr Pfarrer nurmehr Blätter austeilte, worauf ganz dick gedruckt stand: »Altöttinger Liebfrauenbote verboten«. Die Nazi haben ganz brutal zur Macht gegriffen. Wenn man die Wahlen auf den Philippinen so verfolgte, wie da geschwindelt wurde, so kommt mir die Erinnerung an die Hitlerzeit vor Augen. In unserer Gemeinde haben sich gleichgesinnte Gruppen ausgemacht, mindestens 15 Personen, dass keiner den Hitler wählt. Das Wahlergebnis sah dann so aus, dass nur zwei Nein-Stimmen gezählt wurden und das konnte nach Naziansicht nur der Pfarrer und die Pfarrersköchin sein. So ein Schwindel! In den Wahllokalen saßen nur SA-Männer. Da hatten Leute in Zivil nichts zu sagen. Von dem Wahlschwindel wussten wir auch von sehr nahen Verwandten. Dort haben sich noch viel größere Gruppen besprochen, Hitler nicht zu wählen. Auch dort war das Wahlergebnis das gleiche. Nur zwei Nein-Stimmen. Auch da war es wieder der Pfarrer und die Köchin. Wir hörten in diesen Jahren als Kinder schon viel mit.

Jeder von uns wusste schon als Kind und als Erwachsener, dass Schweigen das Beste ist. Wer nicht ins Nazihorn blies, war ein Gegner und Außenseiter. Man musste recht vorsichtig sein beim Reden. In der Schule wurde auch der Unterricht den nationalsozialistischen Zielen angepasst. Wir mussten folgendes

Gebet lernen: »Schütze Herr mit starker Hand unser Volk und Vaterland. Lass auf unseres Führerspfade leuchten deine Huld und Gnade. Weck in unserem Herz aufs neu, deutscher Ahnen Kraft und Treu und so lass uns stark und rein, deine deutschen Kinder sein.« Das Gebet mussten wir jeden Tag bei Schulschluss sprechen. Das Horst-Wessel-Lied (Die Fahne hoch) mussten wir auch lernen, das war die Nationalhymne. Das zweite Lied, das wir lernen mussten, hieß: »Es kam ein Sturm vom Osten her, frei wie ein Pfiff, ein Schifflein schwamm im wilden Meer, steil stand ein Riff. Es darf das Schiff nicht untergehen, lasst mich an seinem Steuer stehen, wenn es zerschellt, zerbricht die Welt.« II. »Da stieg ein Mann in dieses Schiff, heil Hitler heil, der mutig nach dem Steuer griff, heil Hitler heil (Refrain).« III. »Nun fahre Schifflein deine Fahrt, Volk ans Gewehr, es bleibt dir wohl kein Kampf erspart, gilt es die Ehr und packt dich Sturm und Wetter an, wir tragen mutig Mann für Mann jeder sein Teil, heil Hitler heil.« Als drittes Lied lernten wir: »Deutsch ist die Saar, deutsch immerdar und junges Volk, das deutsch sich nennt, in dem die Sehnsucht brennt. Ihr Himmel hört, jung Saarvolk schwört, so lasset uns in den Himmel schrein, wir wollen niemals Knechte sein, wir wollen ewig Deutsche sein.« Als viertes Lied lernten wir: »Und liegt vom Kampf in Trümmer die ganze Welt zuhauf, das soll uns den Teufel kümmern, wir bauen sie wieder auf. Wir werden weitermarschieren, wenn alles in Scherben fällt. Heute gehört uns Deutschland und morgen die ganze Welt.« Frankreich hat sich damals beschwert, dass die deutsche Jugend ein ganz blutrünstiges Lied singt. Dann wurde der Text geändert auf »und heute da hört uns Deutschland und morgen die ganze Welt.«

»Lasst die Glocken nur läuten!«

Ein Zirkus war da am 1. Mai. Der Nazifeiertag, so nannten wir den 1. Mai. Wer da mit dem Rad unterwegs war, musste sein Rad zieren oder ein Papierhakenkreuzfandl ranstecken. Die Häuser waren beflaggt mit Hitlerfahnen. An diesem Tag sind wir immer zu Hause geblieben. Auch an die Wand im Schulzimmer wurde ein Hitlerbild gehängt. Das zweite Bild daneben war etwas kleiner. Dort war der Schemm drauf, das war der Minister für die Lehrkräfte. Der hielt einmal in Pfarrkirchen eine große Parteirede für die Erzieher. Da war gerade ewige Anbetung auf dem Gartlberg. Während Schemms Rede läuteten die Glocken zur Nachmittagsandacht. Die Anhänger des Redners fragten, ob sie nicht das Läuten verbieten sollten, weil die Rede, die er auf dem Stadtplatz hielt, so gestört wurde. Da gab der Schemm zur Antwort: »Ach lasst sie nur läuten, die werden bald verstummen.« Auf dem Heimflug stürzte der Redner ab und war tot. Am nächsten Tag war unsere Schule trauerbeflaggt. In der Schule wurde ein Trauerflor an das Bild vom Schemm hingeklebt. Eine Klosterfrau aus Pfarrkirchen sagte am nächsten Tag in der Schule, dass sich gestern ein Strafgericht Gottes vollzogen haben, weil der Schemm in seiner Rede sagte: »Lasst die Glocken nur läuten, sie werden bald verstummen.« Nun ist er verstummt. Die Klosterfrau wurde verhaftet und kam in ein KZ, man hörte nichts mehr von ihr.

Sonnwendfeuer wurden ganz groß abgehalten. Wir Kinder mussten Gedichte lernen und kleine Kränze binden. In der Schule war Treffpunkt, dann zogen wir geschlossen mit der Hakenkreuzfahne an der Spitze zum Pfarrerkreuz hoch. Dort oben wurde das Feuer angezündet und das Lied »Die Fahne hoch« gesungen. Das war ja die Nationalhymne. Da hat sich

einmal Folgendes ereignet. Während des Liedes musste der rechte Arm mit ausgestreckter Hand (wie beim Hitlergruß) hochgehalten werden. Die Männer mussten die Hüte abnehmen. Unsere Schullehrerin war eine ganz große Hitler-Verehrerin. Von Gestalt war sie sehr klein. Der Schmied von Kirchberg war sehr groß und der hat vergessen, den Hut abzunehmen.

Das Fräulein ging zu ihm hin, hüpfte in die Höhe und schlug dem großen Mann den Hut vom Kopf. Das habe ich mit eigenen Augen gesehen. Von da ab hat man sie die »damische Hitlerin« genannt. Unsere Kränze, die wir gebunden hatten, mussten wir ins Feuer werfen und dabei die Worte sagen: »Für die Deutschen in aller Welt.« Hernach sprachen noch einige Redner. Die Sonne, sie scheine in die deutschen Herzen hinein, damit alle Herzen für den Führer entflammen, usw. … In der Schule wurde die Hitlerjugend gegründet und der BDM (Bund Deutscher Mädel). Es waren ganz wenige Mädchen, die da beigetreten sind. Bei den Buben war es dasselbe. Auch wir sind für so etwas nicht begeistert gewesen. Unser Vater war ja ein Gegner des Naziregimes, wie so viele Leute in der Gegend.

Die NS-Frauenschaft wurde dann gegründet. Da waren schon mehr dabei. Hauptsächlich die Mütter, deren Kinder bei der hitlernarrischen Lehrerin zur Schule gingen, damit die Kinder gut standen im Unterricht. Wer anders gesinnt war, den konnte sie nicht leiden. Auch SA- und SS-Männer gab es einige in unserer Gegend. Die mussten alles bespitzeln. Da war sogar einer dabei, der ging zum Horchen ans Wirtshausfenster, um zu hören, was da alles geredet wurde, um die Gegner dann hinzuhängen. Diese Pappenheimer, die haben sich blamiert, weil die Mehrheit fest zusammenhielt und nicht für diesen gepriesenen Adolf war. An diesen Wirtshausfensterluser haben die Besucher dann eine Karte geschrieben und als Absender stand da »Gemeinde Lusham«. Als er dennoch wieder einmal am Fenster stand, haben die Wirtshausbesucher recht spannende Sachen erzählt, damit der Luser seine Ohren fest anstrengen musste. In der Zeit ist der Wirt mit noch einem Mann und einem Wandl voll kaltem Wasser ins obere Stockwerk gegangen, das Fenster wurde leise geöffnet und das volle Wandl über

dem Luser ausgegossen. Der hat geschrien: »So eine Gemein-
heit.« Die Gäste, die im Wirthaus saßen, haben alles gewusst,
die sind dann auf die Straße gelaufen und haben in die Hände
geklatscht. Von da an horchte er nicht mehr beim Wirtshaus.

Man musste damals überall vorsichtig sein beim Reden und,
noch besser, den Mund halten. Das fiel meinem Vater immer schwer. Des Öfteren drohte man ihm an, dass er schon
längst nach Dachau gehöre. Der Firmpate von meinem Vater
war 33 Monate in Dachau. Der hat uns erzählt, wie dort mit
den Häftlingen umgegangen wurde und wie die Bewacher (alles SS-Männer) dort ihre Appelle abhielten. Wenn sie einmar-
schierten, haben sie grausame Lieder gesungen, wie es sich für
Henker geziemt. Dieser Firmpate konnte sich gut fühlen, er
kam in die Küche. Als er aus dem KZ entlassen wurde, musste
er sofort bei der Wehrmacht einrücken. Er ist in Italien gefallen. Der Herr Pfarrer von Landau hat auch zu viel gesagt bei
der Predigt. Er kam auch nach Dachau ins KZ. Dort haben ihn
die Bewacher so zugerichtet, dass er ins Schwabinger Krankenhaus eingeliefert werden musste. Meine Schwester war damals
dort als Krankenschwester. Er kam auf ihre Station, sie pflegte
ihn bis zum Sterben. Mir ist es kalt über den Rücken gelaufen,
als meine Schwester schilderte, wie der Herr Pfarrer ausgesehen hat. Er hatte kein einziges Fleckerl am ganzen Körper, das
nicht wund gewesen wäre. Er hat nicht mehr lange gelebt. Wie
konnten diese Henker nur so grausam sein? Das waren richtige
Bestien. Mein Vater sagte immer, das führt noch zum Krieg.
Immer frecher haben sich diese Hitleranhänger benommen.

»Grüß Gott!«

Uns wurde auch in der Schule gelehrt, mit dem »Deutschen Gruß Heil Hitler« zu grüßen. Unsere Eltern haben uns das nicht erlaubt. »Für uns heißt es weiter Grüß Gott.« Da war ein alter Pensionist, den haben wir Kinder auch mit »Grüß Gott« gegrüßt, da sagte er zu uns, ob wir nicht wüssten, wie der Deutsche Gruß heißt. Wir erzählten das unseren Eltern. Von ihnen bekamen wir dann den Rat, dass wir vorbeigehen sollten und nicht grüßen oder ihm aus dem Weg gehen. Stillschweigend haben wir die schulischen Anforderungen dieser Art hingenommen.

Der Weg ins Kloster

Von meiner schweren Gelbsucht hatte ich mich wieder gut erholt. Meine älteste Schwester ging dann am 1. Dezember 1935 ins Kloster. Ich war damals noch in der 7. Klasse der Volksschule. Ich musste schon unsere Kühe melken. 1936 vor Ostern wurde ich aus der Volksschule entlassen Der Abschied vom Elternhaus war für die Schwester und uns alle sehr schwer. Wir haben damals nur gewusst, dass sie für immer die Heimat verließ. Sie hatte einen strengen Orden, nämlich die Barmherzigen Schwestern, gewählt. Am Samstagabend nach dem Essen knieten wir uns den Bänken entlang in der Stube nieder und beteten zum letzten Mal in der Familie vereint den Rosenkranz. Bei uns zu Hause wurde jeden Samstag von Oktober bis Georgi der Rosenkranz gebetet. Wir gingen dann zeitig zu Bett. Am nächsten Morgen hieß es früh aufstehen. Zum

Bahnhof nach Simbach hatten wir im Winter eine Stunde zu gehen. Um 5 Uhr morgens fuhr der Zug schon ab. Das war für uns alle ein bitterer Tag. Ich durfte mit zum Bahnhof gehen. In der Stube hing der Weihwasserkessel, mit dem Weihwasser erhielt meine Schwester noch den Elternsegen, bevor sie das Haus verließ. Da gab es Tränen bei uns allen. Die Mutter ging auch noch ein Stück mit, dann kehrte sie um. Wir hörten sie noch laut weinen.

Mir kam der Weg schwierig vor, es war ja noch ganz dunkel. Vater trug den schweren Koffer mit einem kräftigen Stock über dem Rücken. So schritten wir zum Bahnhof, jetzt kam auch für mich der Abschied von meiner Schwester Mathilde. Am Bahnhof trafen wir die Verwandte von unserer Pfarrhaushälterin, die fuhr mit meiner Schwester nach München. Dort besuchten beide die Schwester der Pfarrhaushälterin, auch eine Ordensschwester der Barmherzigen Schwestern. Vater und ich gingen, als der Zug abgefahren war, vom Bahnhof weg zur Kirche in Simbach. Hier fand um 5.30 Uhr das erste Engelamt statt, es war ja der 1. Dezember. Die ganzen Kirchenstühle waren voll besetzt. Damals gingen noch die Leute mehr zu den Gottesdiensten. Wir standen in der Mitte, hinten neben den Stühlen. Ich schluchzte immer noch vom Abschiedsschmerz geplagt vor mich hin. Die Tränen liefen mir immer wieder über die Wangen. Bei diesem Gottesdienst konnte ich kein anständiges Vaterunser beten. Mein Blick war nur auf den Boden gerichtet. Plötzlich sah ich auf dem Boden etwas glänzen. Ich hob es auf und gab es dem Vater. Es war ein 2-Mark-Stück. Vater nahm das und steckte es in den Opferstock, der gleich neben uns war. Als der Gottesdienst zu Ende war, machten wir uns auf den Heimweg. Zu Hause angekommen, war halt so eine Stille. Keiner sagte etwas zum anderen. Überall war so eine Leere. Die

Schwester fehlte einfach, ob bei Tisch oder sonst wo. Am meisten war ich betroffen, weil ich jetzt allein im Schlafzimmer war. Mathildes Bett stand einfach leer. Meine jüngste Schwester kam dann zu mir ins Schlafzimmer. Aber sie konnte mir den Verlust nicht ersetzen. Es dauerte ziemlich lange, bis ich alles überwunden habe. Als der erste Brief von der Kandidatin kam, standen wir ganz neugierig da und horchten, was die Mutter vorlas. Es war jedoch nichts Besonderes.

Im Jahr durfte sie nur dreimal schreiben. Zu Weihnachten, der Mutter zum Namenstag, das war der 14. März, dem Vater zum Namenstag am 25. August oder wenn sie versetzt wurde. Die Schwester bekam alle Jahre drei Wochen Urlaub, aber heimfahren durfte sie nicht. Am 21. Januar 1937 war die Einkleidung. Dann war sie noch zwei Jahre Novizin. Den Schwesternnamen erhielt sie schon bei der Einkleidung. Schwester M. Geresina. Am 15. März 1939 war die Profess. Da durfte ich nach München mitfahren. Damals sah ich zum ersten Mal München. Meine Schwester hatte ich vier Jahre lang nicht gesehen. Ich freute mich riesig auf das Wiedersehen. An diesem Tag war ein recht schlechtes Wetter. Viel Schnee, ein stürmischer Wind und Schneeverwehungen. In München haben's überall Schnee geschaufelt und auf große Schneekippen gefahren Die Professfeier fand im Mutterhaus in der Nussbaumstraße statt. Am Münchner Hauptbahnhof sind wir ausgestiegen und zu Fuß dorthin gegangen. Eine Schulfreundin meiner Mutter, die in München verheiratet war, ging mit uns auch zur Profess. Die stand schon am Hauptbahnhof, als wir dort ankamen. Auch unser Pfarrer Johann Hinter war zu dieser Feier geladen. Wir hatten alle Eintrittskarten, anders wären wir gar nicht reingekommen. Die Kirche im Mutterhaus war ziemlich klein. Es waren viele Kandidatinnen und auch Novizinnen da. Meine Schwester war dabei. Wenn man die Angehörigen von den Schwestern rechnet, da war das Kirchlein eingedrückt voll.

Kardinal Faulhaber hielt die Feierlichkeiten und auch die Festpredigt. Die Einkleidungsschwestern trugen ein weiß-grünes Kränzlein auf ihrem Ordensschleier. Die Gelübdeschwestern ein grünes, mit hellroten Rosen bestücktes Kränzlein auf dem Schleier. Die Feier wurde so ähnlich gehalten wie eine Priesterweihe. Während der Allerheiligenlitanei lagen die Schwestern auf dem Bauch vor dem Altar. Sie sind anschließend zu zweit mit einer brennenden Kerze in der Hand vor den sitzenden Kardinal getreten und vor ihm hingekniet. Der hat dann das Gelübde abgenommen. Jede Schwester einzeln musste das Gelübde ablegen. Man hat das ganz deutlich gehört. »Ich verheiße und verspreche Schwester Maria Geresina Gruber …« Als ich den Namen hörte, habe ich alles genau verfolgt. Ich konnte es kaum erwarten, bis ich meine Schwester danach sprechen konnte. Der Gottesdienst war zu Ende und wir mussten wieder gehen. Erst ab 13.30 Uhr wurde uns gesagt, könnten wir mit meiner Schwester reden. Nicht einmal zum Essen waren die Eltern eingeladen, noch dazu hat mein Vater 2000 RM abgegeben. Unser Herr Pfarrer, der saß beim Festmahl, obwohl er Sr. M. Geresina gar nicht kannte. Der Herr Pfarrer hat unsere Pfarrei erst übernommen, als meine Schwester schon im Kloster war. So sind wir dann wieder auf 13.30 Uhr zurückgegangen aus der nahe gelegenen Wirtschaft, wo wir zu Mittag gegessen haben. Jetzt konnten wir endlich mit der Schwester reden. Sie erzählte, dass sie im Schwabinger Krankenhaus ist, dass es dort sehr schön ist und dass es ihr gut dort gefalle. In der Schwabinger Gegend wohnte eine Schulfreundin von Mutter, eine geborene Kirchbergin. Die ging öfters zu meiner Schwester und schrieb uns, wie es ihr geht und was sie gern möchte. So hatten wir halt mehr Kontakt zueinander. Nebenbei bemerkt, hatten andere Schwestern nicht so viel Kontakt zum Elternhaus.

Schnell war die Zeit vergangen und wir mussten mit der Schwester zur Generaloberin. Lange standen wir dort, bis wir drankamen. Endlich waren wir an der Reihe. Die Generaloberin ging gleich auf mich zu und fragte, ob ich auch ins Kloster gehen möchte. Mit meiner Schwester sei sie halt so zufrieden. Mit bewegter Stimme sagte sie: »Ich wollte, wir hätten lauter so Geresinen.« Meine Eltern unterhielten sich nur kurze Zeit mit der Generaloberin, dann bekamen wir für jedes einen Rosenkranz und einige geweihte Medaillen, ein weißes Kuvert mit Heiligenbildern. Da waren auch Bilder dabei, wo die Namen der ganzen Professschwestern draufgedruckt waren. Ein herzförmiges Törtlein, in dem ein rosarotes Sträußlein steckte, das war unser Andenken. Nach der Audienz, so nannte man das, unterhielten wir uns noch kurz mit der Schwester. Dann kam der Abschied. Wir mussten wieder zum Hauptbahnhof gehen.

Da war alles voll Soldaten. Damals hatte man ja immer schon vom Krieg geredet. Da kam auch unser Herr Pfarrer wieder dazu mit einer dicken Zeitung in der Hand. Als wir eingestiegen waren, sagte der Herr Pfarrer: »Wisst ihr schon, dass heute Mittag um 12 Uhr die deutschen Truppen in Prag einmarschiert sind?« Mein Vater meinte, jetzt sind's vor einem Jahr in Österreich einmarschiert, jetzt in der Tschechei und nächstes Jahr wird Polen dran sein. Sitzt uns gegenüber ein älterer Herr, der zugehört hat, was der Vater sagte. Ach, sagt dieser Herr, mit Polen, da gibt es gar nichts, da haben wir einen zehnjährigen Nichtangriffspakt abgeschlossen. Er sei ein alter pensionierter Offizier. Vater gab ihm zur Antwort, dass er sich da nicht so sicher sei. Der Zug fuhr weiter und in Mühldorf sind dann wieder viele Soldaten zugestiegen. Alle waren feldmarschmäßig

bepackt. Die Gesichter waren sehr ernst. Wir kamen endlich in Simbach an. Als wir ausstiegen, war alles so voll Schnee. Wir gingen dann in Richtung Kirchberg, der Wind war recht stürmisch und hohe Schneemassen türmten sich zusammen. Wir hatten große Mühen, die verwehten Stellen zu durchbrechen. Teilweise lag der Schnee bis übers Knie hoch. Ganz erschöpft sind wir dann um 9 Uhr zu Hause angekommen. Das war der 15. März.

Die Roggenernte war in diesem Jahr weg. Wir mussten die Roggenfelder neu anbauen. Auch der Weizen war sehr schlecht, umgebaut haben wir aber nicht, er war halt sehr dünn. So schön die Heimat war, so viel Arbeit gab es und manchmal auch harte Arbeit. Ich hatte nun die Volksschule hinter mir und ging in die Berufsschule oder Fortbildungsschule, wie sie in meiner Jugendzeit hieß. Unsere Lehrerin aus den unteren Klassen behielten wir. In der Fortbildungsschule waren die Mädels und Buben getrennt. Die Buben unterrichtete der Lehrer Nerud. Jeden Montag von 13 Uhr bis 16 Uhr war Unterricht, auch eine Religionsstunde war dabei. Pfarrer Hinter hielt die erste Stunde. Er holte uns herunten ab und nahm uns mit rauf zu den Buben, wo wir gemeinsam die Religionsstunde hatten. War die zu Ende, gingen wir Mädels runter zu unserem Unterrichtsraum, wo uns die Lehrerin bereits erwartete. In den ersten drei Klassen war die Lehrerin sehr nett zu uns. Als ich die Fortbildungsschule besuchte, war ja der Hitler schon lange an der Macht. Die Lehrerin war ganz verändert, ganz hitlernarrisch. Wer nicht bei der Partei ist, der ist nicht mehr wert, dass er deutsch ist. Etwas gegolten haben nur noch die Mädchen, die beim BDM waren oder deren Mütter bei der NS-Frauenschaft mitmachten. Der ganze Unterricht war einfach scheußlich. Wie viele Radios waren denn damals schon in unserer Gegend, ganz wenige. Wer hat da schon zugehört? Kam die Lehrerin dann zum Unterricht und hat am Tag vorher ihr geliebter Führer geredet, war ihre erste Frage, ob wir auch die Führerrede gehört hätten. Wenn nein, dann war's aus bei ihr. »Ihr Rotzbibm, habt

ihr nicht einmal so viel Zeit, dem geliebten Führer zuzuhören?«
So eine blöde Kuh! Das waren zwei ganz schlimme Jahre in der
Fortbildungsschule. Dann wurde diese Lehrerin versetzt nach
Simbach. Hier bei uns hat sie jeder gehasst. In der letzten Klasse
bekamen wir eine neue Lehrerin. Die war ganz unpolitisch und
recht nett. Die alte Lehrerin haben wir in Simbach noch öfters
getroffen, aber keine von den Mädels, die sie im Unterricht so
sekkiert hat, hat die noch gegrüßt. Wir schauten an ihr vorbei.

Vorzeichen und böse Wetter

Am 25. Januar 1938 war ein großes Nordlicht zu sehen. Ganz
rot war der Himmel. An manchen Orten gab es sogar Feu-
eralarm. Meine Mutter sagte, dass auf so ein Himmelszeichen
meist ein Krieg kommt. 1912 war ein Komet oder Schweifstern
zu sehen. 1914 ist dann der Weltkrieg ausgebrochen. Und auch
dieses Mal hatte das Nordlicht seine Bedeutung. Alle Leute sagten, es wird Krieg geben. In der Zeitung war dann zu lesen,
dass nur die alten Weiber vom Krieg träumten. Recht spöttisch
waren solche Zeilen geschrieben. Wer da ein bisschen denken
konnte, der sah schon, was auf uns zukommt. Nach Ostern 1938
kam mein jüngster Bruder nach Passau ins Seminar Sankt Max.

Am 1. Juli 1938 war in unserer Gegend ein schweres Unwetter mit Hagelschlag. Die äußere Hälfte der Gemeinde Kirchberg wurde vom Hagelschlag gestreift. Aber auch Sturm und
Wolkenbruch bekamen wir zu spüren. Die Erdäpfeläcker hat es
zerrissen. Die Erdäpfel hatten schon lange Stauden und trotzdem hat es sie runtergeschwemmt bis zum Schweinestall. Hinter dem Ochsenstall hat der Sturm einen großen Birnbaum ent-

wurzelt, der immer viele und gute Birnen trug. Das Unwetter war gegen 5 Uhr abends. Meine jüngste Schwester ging die Zeitung holen beim Nöhmeier Wirt, wo die Poststelle war. Ich war gerade beim Kuhmelken. Als ich die Milch fertig hatte, trug ich sie in die Küche. Alle Türen im Haus standen offen. Kein Mensch war zu hören und zu sehen. Ich fütterte noch fest ein bei den Kühen und Ochsen, dann zog ich mich um und nach dem Waschen sperrte ich das Haus ab. Jetzt ging ich auf die Suche nach Vater, Mutter und Ludwig. Als ich hinter den Stadel kam, wo die Straße nach Högl runter geht, fand ich Mutters Holzschuhe und Arbeitsschürze. Ich horchte, da hörte man ein solches Rauschen vom Hagnbach bis zu uns herauf. Jetzt ging ich schnell runter. Mir bot sich ein Bild des Grauens. Meine Schwester stand da am Pranzenberg, kreidebleich, die Zeitung unter dem Arm und die Mutter stand auch dabei. Ludwig und der Vater wollten gerade die Fensterstöcke neben der Straße, die in den Kuhstall gingen, einschlagen, weil zu befürchten war, dass die Kühe ertrinken könnten. Das Wasser war so hoch, das kann man gar nicht beschreiben. Im Sägewerk Edmühle hat es die großen Baumstämme weggeschwemmt. Die großen aufgeschlichteten Bretterstöße hat das Wasser wie Zündholzschachteln mitgerissen, dann fielen sie um und die Bretter trieben im Wasser. Meine Schwester erzählte, dass, als sie heimging und über die Hagnbrücke gelaufen ist, das Wasser schon hoch über die Brücke spritzte. Meterhoch kam das Wasser bei Hagns Schubtoren herein, das hat so gekracht, weil die Baumstämme, die das Wasser mitgerissen hat, das Schubtor durchstoßen haben. Einige Baumstämme stauten sich der Länge nach oben an der Brücke und auch die mitgeschwemmten Bretter bohrten sich in den Brückendurchlass und blieben stecken. Das Wasser konnte nicht mehr abfließen. Auf beiden Seiten wurde die Brücke unterspült, links und rechts das Erdreich weggeschwemmt. Die Brücke ist mindestens 1,5 Meter eingesunken. Der Besitzer vom Hagnanwesen war gar nicht zu Hause.

Die Frau wurde beim Kühemelken von dem Unglück überrascht. Ein schweres Gewitter ist dem Wolkenbruch vorhergegangen. Auf dem Hagnhaus war auch kein Blitzableiter. Im selben Jahr im März hat der Blitz Kühe bei einem Nachbarn erschlagen, deshalb die Furcht der Frau vor einem Gewitter. Das ganze Geld nahm sie mit und legte es auf eine Waschbank, die vor der Stalltür stand. Darüber legte sie einen alten Hut. Sie melkte anschließend die Kühe und in der Zeit kam das viele Wasser zum Tor herein. Auch die Waschbank mit dem Geld wurde weggeschwemmt. Die Frau hat furchtbar geschrien. Wenigstens sind die Kühe nicht ertrunken, obwohl sie tief im Wasser standen. Gott sei Dank hatte sie weder Schweine noch Kälber im Stall, die wären ertrunken. Zum Aufräumen der Unwetterfolgen wurde der Arbeitsdienst eingesetzt. Unter der Brücke haben diese jungen Männer auch den Schlamm weggeräumt. Dabei fand einer auch den großen Geldbeutel. Glücklich ist dadurch der größte Teil des verlorenen Geldes wieder an seinen Besitzer gekommen. Ziemlich lange waren die Männer mit dem Aufräumen beschäftigt, bis sie endlich unsere Gegend wieder verlassen konnten. Die Brücke wurde auf beiden Seiten wieder aufgefüllt, sie sitzt halt viel tiefer, als sie einst erbaut wurde. Bei Hochwasser ist das nicht gut. Vor einigen Jahren wurde eine Betondecke darüber gemacht. Jetzt können Traktoren mit Anhänger und auch beladene Lastwagen darüberfahren. Das Hagnhaus steht sehr nahe am Bach. Es ist ein altes Holzhaus. Weiß Gott, wer das dort einmal hingebaut hat. Zu unserer Zeit würde dieser Bauplatz so nahe am Bach nicht mehr genehmigt werden.

Im Herbst zur Kirchweih brach in unserer Gegend die Maul- und Klauenseuche aus. Im Pfarrhof, Gasthaus Nöhmeier, beim Ölbrunner, Krammer in Holzham, Burgholz usw. ... Rundum war die Seuche. Auch wir hatten große Angst, sie in unseren Stall zu bekommen. Zu der Zeit hatten wir einen gekörten Bullen zum Decken für die umliegenden Kuhhalter im Stall. Jede Einfahrt zum Hof und auch die Fußwege, die zum Hof führten, bestreuten wir mit einem breiten Streifen Chlorkalk. Auch im Stall vor dem Eingangstürl und überall, wo man es für notwendig hielt, wurde gestreut. Vater ließ auch keinen Viehhändler in den Stall. Ein Ochse stand zur Mast noch im Stall und eine schlachtreife Kuh. Der Ochs wog 21 Zentner, die Kuh 15 Zentner. Vater hat gleich nach Bekanntwerden der Maul- und Klauenseuche die zwei schlachtreifen Tiere verkauft. Die kamen nach München. Gott sei Dank blieben wir von diesem Übel verschont.

Keine Bezugsscheine für Schwarze

Im März 1938 war der Einmarsch der deutschen Truppen in Österreich. Es herrschte große Spannung. Viele Flugzeuge überflogen unsere Gegend. Im Laufe des Nachmittags fuhr Hitler inmitten der Militärkolonnen durch Simbach über die Innbrücke nach seiner Geburtsstadt Braunau. Die Leute standen stillschweigend an den Straßen. Kein Mensch hob die Hand zum Deutschen Gruß oder schrie gar Heil Hitler. An der Innbrücke angekommen, sagte Hitler, dass Simbach schlafe. Nun ging die Überfallserie an. Am 15. März 1939 war der Einmarsch in Prag. Man sah schon, was auf unser Volk zukommen musste, dass die ganze Sache einmal ernst wird. Der nächste Überfall war Polen. Einer von hinten und der andere von vorn. Deutschland und Russland waren die Sieger. Hernach ging es weiter in den Westen. Frankreich, Niederlande und Belgien. Dort gab es schon Kampf und auch einige Gefallene. Schnell war der Sieg zu feiern. Wir bekamen auch in unserer Gegend kriegsgefangene Franzosen. Die Lebensmittelkarten und Kleiderkarten waren längst eingeführt. Die Jugendlichen erhielten Zusatzkleiderkarten, auch ich erhielt eine. Für die Männer gab es auch Raucherkarten. Schuhe, Bettwäsche, Decken gab es nur auf Bezugsscheine. Alles war halt rationiert.

Bei uns war zeitweise ein Bürgermeister an der Spitze, der die Bezugsscheine nicht weitergab, denn wir waren halt alle schwarz. Die anderen Bürgermeister gaben aber auch uns die uns zustehenden Bezugsscheine aus und unterschrieben sie. Mein älterer Bruder musste 1939 einrücken zum Militär. Er kam zu den 61-ern nach München in der Türkenkaserne. Wenn er frei hatte, besuchte er die Schwester oder die Schulfreundin der Mutter, die ja auch in der Nähe des Schwabinger Krankenhauses wohnte. Jetzt kam die schwere Arbeit auf mich zu. Die gesamte Arbeit in Hof und Haushalt machten jetzt mein Vater, meine Mutter und ich. Die jüngste Schwester war zierlich von Gestalt und ging auch noch in die Volksschule, das war bitter. Damals gab es auch noch nicht die Maschinen auf dem Bauernhof, die jetzt die Menschenkräfte ersetzen. Alles Gras musste mit der Sense gemäht werden, ob zum Eingrasen fürs Rindvieh oder zum Heuen. Jeden Tag sind wir in der Heuzeit um 2 Uhr morgens aufgestanden und haben dann zu dritt eine große Fläche abgemäht, ungefähr zwei Fuder Heu sind das geworden.

Die Mühen und Plagen eines Tages von vielen

Wenn die Kirchturmuhr in Kirchberg 5 Uhr schlug, läutete die Glocke den Tag an. So nahm ich die Sense über die Schulter und ging dem Hof zu. Als Erstes heizte ich den Küchenherd an, setzte die Haferl mit Wasser auf die Herdplatte und heizte noch ganz fest nach mit hartem Holz. Der nächste Gang war um das Melkgeschirr, das sich im Nebenraum von der Küche befand. Jetzt gings in den Stall. Zuerst zog ich das Stallgewand an, dann putzte ich die Futterbarren sauber aus. Auf einer Seite bei den Kühen, auf der anderen Seite bei den Ochsen, Bullen, Jungrindern. Die Kühe bekamen Gras, ebenso die Kalbinnen. Die Ochsen und Bullen bekamen geschnittenes Heu mit Gsod, das ist gehäckseltes Stroh, darunter. Die Aufzuchtkälber bekamen langes Altheu und abgekochte Milch. Die Zugochsen und der Zuchtbulle bekamen zusätzlich auch Haferkörner oder geschroteten Hafer wegen der schweren Arbeit. Wenn die Ochsen Gras bekommen hätten, wäre die Kraft für die schwere Arbeit zu wenig gewesen. Wir haben alle Rindviecher am Tag dreimal gefüttert. Die Kühe wurden auch dreimal gemolken. Die Mutter ging nach mir vom Grasmähen heim. Sie richtete für die Schweine das Futter und für die Kälber die Milch, die abgekocht wurde und Brotschnitzel reingegeben. Anschließend machte sie die Suppe zum Frühstück.

Inzwischen brachte ich der Mutter die frisch gemolkene Milch in die Küche. Die stellte ich mit der Milchbitsche seitlich auf den Herd, der ja noch warm war. Mutter stellte die Zentrifuge zusammen, dann goss sie die angewärmte Milch in die Zentrifugenschüssel und fing an, die Zentrifuge mit einem Handwerfel auf die richtige Umdrehung zu bringen. Dann drehte sie den Reibhahn an der großen Zentrifugenschüssel

auf, die Milch rann ganz langsam über den Schwimmer und die Trommel. Dort wurde der Rahm von der Milch getrennt. An einer Auslaufschüssel mit rohrähnlicher Ableitung rann dann der Rahm heraus. An der zweiten Ableitung kam die entrahmte Milch raus, die Magermilch. Das war ganz schön anstrengend, wenn viel Milch war zum Abtreiben, so nannte man das damals. Die Mutter richtete das Frühstück. Bis sie damit fertig war, fütterte ich die Viecher weiter, fuhr aus Ochsen- und Kuhstall den Mist heraus und trug mir noch Streu in die Ställe. Das war im Sommer Laub, das wir im Wald zusammenrechten. Hernach fuhr ich mit Ochsen oder Bullen mit dem Wagen ums Gras für Kühe und Kalbinnen. Die Mutter fütterte im Stall in der Zeit immer noch nach. Ich holte das Gras, das der Vater für die Grünfresser abgemäht hatte. Als wir wieder alle zu Hause waren, habe ich mich sauber gewaschen, dann war's zur Suppen. Jeden Tag kochte die Mutter eine andere Suppe. Es gab Kartoffelsuppe, Buttermilchsuppe, Eiersuppe, Rahmsuppe, Brennsuppe, Trebernsuppe, Pfannkuchensuppe oder Brotsuppe. Kaffee gab es nur am Sonntag.

Nach dem Frühstück gings mit der Arbeit wieder weiter. Zuerst wurde bei den Rindviechern noch eingestreut. Standen im Stadl Fuder mit Heu, so mussten diese abgeladen werden. Der nächste Weg war wieder auf die Wiese, wenn wir zum Heuen abgemäht hatten. Gras musste auseinandergestreut werden, damit es trocknen konnte. Ist der Tau dann weg gewesen, streuten wir die Heuschöber auseinander, alles mit einer dreizinkigen Heugabel. War Getreideerntezeit, gings ins Feld. Heute gibt es zu dieser Arbeit die Maschinen. Die jungen Leute heute lachen bloß noch über die einst schwierige und schwere Arbeit. Mutter hatte noch im Haus zu tun. Die Zentrifuge musste nach der Benützung wieder auseinandergenommen und alle Teile fein säuberlich mit gut warmem Wasser abgewaschen werden. Zwischen Ofen und Kamin war extra eine Stellage, worauf die Zentrifuge zum Trocknen gelegt wurde. Wenn alles gut trocken war, wurde gleich wieder zusammengebaut. Die Milch

am Morgen und am Abend wurde durchgetrieben. Die Magermilch verfütterten wir an die Schweine, einen Teil erhielten die
größeren Aufstellkälber. Auch zum Brotbacken verwendeten
wir Magermilch, wenn recht viel da war. Den Rahm gossen wir
in einen größeren Hafen, der in den Keller gestellt wurde.

War er voll, musste mit dem Rührkübel ausgebuttert werden. Den vollen Rahmhafen holte, wer gerade Zeit hatte, aus
dem Keller herauf. Der Rahm wurde dann in den vorher ausgewaschenen Rührkübel gegossen. Jetzt musste der Werfel so
lange umgedreht werden, bis die Butter am Rührkübelkreuz
hängen blieb. Als wir Kinder etwas größer waren, mussten wir
das machen. Das war ganz schön anstrengend. Wenn der Rahm
nicht die richtige Temperatur hatte, dauerte das Rühren oft sehr
lange. Um die Rührzeit zu verkürzen, kaufte meine Mutter ein
Thermometer, der in den Rahm, welcher schon im Rührkübel
war, gesteckt wurde. Wenn der Rahm zu kalt war, nahmen wir
ungefähr zwei Liter heraus und stellten ihn seitlich auf den Küchenherd, bis er warm war. Der erwärmte Rahm wurde wieder
in den Rührkübel geschüttet, dann wurde ausgebuttert. Wenn
der Rahm zu warm war, holten wir kaltes Wasser aus dem
Brunnen, und zwar aus dem Huaber Bründl. Das Bründl lag an
einem steil aufsteigenden Berg, der voll Wald war. Am Fuße des
Berges war die Quelle gefasst und mit Brettern umsäumt. Von
dort holten wir Kinder mit blauen Eimern aus Blech, die email-
liert waren, das kalte Wasser zum Ausbuttern.

Kalte Quelle, kühle Butter

Bevor der Rahm in die Kübel gegossen wurde, schütteten wir das kalte Wasser von der Quelle hinein und ließen den Kübel mindestens 30 Minuten zugedeckt stehen. Einen Kühlschrank gab es bei uns damals noch nicht. Das kalte Wasser goss man dann aus dem Rührkübel des Butterfasses, erst dann kam der Rahm hinein. Das Wasser von diesem Brünnlein war halt viel kühler als unser Trinkwasser zu Hause. Während der Erntezeit haben wir uns auch das Wasser dort unten geholt. Da haben wir uns dann Himbeersaft reingegossen, das schmeckte gut bei der Sonnenglut, die wir in der Erntezeit zu ertragen hatten. Von diesem Brünnlein habe ich viel Wasser heraufgeschleppt. Einmal kam ich runter mit dem Krug, da hörte ich ein klägliches Jammern. Als ich schon am Brünnlein stand, ja was seh ich da, eine so große Schlange mit einem Frosch im Maul, und der schreit so! Ich machte kehrt und lief heim ohne Wasser. Zur Mutter sagte ich, dass ich jetzt dort nicht mehr Wasser holen werde. Ich konnte einige Tage nicht mehr schlafen. Immer wieder kam mir diese hässliche Schlange mit dem Frosch im Maul vor die Augen, noch dazu war's ein grüner Laubfrosch. Diese Laubfrösche sieht man ohnehin nur selten. Die Mutter hat einmal auf einer getrockneten Holzrinde so ein grünes Fröschlein in die Küche hereingetragen, damit wir Kinder das Laubfröschlein näher anschauen konnten. Haben uns wir Kinder gefreut über das niedliche Ding! Nach unserer Besichtigung trug die Mutter das Fröschlein wieder zurück, wo sie es gefunden hatte.

Das Wort vom Brünnlein holte dann mein älterer Bruder. Ich bin dort nimmer hingegangen, aber vergessen tut man so etwas nicht. Nun zurück zur Butterrührerei. Mit der richtigen

Temperatur konnte man die Rührerei verkürzen. Die Milch, die mittags gemolken wurde, haben wir nicht entrahmt. Die wurde so abgekocht oder für saure Milch (Selbern) in Weitlinge[8] aufgestellt. Zum Dampfl anrühren für die Nudeln brauchten wir sie auch, für Dampfnudeln, einfach halt für die Familie zum Kochen. Die ganz jungen Aufstellkälber bekamen auch die abgekochte Vollmilch. Aus der Magermilch wurde auch Topfen gemacht. Ist der Topfen dann älter gewesen, kam Kümmel und Salz dazu, dann wurden Kasleiberl gedreht und getrocknet. Die schmeckten gut zur Brotzeit. Damals gab es noch keine Milchlieferungen, zum Ausbuttern war es, wenn die Milch in der Woche viel war, dreimal. Im Winter wurde nicht so oft ausgebuttert, da die Milch durch die Trockenfütterung weniger war. Beim Rührkübel musste so lange umgedreht werden, bis die Butter am Rührkübelkreuz hängen blieb. Wenn es dann so weit war, hat man die Buttermilch aus dem Kübel gegossen. Buttermilch tranken wir gerne, wenn sie schön kühl war. Auch für Buttermilchsuppe brauchten wir einen Teil. Den Rest bekamen die Schweine zum Fressen. Die im Butterfass zurückgebliebene Butter wurde mit kaltem Wasser übergossen und wieder umgerührt. Das Wasser wieder abgegossen und wieder frisches darübergeschüttet. Diese Prozedur wurde dreimal wiederholt, damit die Butter schön fest wurde. Die Butter wurde dann aus dem Rührkübel rausgenommen und in eine kalt ausgespülte Schüssel gelegt.

Natürlich mit sauber gewaschenen Händen verknetete man den Butterklumpen fest in der Schüssel. Damit drückte man das Wasser heraus. War das zu Ende, wurde der Butterklumpen in der Schüssel schön rund geschlanzt. Dabei spritzte das

---

8) *Weitling:* Großes, oft flaches, irdenes Gefäß.

restliche Nass heraus. Ist alles fertig gewesen, holte man Pergamentpapier aus der Schublade und drehte den Butterklumpen ein. Dann trug man die eingewickelte Butter in den Keller und legte sie dort auf das Pflaster. Zu dieser Zeit gab es weder Alufolie noch einen Kühlschrank. Jede Woche kam dann die Karrerin und holte Butter, Eier oder auch Butterschmalz. Wenn sie Butterfett brauchte, sagte sie das eine Woche zuvor meiner Mutter. Die Butterklumpen ließ man in einem großen Tiegel am warmen Ofen zerlaufen. Der Überstand wurde abgeschöpft. Das nannte man »das Sauere«. Es wurde verwendet in den Nudelteig hinein. Nudeln gab es jeden Tag zum Abendessen, außer am Sonntag. Das lauwarme Butterschmalz ließ man langsam in die Schmalzbüchse reinlaufen, die uns die Karrerin brachte. Die Karrerin ist die Viktualienhändlerin. Oder wir ließen das Butterfett in eine mit kaltem Wasser ausgespülte Schüssel. Wenn das Fett ganz fest gestanden war, was meist zwei Tage dauerte, wurde die Schüssel gestürzt auf Pergamentpapier. Das waren die sogenannten Schmalzstöckerl. Ich kann mich noch gut erinnern, dass wir Kinder manchmal mit dem Leiterwagerl Butter und Schmalz nach Simbach zur Karrerin bringen mussten. Da sahen wir dann, wie die Stadtfrauen dort frische Landprodukte kauften.

Dieselbe Butterfrau, wie sie auch viele Leute nannten, hat bei uns auch junge Gockerl, Tauben und alte Suppenhühner gekauft. Wir hatten immer so 8 Paar alte Tauben. Da konnten wir nicht alle Jungen selbst essen. Dasselbe war es auch bei den jungen Gockerln oder Suppenhühnern. Was halt übrig war, bekam die Karrerin. Wir gehörten zu ihrer besten Kundschaft.

Ein Ganserl mit Namen Roserl

Auch Gänse hatten wir alle Jahre und manchmal auch Enten. Auf dem Hof lebten ungefähr 60 Stück Hühner und so 15 bis 20 Stück Gänse, je nachdem. Hier gab es auch viel Arbeit beim Gänserupfen. Zu einem Teil haben wir die Gänse selbst verzehrt. Einige wurden weiter gefüttert bis Weihnachten. Da hatten wir schon unsere Abnehmer in Simbach. Die freuten sich schon auf unsere Gänse. Die jungen Gänslein holte mein Vater mit dem Rad von Anzenkirchen von dem großen Bauern Wensauer. Bei uns Kindern herrschte große Freude, wenn der Vater die kleinen Gänslein nach Hause brachte. Wenn sie beim Wensauer ausgeschlüpft waren, kam eine Postkarte und am nächsten Tag fuhr der Vater mit dem Fahrrad los. Einen geflochtenen Korb mit einem Deckel und einem hohen Griff daran, den steckte er in den Rucksack, dann ging die Fahrt los. Einmal kam er auch nach Hause mit der jungen Fracht. Da war ein Schachterl extra an den hohen Griff vom Korb gebunden. Sagte meine Mutter: »Was hast denn da in dem Weckerschachterl drin?« Im Korb waren die jungen Wuli-Wuli. Vor Neugierde öffneten wir das Schachterl, in dem Löcher eingeschnitten waren. Ja, da sitzt ein so kleines Ganserl drin. Sagte die Mutter zum Vater: »Dass du so etwas auch kaufst.« Die Viecherl waren ja gar nicht billig und so schwer aufzuziehen. Das Ganserl hat ihm die Bäuerin gratis gegeben. Wenn er's nicht mitgenommen hätte, dann hätt's die Wennsauerin erschlagen. In das Extraschachterl hat sie's reingesetzt, weils die anderen Gänslein kaputtgetreten hätten auf dem Heimtransport. Um das kleine Viecherl haben wir Kinder uns besonders gekümmert. Es hat ein eigenes Bettchen gekriegt. Am Abend stellten wir es in unser Schlafzimmer. Das kleine Ding wurde auch extra gefüttert. Roserl haben wir es genannt. Als es schon größer war, lief es immer hinter uns her. Eine große, schwere Gans ist aus ihr geworden. Bis vor Weihnachten haben wir sie gefüttert. Sie war die Letzte zum Schlachten. »Heute muss ich Roserl schlachten«, sagte der Vater. Da gab es Tränen bei uns allen. Wir haben kein Fleisch von der Gans gegessen. Die wurde verkauft. Als Roserl bratfertig dalag, wog sie genau 18 Pfund. Einst ein Ganserl, das kaum Überlebenschancen hatte!

Alles andere Federvieh war leichter aufzuziehen. Die kleinen Entlein waren auch nicht so empfindlich. Zu unserer Zeit war man damals in allem sehr mühsam. Das Geld war rar, aber wer fleißig war, der hat auch damals schön Geld eingenommen. Wer's zu nichts brachte, war meist selbst schuld. Bei uns war halt die Arbeit sehr viel, weil wir eben nebenbei einen sehr großen Obstgarten hatten. Der Obstgarten war sehr ertragreich. Wenns zum Heuen war, wurden meist schon die ersten Kirschen reif. Die mussten auch gepflückt werden, und zwar mit den Stängeln.

Sieben Sorten Kirschen

Die Kirschstängel mussten mit den Fingernägeln abgezwickt werden. Das musste auch gekonnt sein. Die Arbeit mussten wir als Kinder schon zeitig lernen. Das war immer schlimm die erste Zeit, wie haben uns da die Finger manchmal wehgetan und niemand hat sich jammern getraut! Ohne Stängel hat man zur damaligen Zeit keine Kirschen verkaufen können. Sieben Sorten Kirschen hatten wir in unserem Obstgarten. Die weißroten Weichkirschen, die als Erste reiften, nannten wir Herzkirschen. Die am nächsten reiften, waren mittelgroße, recht süße Schwarzkirschen. Die nächsten waren dann die dunkelroten, großen Hedelfinger. Anschließend reiften die großen schwarzen Hartkirschen. Etwas später waren dann die großen gelben Hartkirschen, die waren manchmal schön rotbackig. Herr Gräßmann aus Pfarrkirchen sagte uns damals, das machen die Bienen, dass die Gelbkirschen so rote Bäckchen kriegen. Der Gelbkirschenbaum stand gleich anschließend an die Schwarzkirschbäume. Hier brachten die Bienen den Blütenstaub durcheinander. Als Nächstes reiften die süßen roten Kleinkirschen, die wir nur für die Nudeln oder den Kerschdatschi[9] pflückten. Das waren zwei ganz große Bäume, da kamen auch die Leute aus der nächsten Umgebung und pflückten sich Kirschen für die Nudeln. Die wurden ohne Stängel gepflückt. Die meisten Kirschen dieser Sorte holten sich die Stare und sonstige Vögel. Dafür ließen sie dann unsere Hartkirschen in Ruhe. Zur damaligen Zeit habe ich nie gesehen, dass Stare an diese Hartkirschen heranflogen, was man jetzt erlebt. Die letzten Kirschen, die reiften, waren die schwarzen Weichseln oder Schattenmorellen. Es waren insgesamt 12 große Kirschbäume.

Wenn wir Kinder die Hartkirschen pflücken mussten, das war zur Erntezeit, wo es ohnehin glutheiß war, haben uns die Eltern kein Wasser trinken lassen. Während des Pflückens haben wir doch ab und zu eine Kirsche in den Mund gesteckt, die waren ja so süß, da hat man viel Durst bekommen. Hatten wir die Körbe voll gepflückt, trugen wir sie in die Stube. Dort standen zwei große Tische, sie wurden zusammengestellt und die Kirschen wurden dann daraufgeschüttet. Dort hat sie dann

---

9) *Kerschdatschi:* Flacher, saftiger, dicht mit Früchten belegter Kirschkuchen. Das »Zwetschgendatschi« ist sprachliches Allgemeingut.

die Mutter ausgeklaubt, wenn sie die Zeit dazu hatte. In Tüten und Schüssel hat sie die guten Kirschen verfrachtet und mit der Dezimalwaage abgewogen. Wir hatten großen Durst, durften aber kein Wasser trinken. Mit den ausgeleerten Körben gingen wir wieder zu den Kirschbäumen zum Pflücken. Auf dem Weg zu den Kirschbäumen gingen wir an unserer großen Wasserreserve vorbei. Das Überwasser lief da an einer Rohrleitung so schön heraus. Da konnten wir unserem Durst nicht mehr widerstehen. Wir haben halt dann da aus der Rohrleitung getrunken. Den Bauch hat es uns nicht zerrissen, wie man uns Kindern immer erzählte. Gerne haben auch unsere Kirschenkundschaften beim Kirschenausklauben geholfen. Dabei durften sie halt Kirschen essen. Da war eine recht lustige Braunauerin dabei, sie sagte bei der Ausklauberei: »Die Guten ins Töpfchen, die Schlechten ins Kröpfchen.«

Wir hatten bei unseren Kunden Leute dabei, die wollten keine Gelbkirschen, weil sie eingeweckt ganz weiß aus den Gläsern schauten. Andere Käufer wollten nur gelbe Kirschen, weil sie viel süßer und schmackhafter waren. Ich las in einem Kräuterbuch, dass Gelbkirschen die gesündesten Kirschen sind. Ihnen wird sogar Heilkraft zugeschrieben. Die schwarzen Weichseln (Schattenmorellen) waren die Letzten zum Pflücken. Die Haferernte war schon im Gang und auch die ersten Äpfel reiften bereits, die Haferäpfel. Auch Blaukriecherl[10] und kleine Gelbkriecherl waren zu der Zeit herangereift. Dieses Obst hatten wir nur geschüttelt, was wir nicht selbst essen konnten, hatten die Nachbarn, Freunde und Bekannte aus der Umgebung geschenkt bekommen. Auch Birnen gab es schon. Die Wasser-

---

10) *Blaukricherl, auch Griacherl oder Griach:* Kleine, blaue, im Wert gering geschätzte Pflaume, früher weit verbreitet.

birnen, Frauenbirnen, die Fleischbirnen, die immer ganz rot waren, die Butterbirnen, die waren weich wie Butter und sehr saftig, die Zuckerbirnen und die sogenannte gute Birne. Sie reiften alle hintereinander. Dann gab es die Ringlotten[11], Bühler Frühzwetschgen, gelbe Eierpflaumen, große blaue runde Pflaumen und Mirabellen. Diese Früchte wurden alle gepflückt und verkauft. Da kamen wieder unsere Kundschaften ins Haus und holten sich, was sie brauchten. Im August und September war Obsternte. Ringsum in der Umgebung hatte niemand solche Früchte, wie es sie bei uns gab. Nachbarsleute holten die Frühobstsorten kübelweise. Dafür halfen sie uns manchmal beim Heu mähen oder bei Getreide einfahren. Auch ärmere Leute holten sich von unserem Obstüberfluss. Die bekamen alles geschenkt.

Unser Garten war sehr gepflegt, die Bäume schön ausgeputzt. Auch junge Bäume wurden immer wieder nachgepflanzt. Die Zwetschgenbäume haben oft Blatt- und Schildläuse dran gehabt. Gegen dieses Ungeziefer haben wir Baumkarbolineum mit Wasser verdünnt gespritzt. Vom Gartenbauverein holten wir uns eine Spritze. Der Verein hatte mehrere Spritzen gekauft und mein Vater war da auch Mitglied. Die Mitglieder bekamen die Spritzen kostenlos zur Verfügung gestellt. Die Zwetschgenbäume wurden gespritzt, bevor sie die Knospen austrieben, etwa im Februar oder März. Alle anderen Bäume wurden nicht gespritzt. Um die Äpfel- und Birnbaumstämme wurden im Herbst Leimringe gelegt, gegen den Frostspanner. Auch anderes Ungeziefer blieb daran hängen. Gedüngt wurde der Obstgarten nur mit Stallmist und Jauche.

---

11) *Ringlotten, Ringlo:* Süße Pflaume. Der Name verballhornt aus frz. »reineclaude« (Königin Claudine-Pflaume).

Herr Gräßmann aus Pfarrkirchen von einer Baumschule war öfters zu Gast auf dem Kagerbauernhof. Er brachte auch Obstzweiglein mit zum Veredeln. Er sagte immer, dass man diese schöne Obstbaumlage ganz selten findet. Da gibt es nur Tafelobst, das er selbst auch zum Essen mitgenommen hat. Er sagte immer, das ist ja ein Paradiesgarten. Wir haben auch Falläpfel und Mostbirnen verkauft zum Mosten. Hier hatten wir auch schon unsere Leute. Mit dem Obstgarten hatten wir immer Zusatzarbeit. Selber hatten wir 5 Mostfässer im Keller stehen mit 200 bis 300 Litern. Das kleine Fass hatte 100 Liter. Das wurde nur verwendet für Weintrauben und Hollerbeeren. Wir hatten drei große Weinreben, eine am Haus, eine am Stadel und eine am Stall.

Mosten und Brotbacken

An diesen Reben hingen im Herbst große blaue Weintrauben. Waren sie gut gereift, schnitten wir sie runter. Die wurden sauber gewaschen, gut abtropfen lassen und dann rein in die Mostpresse. Dazu schnitten wir von den Hollerstauden die gleiche Portion Hollertrauben. Diese wurden auch sauber gewaschen und abtropfen lassen, dann rein in die Mostpresse zu den Weintrauben. Vorbedingung war überall Sauberkeit. Auf das achtete mein Vater besonders. Wir hatten nur guten Most, auch das war weit bekannt. Most war ja früher auf dem Land das Getränk (damals gab es keine Bier- oder Limonadenlieferung ins Haus). Besonders bei der Mischung von Weintrauben und Hollerbeeren hat mein Vater große Sorgfalt walten lassen. Das war ein schönes rotes Getränk, das viele Leute, von ihm kostend, sehr begeisterte. Zum Punschkochen nahmen wir gerne von der Rarität oder wenn hohe Besuche kamen. Die Geistlichkeit aus Simbach war gerne zu Gast beim Vater (er war ja dreißig Jahre Kirchenpfleger von Kirchberg).

Bei jeder Mostzubereitung musste mit großer Sorgfalt gearbeitet werden. Das höchste Gebot war die Reinlichkeit, ob beim Mostobst, beim Quetschen oder Pressen und bei der Gärung. Die Mostfässer mussten fleißig nachgefüllt werden, solange der Auswurf dauerte. War der zu Ende, wurden die Gärgläser aufgesetzt. Erst wenn sie nicht mehr brodelten, kam alles weg. In das runde Loch vom Mostfass wurde dann ein gut passender Stopsel fest eingeschlagen. Der blieb drin, bis das Fass angezapft wurde und der Inhalt zu Ende war. Wir hatten früher zu Hause eine Mostquetsche mit Handbetrieb. Das war eine Schinderei! Diese Quetsche haben sich mein Vater und der Nachbar Strickberger mitsammen gekauft. Wenn ich da noch daran denke, wie wir uns die Mostquetsche von Strickberg herüberholten mit dem Schubkarren, zu dritt. Zwei mussten beim Schubkarren anziehen und die dritte Person ist gefahren. Die Quetsche wurde auf dem Schubkarren mit einem langen Strick festgebunden, die beiden Werfl auch dazu. Von Strickberg herauf war ein steiler Berg, dann durch den Wald, da war es ganz eben. Aber auf Kagerbauer dann runter ging's so abwärts, ganz steil. Hat der Strickberger bei uns die Mostquetsche geholt, erging es dem genauso wie uns. Der hat manchmal einen Ochsen vor den Schubkarren gespannt.

Das ganze Obst musste mit den Handwerfeln, die je zur Seite angesteckt wurden, durchgedreht werden. Diese Arbeit wurde bei uns zu Hause nach Feierabend gemacht. Das war ja schon Herbstzeit, wenn das Obst gereift war. Meist stand uns da die Arbeit über den Kopf. Während des Krieges, als wir schon Strom im Haus hatten und einen schweren Elektromotor, kaufte der Vater eine neue schwere Mostquetsche. Dort war eine Riemenscheibe daran. Da konnten wir dann den Elektromotor anhängen. Das war damals für uns alle eine große Erleichterung. Das waren viele Stunden, die wir uns einsparten.

Damals kauften manche Bauern Scheps beim Wirt. Das waren 20-Liter Holzfässer (Scheps war das Dünnbier). Dazu gab es auch dünn aufgeschnittenes Geselchtes und unser selbst gebackenes Bauernbrot. Diese Sachen schmeckten jedem gut. Als Kinder haben wir nie Most getrunken. Erst als wir größer waren, gab es für uns auch zur Brotzeit Most zum Trinken. ¾ Wasser, ¼ Most, sodass man halt den Durst löschen konnte. Ich habe noch nie Alkohol vertragen, bin immer recht matt geworden drauf. Bei der Arbeit, die ich zu verrichten hatte, mit den Bullen und Ochsen, dazu brauchte man einen klaren Kopf. Wir haben das Brot selber gebacken, was zur damaligen Zeit auf jedem Bauernhof geschah. Wir hatten in einem überdachten kleinen Nebengebäude den Holzbackofen, daneben war ein Dürrofen mit 8 Schubfächern darin. Dort konnte man auch unten einheizen. Anschließend stand auch noch ein gemauerter Sedlofen[12] und eine große Waschbank. An der Seite waren auch noch die getrockneten Backofenscheiter aufgerichtet. Erst das Brotbacken, das kann ich heute noch, hab es oft genug gemacht: Alle 14 Tage stand diese Arbeit ins Haus. Das Urer[13] war

---

12) *Sedlofen:* Aus Ziegeln gemauerter fester Ofen, in den ein runder Waschkessel herausnehmbar eingesetzt war. Im Sedlofen wurde die große Wäsche gekocht.

13) *Urer, Ur:* Der Ur-Sauerteig. Er wurde als Rest vom letzten Backen mit Mehl fest geknetet und aufbewahrt, beim nächsten Backen durch Mischen mit warmem Wasser wieder »belebt«. War auf einem Bauernhof der »Urer vereckt«, musste er beim Nachbarn förmlich erbeten werden.

ein Restbatzen Brotteig vom letzten Brotbacken. Dieser Batzen wurde mit zwei Händen zusammengedrückt, in den Dachboden getragen und ins Roggenmehl gesteckt. War die Zeit gekommen, dass das Brot zur Neige ging, holte man das Urer vom Dachboden. Es war inzwischen sehr hart geworden und man bröckelte es auseinander in eine große tiefe Schüssel. Darüber wurde lauwarmes Wasser gegossen. War das Urer gut aufgeweicht, nahm man die Schüssel und vorher schon warm gestelltes Roggenmehl und rührte das Urerdampfl mit Magermilch an. Das blieb über Nacht seitlich am Küchenherd stehen. Die nächste Arbeit: Den Backtrog vom Dachboden holen, mit einem Flederwisch sauber auskehren und mit einem feuchten Leinentücherl auswischen. Der Backtrog wurde auf eine breite Fürbänk gestellt. Als Nächstes holten wir eine ebenso große Blechschüssel, beide stammten noch vom vorhergehenden Besitzer (weiß Gott, wie alt die schon waren). In eine Schüssel füllten wir das Roggenmehl, in die zweite Schüssel das Weizenmehl. Beide Mehltruhen standen nebeneinander im Specher. Wenn wir dunkles Brot wollten, haben wir in beide Schüsseln Roggenmehl eingeschäufelt. Wir hatten dazu schon unser Maß. War das Urerdampfl schön aufgegangen in der Dampfschüssel, schütten wir die beiden großen Schüsseln Mehl in den Backtrog und darüber dann das Dampfl. Eine Person nahm den Eimer mit Magermilch oder Wasser und goss die Flüssigkeit schön langsam in den Backtrog, während die zweite Person mit einem großen langen Kochlöffel alles fest durcheinanderrührte. Das war dann eine ganz weiche Masse. Hernach wurde ein Leintuch über den ganzen Backtrog gelegt und alles über Nacht stehen lassen. Am Abend holten wir nochmals die zwei großen Schüsseln mit Mehl gefüllt vom Dachboden und stellten sie in die Küche. Am nächs-

ten Tag war der Backtrog ganz voll mit der weichen Brotteigmasse.

Man fing dann an mit dem Salzen und Würzen. Als Ge-
würz wurde Kümmel und Anis reingestreut. Den Anis kauften wir uns, Kümmel hatten wir selber. Der wuchs bei uns auf
den Wiesen. Beim zweiten Schnitt Wiesenheu, dem Grummet, zogen wir die mit abgemähten Kümmelstängl raus, trugen sie heim und trockneten sie auf dem Dachboden. War
alles gut getrocknet, rieb man die Kümmelkörner von den
Stängeln in eine große Schüssel. Die Fleie[14], die man abge-
rieben hatte, musste ausgeblasen werden. Die Kümmelkörner
bewahrten wir uns auf, nicht nur zum Brotbacken, auch zum
Würzen des Schweinsbratens, für Tee, das sogenannte Küm-
melwasserl, wie man es zu meiner Kindheit nannten (Kümmel hilft gegen Blähungen). War alles Dazugehörende in der
weichen Brotteigmasse, wurde mit dem Kochlöffel noch fest
umgerührt. Hernach kam der Kochlöffel weg. Er wurde mit
Mehl abgestreift und weggelegt. Wer den Brotteig dann kne-
tete, hat sich fertig gemacht. Ein weißes Tücherl aufgesetzt,
die Hände und Arme sauber gewaschen, ein kurzärmeliges
Kleid oder eine Bluse angezogen. Erst dann fing man an zu
kneten. Die zweite Person musste immer wieder Mehl nach-
schütten, während die Kneterin fest arbeitete. Diese Kneterei
dauerte ungefähr eine halbe Stunde (das ging ganz schön ins
Kreuz). War man mit dieser Arbeit fertig, wurde der feste Teig
im Backtrog auf einer Seite hoch aufgetürmt und das Leinen-
tuch wieder darübergedeckt.

Inzwischen wurde der Backofen zum Anheizen hergerichtet. Am Tag vorher hat der Vater den Backofen noch kontrol-

---

14) *Fleie, auch Kleie:* Schalen und Hülsen des Getreides.

liert, ob nicht irgendwo ein Riss oder Löcherl drinnen war. Hat er etwas entdeckt, holte er sich Lehm aus unserer Lehmgrube am Waldrand. Aus Lehm machte sich der Vater einen Teig an und dazu mengte er Gerstengräten. Mit diesem Batz, den er in einer alten Rain[15] hatte, kroch er dann in den Backofen und verstrich die entdeckten Risse oder Löcher in der Backofenwölbung. Aus dem Backofen durfte ja keine Hitze entweichen, weil sonst das Brot keine braune Rinde bekam. Das war die Vortagsarbeit zur Backofenheizung. Wir richteten alle Jahre extra Backofenscheiter her aus Föhren. 80 Zentimeter lange, ganz große dicke Scheiter waren das. Für einen Laib Brot rechnete man ein Scheit, so brauchten wir genau 16 Stück Scheiter. Sie wurden kreuzstoßartig in den Backofen geschlichtet, darunter ein Wiedbäuscherl[16], damit die großen Scheiter leichter anbrannten. War der Teig aufgegangen, nahm er den ganzen Trog ein. Bevor man anfing zum Brotauswiegen, musste der feste Teig wieder übereinandergestülpt werden. Die Backtroghälfte benötigte man zum Laib drehen. Auch die Brotbretter wurden vorher hergerichtet in der Küche. Auf zwei quer gestellten Fürbänken[17] legten wir die Brotbretter und bestäubten sie mit Mehl. Jeder geformte Laib wurde der Reihe nach in kleinen Abständen auf die bemehlten Bretter gelegt. Hier bleiben sie liegen, bis sie wieder aufgegangen waren. Hernach wurde jeder Laib mit Wasser gewaschen und dann mit einem Metallstecher bis zum Boden durchgestochen, so ungefähr 20 Stiche in einem Laib und dazu noch an der Seite mit einem

---

15) *Rain, Reine, Reindl:* Lange Bratpfanne mit flachem Rand.
16) *Wiedbauscherl:* Reisigbündel.
17) *Fürbänk:* Die frei vor dem Bauerntisch stehende, nicht an der Wand befestigte Sitzbank, oft nur ein Brett mit vier Füßen.

Messer eingeschnitten. Das war nötig, damit die Risse während der Backzeit, wenn das Brot im Backofen hoch aufging, keine Risse bekam.

Wenn wir fertig waren mit dem Brotherrichten, hat eine Person den eingerichteten Scheiterstoß im Backofen angezündet. Vor Weihnachten backten wir uns meistens einige Kletzenlaibe mit. Früchtebrot wird das zu jetziger Zeit genannt. Mit dem tags zuvor gekochten Dörrobst und auch aufgebrühten Zuckerfeigen, alles durchgedreht durch die Fleischmaschine, dazu gedörrte Birnen, entkernte Zwetschgen. Entweder mengten wir die Früchte unter einen Rest vom weichen Brotteig, verkneteten alles und formten die Kletzenlaibe. Sie sahen ganz dunkelbraun aus. Oder wir umschlungen die Früchtemasse mit festem, glatten Brotteig. Die Kletzenlaibe wurden mit dem anderen Brot mitgebacken. Wenn die Zeit nicht gar so drängte, leisteten wir uns manchmal die guten Backofenzelten. Wir rollten uns mit dem Nudlwalker vom Brotteig Fladen aus, etwas größer als ein Pfannkuchen. Bevor die Brotlaibe in den Backofen eingeschoben wurden, haben wir die Fladen mit der Holzschaufel hineingelegt. Schnell umgewendet, raus damit! Das musste ganz schnell geschehen. Die fertig gebackenen Zelten wurden dann mit Brandschmalz auf beiden Seiten bestrichen und gleich Salz darüber gestreut. Die aßen wir gerne, sie schmeckten sehr fein. Ansonsten musste das Brotbacken flink geschehen.

Wenn der angezündete Scheiterstoß im Backofen nur mehr ein großer Gluthaufen war, stieß man mit der Backofenkrücke die glühende Masse über die ganze Backofenfläche auseinander und ließ die Glut noch eine gute Viertelstunde so liegen. Hernach kratzte man sie mit der Ofenkrücke raus. Einen großen Blecheimer voll trugen wir in die Küche. Dort hängten wir

auf der Küchenofenplatte die Kastrollringe[18] aus und schütteten den Eimer voll Glut 'rein in den Herd. Die Kastrollringe
wurden schnell eingehängt und ein großer Dämpfer, gefüllt mit

18) *Kastrollringe:* Herausnehmbare Ringe in der Ofenplatte, direkt über der
Feuerung, zum Einhängen des Schmortopfes (Kasserolle oder Kastrol).

Kartoffeln, darauf gestellt für die Schweine zum Kochen. Die restliche Kohle ließ man außer Haus und goss Wasser darüber. Waren noch schöne große Kohlestücke dabei, wenn alles gut erloschen war, legten wir sie uns zur Seite. Wenn wir mit dem Kohlenbügeleisen unsere Wäsche bügelten, holten wir uns vom Backofen diese großen schwarzen Kohlen und warfen sie in den angefeuerten Küchenherd. Dort glühten sie wieder richtig auf. Dann nahm man sie heraus und gab sie mit einem alten Seihlöffel in das Bügeleisen. Als wir Kinder noch kleiner waren, bauten wir uns manchmal einen Schneemann. Dazu brauchten wir auch die Backofenkohlen. Für die Augen und Knöpfe am Schneemann. Hatte einmal ein Aufstellkalb oder sonstiges Rindvieh Durchfall, haben wir schwarze Backofenkohlen gerieben, in Kamillentee getan und mit einer Flasche eingegossen. Das hat besser geholfen als die Pulverl, die man vom Tierarzt bekam.

War der Backofen von der Kohle befreit, wurde mit einem Wischgrassert-Besen[19] sauber ausgekehrt. Das war ein Besen aus Tannenästl, welche wir einen Tag vor dem Brotbacken aus unserem Wald holten, und zwar aus den Unterstand-Bäumchen brachen wir die Ästlein ab. Sie wurden zweimal fest zusammengebunden und dann ein langer Stiel reingeschoben. Mit dem wurde nach der Glutentnahme der Backofen sauber ausgekehrt. Einen Reisigbesen konnte man da nicht verwenden, der wäre uns verbrannt. Wir haben den Wischgrassert-Besen im Winter im Schnee gewutzelt, im Sommer ins Was-

---

19) *Wischgrassert:* »Grassert« (von Grün) sind kleine Tannenäste, die beim Durchforsten ohnehin abgenommen werden mussten und von den sparsamen Bauern einer Verwendung als einfacher Vielzweckbesen zugeführt wurden.

ser getaucht, damit es beim Rauskehren nicht gar so krachte. Da war ja eine solche Hitze im Backofen. Wer dort in der Hitze arbeiten musste, bekam ein hochrotes Gesicht. War der Backboden sauber ausgekehrt, wurde sofort mit dem Broteinschießen begonnen. Hier haben alle zusammengeholfen. Je schneller das ging, umso schöner waren dann die Brotlaibe. Das Broteinschießen mit der Holzschaufel hat meistens die Mutter gemacht. Ein Laib quer, der andere länglich. Eine Person legte der Mutter die Teiglaibe auf die Holzschaufel. Das ging alles ruckzuck. Gleich das Backofenloch zugemacht. Um das Backofentürl wurden Lumpen gesteckt und nochmals ein Schubriegel vor, damit ja keine Hitze entweichen konnte. Dann sah man auf die Uhr, in zwei Stunden war das Brot gebacken.

Inzwischen wurde das Brotherausnehmen vorbereitet. Ein Gefäß mit warmem Wasser wurde auf die Waschbank, welche im Backofengebäude stand, hingestellt und dazu eine saubere Bürste. Auf der Waschbank lagen noch die Brotbretter von ungebackenen Laiben. Dort richteten wir dann die gebackenen Brote wieder drauf. Nach zwei Stunden wurde der Backofen geöffnet. Das war ein Duft! Dann wurden die gebackenen Laibe mit der Holzschaufel wieder einzeln herausgeholt. Jeder Brotlaib mit lauwarmem Wasser abgebürstet und gleich wieder zurück in den Backofen zum Trocknen. Gleich kam der nächste Laib dran, auch gewaschen und wieder 'rein zum Trocknen. Der Getrocknete musste als Nächster 'raus. So ging das weiter, bis alles zu Ende war. Diese Brotwascherei war nötig, damit die Brotrinde einen schönen Glanz bekam. Die fertigen Laibe lagen nun wieder auf den Brotbrettern. Mit ihnen wurde alles auf die Diele getragen. Dort war an der Wand eine Holzstellage aufgehängt. Darauf richteten wir die gebackenen Laibe Brot, einer neben den anderen hin. Wenn wir Brot brauchten, holten wir uns von dort einen Laib. Bevor er angeschnitten wurde, hat man auf die Bodenseite drei Kreuze mit dem Messer gezeichnet oder mit dem Daumen. Wenn wir frisch gebackenes Brot hatten, holten sich so manche Herrschaften aus Simbach einen Laib, weil ihnen unser Bauernbrot so schmeckte.

Maschanzgerl im Dörrofen

Neben dem Backofen stand ein großer Dörrofen mit acht Schubfächern, immer zwei übereinander, 6 cm tief, 1,75 m lang. Die Böden dieser Fächer waren nur Gitter. In diese Schubfächer wurden Zwetschgen oder Birnen, die man vorher sauber gewaschen und getrocknet hatte, hineingeschüttet, recht dünn auseinandergeschlichtet. Die Birnen ließ man so lange unterm Baum liegen, bis sie »toag«[20] waren. Die Zwetschgen hat man an den Bäumen hängen lassen, bis sie faltig waren. Da dauerte die Dörrung nicht so lange. Die fleischigen Zwetschgen kamen zum Verkauf. Während das Obst im Dörrofen lag, wurde immer wieder nachgeheizt. Die Schubfächer mussten immer wieder umgewechselt werden, die unteren nach oben, die oberen nach unten. Es war halt immer Zusatzarbeit. Wir haben später eine viel einfachere Methode erfunden, vor allem holzsparender und auch nicht mehr so zeitraubend. Wenn wir Brot buken zu einer Zeit, da die Maschanzgerl[21] oder auch Brumeräpfel im Herbst schon geerntet waren, haben wir am Abend

---

20) *toag:* Teigig, weich.
21) *Maschanzgerl:* Auch Brummeräpfel genannt, mittelgroß, dunkelgelb mit roten Bäckchen, ein beliebter Apfel.

vorher Maschanzgerl gespeitelt, das Kernhaus herausgeschnitten. Eine ganz große Schüssel voll, da musste jeder dazuhelfen, der im Haus war. War das gebackene Brot aus dem Backofen entfernt, schütteten wir gleich die Apfelspeitel rein und verteilten sie gleichmäßig über die Backfläche. Bis die Backfläche auskühlte, waren die Apfelspeitel gedörrt. Wir haben später im Backofen seitlich im Bogen Ziegelsteine hineingestellt. Dort unterhielten wir ein kleines Feuer, das heizte die ganze Backfläche. Darauf konnten wir auch außer der Brotbackzeit unsere Birnen und Zwetschgen dörren. Da haben wir uns viel Arbeit erspart. Das Dörrobst bewahrten wir in Truhen auf, die am Dachboden standen. Die Kletzen in einer, in der anderen die Zwetschgen. Je älter die gedörrten Zwetschgen waren, desto weißer waren sie und süßer. Zu meiner Kindheit gab es das Einwecken noch nicht. Da wurde das Dörrobst zu Kompott verarbeitet. Der Kletzenpfeffer schmeckte einmalig. Man hat die gedörrten Birnen gekocht, dann durchpassiert, Zucker und Zimt hineingetan. Das schmeckte zu jeder Zeit, auch im Sommer, wenn es kühlgestellt war. Auch die Zwetschgenbrühe schmeckte gut. Die gekochten Zwetschgen wurden entkernt, natürlich mit sauber gewaschenen Händen, und die entkernten Zwetschgen zu einem richtigen Batz verarbeitet, Zimt und Zucker hineingetan. Das war der sogenannte Kapuzinerdreck. Der wurde verwendet für die Zwetschgenbavesen. Man hat zum Essen gerne das Sprüchlein gesagt: »Zwetschgenbavesen, wo bist du so lang gewesen. Im Himmi drei Wocha, Muttergottes tuads kocha, der Engi tuat schlecka und da Peta haut mitm Stecka!« Diesen Kapuzinerdreck, wie wir ihn nannten, strichen wir auch in die Nudeln, zu der Zeit, wo es weder Kirschen, Zwetschgen noch Heidlbeeren gab. Die Rohrnudl gab es jeden Abend zum Essen, außer Sonntag (auf jedem Bauernhof). Sonntags gab es nur Kaffee am Abend und am Morgen (keinen Bohnenkaffee, Kathreiner Malz, den musste man sich erst mit der Kaffeemühle mahlen. Dazu warf man eine rund gepresste Zichorientablette hinein. Die gab es in rot verpackten Rollen mit dem Aufdruck »Mühle Frank«). Im Sommer gab es am Abend zu den Nudeln meist kühlgestellte saure Milch in Weitlingen auf den Tisch gestellt. Im Winter gab es abgekochte warme Milch zu den Rohrnudeln. Am Sonntag gab es zum Kaffee Weckerl, außer Festtags, da gab es Kuchen zum Kaffee. Die gedörrten Apfelspeitl gab es nur als Kompott im Sommer und Winter. Wir hatten in unserem Obstgarten einen Birnbaum, der war schon von unserem Vorgänger. Dieser Baum hatte schöne, hellgelbe Birnen. Wir nannten sie die Gänsekrägen, weil sie so lang waren. Wenn man eine solche Birne gegessen hat, da verging einem der Appetit, weil man gedrosselt wurde, dass einem die Augen nass wurden. Aber als gedörrte Birnen waren es die feinsten Kletzen. Deshalb blieb der Baum auch stehen.

Das Waschermadl

Wie ich schon erwähnte, befand sich neben dem Backofen auch noch ein Sedlofen. Der sah so ähnlich aus wie ein Waschkessel. Er war aus Ziegelsteinen gemauert, innen ein runder Blecheinsatz. Ein Ofentürl unten, wo man einheizen konnte. Erst bürstete man die einen Tag vorher eingeweichte Wäsche auf der Waschbank, die im überdachten Backofengebäude stand, mit Kernseife heraus oder nahm statt der Waschbürste den Haarreiber bei der Groß- oder Bettwäsche. Hernach legten wir die schmutzige, vorgebürstete Wäsche in den Sedlofen, deckten ein ungebleichtes Leinenrupfen über die schmutzigen Wäschestücke und drückten in diese Überdecke eine tiefe Mulde. In sie wurde anschließend ein kleiner Kübel Asche geschüttet (das durfte nur Asche von Buchen-Scheitern sein). Über die Asche, die in den Rupfen geschüttet war, goss man einen großen Hafen kochend heißes Wasser, welches wir auf dem Küchenherd erhitzten. Nach einer guten halben Stunde nahm man den Leinenrupfen mit der nassen Asche weg. Sie streuten wir entweder auf den Misthaufen oder auf die Wiese. Das Wasser in der Wäsche rührte sich ganz laugig an. Wir heizten dann den Sedlofen ein. Wenn die Wäsche kochte, so ungefähr fünf Minuten, in der Aschenlauge, hoben wir sie raus, Stück für Stück, und bürsteten sie mit dem Haarreiber[22] oder der Waschbürste auf der Waschbank. Alle Wäschestücke wurden hernach in einen großen Holzzuber gelegt. Darüber wurde wieder heißes Wasser gegossen und eine viertel Stunde stehen lassen. Hernach hat man sie rausgewunden (Wäscheschleuder oder Waschmaschine gab es ja noch nicht) und wieder in sauberes kaltes Wasser gegeben und rausgewunden. Auf dem Balkon (zu unserer Zeit Schrot genannt) war der Wäschestrick aufgespannt. Dort hängten wir dann die Wäsche zum Trocknen hin. Sie war blitzsauber. Ich weiß auch das noch gut, dass Frauen, die in der Nähe eines Baches gewohnt haben, ihre Wäsche im Bach schwenkten. Damals war das Bachwasser noch so sauber, dass man es auch, wenn nötig, trinken konnte.

---

22) *Haarreiber:* Aus Tierhaaren selbst gemachte Waschbürsten (Herstellung beschrieben auf Seite 115).

Zwei Kernseifenrezepte

Auch die Kernseife machten wir uns selber (besonders während der Kriegszeit). Da war man ehrlich froh. Es gab ja damals alles beschränkt auf Marken. Es folgt ein Seifenrezept, das stammt schon aus dem 14/18-Krieg. Man koche 6 Liter Wasser (am besten Regenwasser) mit 2 Pfund Kristallsoda, 100 g Pottasche, 1 Pfund Laugenstein und gieße die Masse über 2 Pfund ungelöschten Kalk. Rührt dabei ein wenig um, dann lässt man das Ganze 24 Stunden stehen. Nach dieser Zeit gießt man die Flüssigkeit langsam ab. Der Kalk bleibt zurück. Über diesen Kalk wird 6 Liter kochendes Wasser gegossen und über Nacht stehen lassen. Am nächsten Tag gießt man die Lauge ab und schüttet sie zu der ersten Masse dazu. Der feste Kalk bleibt zurück. Jetzt kocht man diese 12 Liter Lauge mit 4 Pfund Fett, man kann Rindertalg oder auch Abschöpffett von Fleischsuppen verwenden, aber es müssen genau 4 Pfund Fett sein. Das Ganze zusammen in einem großen Hafen oder Tiegel, dass ja nichts überkocht. In diese Masse werden noch 400 g Salz, eine Flasche Salmiakgeist und ein paar Handvoll geriebenes Pech getan. Eineinhalb Stunden muss alles zusammen kochen. Ist die Kochzeit vorbei, gießt man die Masse in nicht zu heißem Zustand in lange große Bratreinen. Ist dann alles erkaltet und fest, schneidet man mit einem langen kräftigen Messer die Seifenstücke heraus. Je nachdem, wie groß man sie wollte. Gut trocknen lassen, bevor man sie benützte. Während der Kriegszeit war man froh darum, wenn man selber Seife hatte. Bei der verschmutzten und verschwitzten Wäsche, die es auf dem Land gab!

Während des Zweiten Weltkrieges brachte uns eine gut bekannte Braunauerin auch ein Seifenrezept. Ich schreib es gleich dazu. Selbsterzeugung feinster Kernseife: 2 kg Fett oder Talg, ½ Ätznatron oder Seifenstein, 6 ½ Liter Regenwasser oder selbst enthärtetes Wasser. Man bringt ungefähr 2 bis 3 Liter des Wassers mit dem Fett und dem Seifenstein in einem großen Topf, der nur zur Hälfte angefüllt werden darf, die ganze Masse zum Sieden. Während des Kochens ist darauf zu achten, dass fleißig umgerührt wird. Den Rest des Wassers muss man während des Kochens dem Brei beimengen. Nach ungefähr 2 Stunden, nachdem die Lauge gut durchgekocht ist, setzt man ungefähr 4 dka Kochsalz bei und lässt das Ganze noch eine kurze Weile (einige Minuten) kochen. Dadurch löst sich die Lauge von der Seife und setzt sich am Boden an. Die obenauf schwimmende Seife wird abgeschöpft, in flache Gefäße gegossen und am anderen Tag in Stücke geschnitten. Nachher die Stücke gut durchtrocknen lassen. Um der Seife erhöhte Reinigungskraft zu geben, kaufte man in der Drogerie oder Apotheke je ⅛ l Salmiak- und Terpentingeist und goss beides der Seife noch in flüssigem Zustand bei. Nicht nur Seife fertigten wir uns selber, auch die Haarreiber. Sie ersetzten uns die Waschbürsten.

Während der Kriegszeit waren auch die schwer zu bekommen. Meine Mutter konnte das Haarreiber-Zusammendrehen recht gut. Wir sammelten von Ochsen, Stieren, Kühen und Kalbinnen die abgeschnittenen Schwanzhaare (Schwänzeschneiden gehört auch zur Tierpflege, genauso wie Klauenschneiden und -putzen). Diese festen, langen Haare haben wir einige Male fest durchgewaschen und dann gut getrocknet. War das alles fertig, so drehte meine Mutter die Haare zu einem festen Knäuel zusammen. So ungefähr 15 cm lang und so dick, dass man den Reiber gut mit der Hand fassen konnte. Die waren für die Wäsche schonender als die Waschbürsten. Die Wäsche war auf dem Land wegen der harten Arbeit viel dreckiger und verschwitzter. Auch die Bettwäsche wurde nicht alle 4 Wochen gewaschen, weil einfach die Zeit fehlte. Es gab auch zur damaligen Zeit weder Nachthemden noch Schlafanzüge. Waren die Hemden, die man tagsüber anhatte, schon recht verschwitzt und schmutzig (bei Erntearbeit oder Dreschen), dann wuschen wir uns und zogen beim Bettgehen ein frisches, sauberes Hemd an. Wie hätten sonst unsere Betten ausgesehen? Die Hemdkrägen von den Männern, wenn sie verschwitzt und dreckig waren, mussten fest mit der Waschbürste gebürstet werden. Schnell hat man sie dabei aufgeraut. Mit dem Haarreiber war die Kragenwascherei schonender und der Schmutz war trotzdem weg. Meine Mutter erzählte uns Kindern öfters, dass man zu ihrer Kindheit nur mit Haarreiber gewaschen hat. Damals wurde halt recht gespart und brauchten die Leute keine Waschbürsten zu kaufen. Männer trugen höchstens zur Hochzeit weiße Hemden. Am Sonntag knöpften sie an ihre farbigen Hemden einen weißen Gummikragen. An diesem Kragen befand sich auch noch eine weiße Gummibrust. Ich kann mich noch gut erinnern, wie der Vater zu meiner Kindheit seinen Kragen an sein buntes Hemd anknöpfte. Das hat ihn auch manchmal etwas gefuchst. Ich weiß auch das noch, wenn wir im Sommer, wo es doch manchmal recht heiß war, mit dem Vater vom Gottesdienst nach Hause gingen, hat mein Vater seine Joppe ausgezogen und den Gummikragen mit Gummibrust abgeknöpft und in die Hand genommen. Der muss ja sehr heiß gewesen sein.

An eines kann ich mich auch noch gut erinnern. Wenn wir Vaters Feuerwehrhelm und seine Messingknöpfe auf Hochglanz bringen mussten (Helm und Knöpfe waren früher Messing). Da haben uns Kinder die Fingerl manchmal wehgetan. Mit Sidol mussten wir fest abreiben und dann mit Lappen nachpolieren. Für die Knöpfe hatten wir eine Holzspange. In sie passten genau 6 Knöpfe. Damit ging die Putzerei viel schneller. Zum Fronleichnamsfest oder zu anderen kirchlichen Festen musste die Feuerwehr auf Hochglanz antreten. Auch zum Bauernjahrtag. Das war recht schön, wenn die Helme in der Sonne so blitzten. Nach dem Krieg 1945 gab es keine Messinghelme mehr. Da hatten die Feuerwehrmänner dann rote Helme.

Spar, spar für die bösen Jahr

Spar, spar für die bösen Jahr, für das graue Haar, so haben uns Vater und Mutter immer belehrt. Auch Besen oder Beserl wurden nicht gekauft. Für Küche, Stube und Vorhaus (auch Flöz genannt) haben wir Wischgrassertbesen benützt. Aus Tannenästl, die wir aus unserem angrenzenden Wald von dem Unterstand der kleinen Tannen abgebrochen haben. So ungefähr 6 bis 8 Ästlein, die etwa 70 cm lang waren, zweimal zusammengebunden. Dann schob man einen spitzen Besenstiel rein, ungefähr 80 cm lang. Mit diesem Besen kehrten wir den Staub und Schmutz im Haus zusammen. Wenn wir Vorhaus und Gred am Samstag sauber putzten mit Wasser und Reisigbesen, legten wir einige Tannenästlein vor die Haustür und vor die unterste Gredstufe. Das waren unsere Fußabstreifer. Es gab auch zur damaligen Zeit keine Kehrrichtschaufel und auch kein Beserl, was heute im Haushalt gar nicht mehr wegzudenken wäre. Ein fester Pappendeckl ersetzte die Kehrichtschaufel und der Flederwisch das Beserl. Zum Hausstiegen-Runterkehren oder Entfernen der Spinnweben nahmen wir auch den Flederwisch. Die hatten wir genug. So wurden von den geschlachteten Gänsen die Flügelspitzen abgeschnitten und getrocknet, das gab pro Gans zwei Flederwisch. Meine Mutter hat öfters Flederwische verschenkt. Was hätten wir sonst mit diesem vielen Zeug gemacht? Wir hatten ja alle Jahre Gänse. Die waren auch ganz gute Wächter. Wenn sich Fremde unserem Hof näherten, haben sie alle fest geschrien und gezischt, bevor unser Hofhund zu bellen anfing.

Zurück zur Besenbinderei. Kann mich noch gut erinnern, wie sich mein Vater aus unserem Wald recht langes Nagelmoos suchte und das nahm er zum Besenbinden her. Dieser Besen sah so aus wie der jetzige Rosshaarbesen. Einen solchen Stiel drin, wie sie halt jetzt auch sind. Der Besen wurde nur verwendet im Dachboden zum Getreidezusammenkehren. Von unseren Gänsen, die wir alle Jahre großfütterten, haben wir einen Teil selber gegessen. Die restlichen wurden bis vor Weihnachten gefüttert und verkauft. Eine geschlachtete Gans reichte genau eine Woche. Eine viertel Gans wurde in eine große Bratreine gelegt, auf beiden Seiten gesalzen und gepfeffert, etwas Wasser und ziemlich viel Kartoffel in große Würfel. Dann rein ins Rohr und schön braun links und rechts gebraten, Knödel dazu, das schmeckte fein. Einmal gab es dann das Gänsejung, Flügel, Füßerl, Magen, Leber, Kragen und Kopf (gebeizt, reichte auch 2 Tage). Am Freitag gab es kein Fleisch. Dann war die Woche vorbei. Man hat auch immer das Essen eingeteilt zur damaligen Zeit. Wir wurden nicht zum Vielfraß erzogen (das ist auch nicht gesund). Wir haben trotzdem gut gegessen und dabei sparen gelernt.

Es gab auch viel Abwechslung beim Essen. Kraut war dabei groß geschrieben auf jedem Hof. Vor der Mittagsmahlzeit und vor dem Abendessen gab es ein Schüsserl Sauerkraut gekocht und mit Brandschmalz aufgeschmalzen und Schnittlauch drauf. Wo man früher auch noch die Dienstboten hatte auf den

Bauernhöfen. Je größer der Hof, desto mehr Dienstpersonal war nötig. Wer kein Kraut hatte, gehörte zu den notigen Leuten (das war eine alte Benennung) oder beim Krautfass geht die Not an.

Krauteintreten nur
mit sauberen Holzschuhen

Wenn ich da noch zurückdenke ans Krauteinmachen. Zu Kirchweih wurden die Krautköpfe auf dem Feld gehackt mit einem Beil und heimgefahren. Entweder auf der Stadltenne oder seitlich vom Streuschupfen aufgeschlichtet. Dort blieben die Krautköpfe liegen, bis die Grasfütterei bei den Kühen zu Ende war. Das war meist um Martini (11. November). Dann gings zum Krauteinhobeln. Hierzu gab es auch allerlei Vorbereitungen. Als Erstes musste das restliche alte Kraut aus dem Krautfass herausgeholt werden. Das war meist noch ein Holzzuber voll. Darüber kamen sauber gewaschene Bretter, mit einem großen Stein beschwert. Ein Kübel frisches Wasser darüber gegossen, so blieb das Ganze stehen. Jede Woche, genauso wie dies mit dem großen Krautfass vorher geschah, wurde das Kraut abgeputzt. Ein kleiner Holzkübel, da kam unsere Wochenration rein. Die Krautbretter und auch die Steine wurden nur mit kaltem Wasser sauber gewaschen. Das große Krautfass wurde umgelegt und ganz sauber innen und außen geputzt und wieder an seinen alten Platz gestellt. In dieses Krautfass passten 12 Zentner Kraut. Hernach gings übers Krauteinhobeln. In der Stube wurde der Holzboden sauber gemacht. Eine lange Fürbank zu der Wandbank hingestellt. Diese Wandbänke gab es in jeder Bauernstube auf allen Höfen. Der Krauthobel wurde vom Dachboden geholt und sauber gewaschen. War er dann gut trocken, legten wir den Hobel mit einem Ende auf die Wandbank, das andere Ende auf die Fürbank. Vater hat den Krauthobel auf beiden Bänken festgemacht. Zwischen den beiden Bänken fiel das gehobelte Kraut auf den Boden. Auf diesem Krauthobel waren 6 quer eingesetzte Messer (ziemlich scharf) und ein Holzschuber. In diesen Holzschuber wurden die halbierten Krautköpfe reingelegt, fest angedrückt und über die sechs Messer hin- und hergeschoben. Dabei musste man sehr achtgeben, dass man sich nicht an den Fingern geschnitten hat. Bei der Arbeit mussten alle zusammenhelfen. Die einen haben die Krautköpfe schön geputzt, das heißt, die nicht brauchbaren Blätter weggeschnitten und den Strunk herausgenommen. Mit einem Schwingerl oder Korb trug man die Krautköpfe in die Stube auf den Tisch. Den Blätterabfall bekamen die Kühe zum Fressen. Auf dem Stubentisch lag noch ein dickes Brett, auf dem wurden die Krautköpfe mit dem Krautsäbel halbiert. War schon ein Haufen durchgehobelt, trugen wir mit einem geflochtenen Schwingerl das Kraut raus in die Flöz (Vorhaus) und schütteten es in das dort stehende leere Krautfass. Waren schon mehrere Schwingerl Kraut im Fass, hat sich eines von uns fertig gemacht zum Krauteintreten. Das hab ich auch öfters gemacht. Dazu hat man neue, saubere Holzschuhe angezogen.

Die Krauteinmacherei ging so lange dahin, bis das Krautfass voll war. Wir haben das Kraut nie eingesalzen oder Erbsen reingestreut, was manche Leute machen. Unser Kraut war immer gut. Die Hauptsache ist und war immer die Reinlichkeit. Obenauf kamen dann die gewaschenen Krautbretter. Zum Einschweren hatten wir einen großen Bruchstein. Auch er wurde vorher gewaschen. Auf einer dicken Holzplatte, die an das Krautfass angelehnt wurde, haben wir den schweren Stein hinaufgekollert. Zu der Arbeit holten wir uns Zusatzkräfte. War der Stein dann oben, ist er langsam im Krautfass eingesessen. Jeden Tag mussten einige Eimer frisches Wasser über das eingeschwerte Kraut gegossen werden. Das Kraut fing dann an zu gären. Im Krautfass war ganz oben ein rundes Loch eingeschnitten. In dieses Loch wurde eine ungefähr 30 bis 35 cm lange Holzröhre gesteckt, damit das weißschaumige Gärwasser ablaufen konnte. Darunter stellten wir einen großen Blecheimer. War er voll, musste er immer wieder geleert werden. Jeden Tag musste frisches Wasser in das Krautfass nachgegossen werden. War der große Stein im Fass schon eingesunken, musste er wieder herausgehoben werden und auf der dicken Holzplatte, wo wir ihn nach oben befördert haben, nach unten gerollt. Dabei hab ich meist ein leises Stoßgebet verrichtet, wenn da schon nichts passiert ist und es nur bei Hautabschürfungen blieb. Die Hautabschürfungen haben wir uns immer mit Pech ausgeheilt. Wir sind in den nahen Wald gegangen, haben ein sauberes Leinenfleckerl mitgenommen und an jungen Tannenbäumchen die kleinen Rindenblasen am Stamm aufgeschlitzt und das glasklare Pech auf Leinenfleckerl gestrichen, dann auf die wunde Stelle gelegt und eingebunden. Da ist dann alles wieder schnell verheilt. Das zeigte uns der Vater schon, als wir Kinder noch gar nicht zur Schule gingen.

Auf das Krautfass kamen mehrere Bruchsteine zum Beschweren, als der große entfernt war. War das Kraut fertig mit der Gärung, musste alle 14 Tage das Kraut abgeputzt werden. Die Steine rausheben und abwaschen, die Krautmuder[23] ent-

---

23) *Krautmuder:* Eine weiße, dicke, schleimige und zähe Haut, die sich auf dem Krautfass stets neu bildet und alle vier Wochen entfernt werden muss.

fernen, die Krautbretter raus. Alles wurde kalt abgewaschen. Unsere Wochenration in den vorher auch sauber ausgewaschenen Holzkübel rein, mit einem gewaschenen, runden Holzdeckel drauf und mit einem Stein beschwert und frisches Wasser darüber. Genauso wie im großen Krautfass. Reinlichkeit war überall groß geschrieben. Man wusste genau die Plätze, wo das Ganze einer Schweinerei glich, wenn man da in ein Krautfass schaute, wo sich alles rührte.

Wenn das Kraut auf dem Feld zeitig war, ist es öfters passiert, dass nachts Krautköpfe entwendet wurden. Besonders während der Kriegszeit. Aus den Kartoffeläckern wurden nachts Erdäpfel gestohlen, manchmal zentnerweise. Aus unserem Obstgarten haben Diebe sich Birnen, Äpfel, Zwetschgen geholt. Ja, sogar Heuschöber wurden entwendet. Der Krieg halt. Als die Stehlerei immer ärger wurde, hat der Vater unseren Hofhund rausgelassen, wenn er merkte, dass wieder nächtliche Besucher am Werk sind. Da hat es manchmal richtig gestaubt. Unser Hund hat niemanden gebissen, aber ganz wild verfolgt. Wenn Vater einen Pfiff machte, war er sofort zurück. Ab da kamen die Diebe nicht mehr, das war das wirksamste Mittel. Einmal lag ein schmutziger Papperdeckel auf einem Krautkopf. Darauf war geschmiert (Schrift konnte man dazu nimmer sagen): »Wer auf Gott vertraut, der braucht koa Kraut.« Zum Stehlen auch noch spotten.

Auf dem Getreidefeld

Wenn ich da noch zurückdenke an die einstigen Arbeiten, an das Dreschen von damals. Das ist ja gar kein Vergleich, wenn sie zur heutigen Zeit Dampfdreschen zeigen. Wie haben wir da ausgesehen beim Dreschen, wie die Kaminkehrer! Nicht schwarz, aber grau. Zu unserer Zeit wurde alles Getreide in den Stadl gefahren und dort in den Getreideösen aufgeschlichtet. Die leeren Ösen wurden erst mit Weihwasser besprengt. Auch die leeren Heuösen, ehe man mit dem Getreideeinschlichten und dem Heuabladen begann. Alles Getreide wurde mit der Sense abgemäht, wenn es reif war. Nur handgearbeitet, auch das Heu. Jeder Schnitter beim Getreide hatte seine Nachklauberin. Garbe für Garbe musste mit der Sichl aufgeklaubt werden und gleich zusammengebunden. Hier musste flink gearbeitet werden, dass man hinter dem Schnitter auch nachkam und nebenbei brannte die Sonnenglut heiß hernieder. Bei der Erntearbeit trugen wir gerne weite Strohhüte, da konnte uns die Sonne die Gesichter nicht gar so verbrennen. War dann das Feld abgemäht, wurde mit dem Korn- oder Weizenmandlaufstellen begonnen. Immer acht Garben zusammengestellt. Unter den Ähren wurden die Getreidemandl mit einer Goashalftern zusammengebunden. Die Goashalftern war ein aus Stroh gefertigtes Band, nicht zusammengedreht. Wenn wir Kinder die ersten zusammengestellten Garben halten mussten, fielen uns die Korngräten in den Hals. Die Weizengarben haben wir lieber gehalten. Einmal geriet mir eine Korngräte ins Auge. Das tat weh, bis sie der Vater entfernen konnte. Diese Korn- oder Weizenmandl blieben stehen, bis sie gut ausgetrocknet waren. Wenn ab und zu ein Gewittersturm tobte, ist es schon vorgekommen, dass er auch Getreidemandl umwarf.

Hafer und Gerste wurden auf Mahten gemäht. Sie wurden

mit hölzernen Umkehrern umgewendet. Meist war in Gerste und Hafer auch noch Klee eingesät. Dann brauchte Hafer und Gerste länger, bis alles gut getrocknet war. War das Zeug getrocknet, gabelte man alles bauschweise zusammen, und zwar so, dass die Ähren auf eine Seite standen. Reihenweise, damit man mit dem Wagen durchfahren konnte. Wenn die Getreidemandl gut getrocknet waren, wurden die Goashalfter abgenommen und in einen Garbenbund gesteckt, die Mandl vorsichtig umgelegt. Eine Garbe nach der anderen hingelegt, dass die Ähren alle nach einer Seite standen. Beim Aufgeben auf den Truger[24]) oder Leiterwagen wurden die Strohbauschen so hochgehoben, dass die Ähren nach innen standen. Die Fasterin auf dem Wagen musste die Strohbauschen schön gleichmäßig schlichten. Es wurden große Fuder zusammengebaut. Da durfte nichts schief sein, bei uns war es ja bergig. Sonst hätte man die Fuder Getreide leicht umgeworfen auf der Heimfahrt. Die Getreidegarben mussten genauso schön auf den Wägen geschlichtet sein wie die losen Strohbauschen. So war es auch bei den Fuder Heu. Eine Fasterin konnte schon stolz sein, wenn die Fuder Getreide oder Heu aufgebaut waren wie Zündholzschachteln. Damals gab es auch noch keine Heugitter an den Truger und Leiterwägen. Die kamen erst später auf. Die Fasterin hab ich selber schon gemacht. Damals musste man dem Aufgeber sagen, wohin das Getreide oder Heu kommt. Zum Anlegen (das war der Eckbausch) oder »zuara oder in d'Mitt«. Das Getreide und auch das Heu, alles Handarbeit. In meiner Kindheit wurde bei uns nirgends Mais gesät. Wir haben uns

---

24) *Truger, Trugerwagen:* Truhenwagen, ein Fahrzeug, das statt der sonst gebrauchten seitlichen Leitern feste Bretterwände hatte, um die Getreidekörner auf der Fahrt vom Acker zur Scheune nicht zu verlieren.

damals zu Hause ab und zu einen Zentner Kuckuruz im Lager-
haus gekauft für die Hühner und Tauben, die fraßen ihn gern.
Zu unserer Zeit steckten wir die Runkelrüben-Pflanzen, die wir
im Hausgartl herangezogen haben, auf die Felder (aber ohne
Gummihandschuhe, weils zu unserer Zeit noch gar keine gab).
Erst später haben wir uns entschlossen, die Pflanzerlsteckerei
aufzugeben. Der Grund: das oft ausbleibende Regenwetter. Wir
setzten Runkelrübensamenkörner gleich in die Äcker mit der
Hand. Dafür mussten wir öfters das Gras ausreißen und die
Pflänzlein überziehen, wenn sie zu dicht aufgegangen waren.

Die Fasterin und der Wiastbaum

Zurück zu unseren Truger und Leiterwägen und wie die
ausgerüstet waren, dass man so große Fuder Heu oder Getreide auflegen konnte und sie gut in den Stadl brachte, ob-
gleich es bei uns bergig war. An den Truger und Leiterwägen
waren hinten und vorne hölzerne Winden mit einem dicken
Heuseil daran. In die Winden waren je zwei rechteckige Löcher
eingestemmt, sodass die Windlöffl gut reinpassten (auch die
waren aus Holz). Die Holzwinde war mit runden Eisenreifen
beschlagen, dass die Winde nicht auseinanderbrechen konnte.
An Truger und Leiterwägen waren um die Winden die Heuseile
gespannt und die Windlöffl darübergehängt. Der Wiastbaum[25]
war vorne rechts, seitlich am Heuwagen an einem kleinen Ket-

---

25) *Wiastbaum, Wiesbaum:* Lange, schlanke Holzstange, die über das vollge-
    ladene Fuder gelegt und vorn und hinten mit Seilen festgezurrt wurde.
    Sollte die Ladung festhalten.

terl aufgehängt und an der Seite hinten mit dem Seilende von der Heuwinde festgebunden. War das Fuder Heu oder Getreide fertig aufgelegt, wurde der Wiastbaum von der Trugerwagenseiter runtergenommen und von hinten in der Mitte vom Fuder Heu oder Getreide hinaufgehoben. Die Fasterin nahm dann den Wiastbaum und schob ihn noch so weit nach vorne, wie es zum Niederbinden nötig war. Der Aufgeber hat inzwischen die

Heuseile von den Winden gelöst und der Fasterin zugeworfen. Die machte mit dem Seil eine Kreuzschlinge um den Wiastbaumkopf und warf das Seilende dem Aufgeber wieder herunter. Dieser steckte es durch das Windloch und zog es dabei fest an. Am Schluss machte der Aufgeber mit dem Seilende noch einen Schlingknopf um die Seilwinde. Dasselbe wurde dann am Fuder hinten gemacht.

War das fertig, stieg die Fasterin am gekreuzten Heuseil runter, nahm die hölzernen Windlöffl zur Hand und klopfte sie zusammen. Das war das Zeichen für den Aufgeber, der vorne beim Fuder stand, dass die Niederwinderei beginnen kann. Zu gleicher Zeit war das Fuder Heu oder Stroh fest niedergebunden (das war nötig, dass auf der Heimfahrt nichts verrutschte). War es recht schief, musste mit langen Gabeln angehalten werden, dass die Fuder nicht umfielen. Wir brauchten auch an den Heu- und Getreidewägen oder sonstigen Fahrzeugen Spürstöckl auf beiden Seiten der Vorderräder. Die mussten immer in Ordnung sein. Wenn man den steilen Berg herunterfuhr, musste eine verlässige Person beim Spürwerfl sein (»eindreim« hieß man das nach dem Volksmund).

Die Zeit, als ich zu Hause arbeitete, haben wir nie ein Fuder Heu oder Getreide umgeworfen. Beim Heu wäre das weniger Schaden gewesen. Die Arbeit hätte sich nur verdoppelt. Schlimmer hätte sich das beim Getreide ausgewirkt. Das Getreide wurde ja nur eingefahren, wenn es gut trocken und resch war. Beim Getreide-Fuder umschmeißen hätte das einen großen Körnerverlust ergeben, besonders beim Weizen. Wenn man so ein Fuder Getreide auf der Stadltenne abgeladen hatte, was da an Körnern auf dem Wagen lagen! Mit Reisigbesen hat man sie vom Wagen gekehrt und auf der Tenne dann zur Seite, sonst hätten die Wagenräder die Körner zerquetscht, wenn die nachfolgenden Getreidefuder in die Stadltenne eingefahren wurden. Wenn wir Getreide heimfuhren, hatten wir meist Taglöhner. Da ging es Mittag schon zeitig los. Die einen mussten die Getreidefuder auflegen und heimfahren. Die anderen abladen und in den Getreideösen aufschlichten. Bis der Wagen mit dem Getreide voll beladen wieder vor dem Stadltor stand, musste der Wagen, der auf der Tenne war, geleert sein. Die Ochsen, wenn das Getreidefuder auf der Tenne stand, wurden gleich umgehängt an den abgeladenen Wagen und los ging's wieder. So wurde den ganzen Nachmittag gefahren, ja tagelang dauerte diese Arbeit, bis die Felder abgeräumt waren. Wenn es recht heiß war, bekamen auch unsere Ochsen in Blecheimern Wasser hingestellt, weil Tiere genauso Durst hatten wie die Leute. Die Erntezeit war für Mensch und Tier Schwerstarbeit. Das dauerte Wochen.

Mit Gestank gegen Plagegeister

Was für die Zugtiere, ob Ochsen, Stiere oder Pferde bei der schweren Arbeit in der Hitze noch sehr schlimm war, das sind die lästigen Bremer gewesen. Diese Blutsauger! Als wir Kinder noch kleiner waren, mussten wir mit Stauden die Bremer abwehren. Dabei hat uns auch ab und zu ein solches Biest gestochen. Der Einstich von so einem Blutsauger hat immer recht gejuckt. Vater hat später in der Apotheke Bremeröl gekauft. Mit dem haben wir dann unsere Zugtiere angestrichen. Das Öl hat recht gestunken. Dann sind diese Blutsauger an die Viecher nicht mehr so rangeflogen. Ein bremerscheues Zugtier konnte man nicht brauchen. Wir hatten Gott sei Dank nie so etwas im Stall. Bei einem Nachbarn von uns hatten sie so einen bremerscheuen Ochsen. Wenn der eine Bremse hörte, ist er durchgegangen, egal, ob er an Egge oder Pflug oder Wagen gespannt war. Den Ochsen mussten sie zum Schlachten verkaufen, obwohl er noch sehr jung war. Bei Pferdegespannen hat man an die Wagendeichsl Bremerfassl hingehängt. Darin hat man alte Lederreste und Hufspäne verbrannt. Das hat recht gestunken, dann sind die Bremer an die Pferde nicht so rangeflogen. Waren die Getreidefelder abgeräumt, wurde mit dem Stroafrechen[26] die losen Getreidehalme mit den vollen Ähren, die noch verstreut auf den Feldern lagen, auf Zeilen zusammen»gestroaft«. Von diesen Rechen besaßen wir zwei Stück. Die Rechen waren extra für diesen Zweck gefertigt. Das waren zwei breite hölzerne Rechen nebeneinander in ein leichtes Holzgestell eingebaut und ein Stiel daran zum Ziehen. Die zusammengestroaften Strohzeilen gabelten wir auf Haufen und fuhren sie mit dem Trugerwagen heim. Dort leerten wir es sortenweise auf die Getreideösen. Waren die Felder abgeräumt, begannen wir gleich mit dem Stoppelnumackern. Das war im August.

»Der Kittlbaumann ist wieder da!«

Hier war es noch sehr heiß bei Tage, deshalb musste die Ackerei schon recht früh am Morgen geschehen. Hier wurde nur ein Zugtier vor den Pflug gespannt. Nur eine Stunde, dann kam das nächste Zugtier ran, war noch eine dritte Zug-

---

26) *Stroafrechen:* Ein großer, weitzinkiger Holzrechen, mit dem das noch auf der Stoppel liegende Getreide zusammengestreift wurde.

kraft im Stall, kam auch die noch an den Pflug (Stoppeln-umackern geht leicht, weil es nicht so tief geackert wird). Um 6.00 Uhr früh spannte man aus. Die Ochsen oder Bullen muss-ten ja noch gefüttert werden. Damals galt auch noch der Spruch »wer bis Bartlmä die Roggen und Weizenhaim nicht umgeackert hat, dem scheißt der Bartl rein«. Da wurde dann gespottet. Beim Haimackern ist auch manches passiert. Die unentdeckten Wespennester! Je nachdem, wie der Pflug das Nest erwischte. Schlimm war es, wenn das nur halbiert wurde. Da gab's Wes-penstiche für mich und auch den Stier oder Ochs. Meist hab ich gleich ausgespannt. Die Tiere laufen da gerne davon. Mir ist Gott sei Dank nie einer durchgegangen. Bei den Mäusenestern, die bei der Ackerei zum Vorschein kamen, hab ich das Zeug mit der Pflugreidl[27] erschlagen. Auch alte Mäuse hab ich dabei er-wischt. Hatten wir eingeerntet, das war meist um den 20. Au-gust, haben wir gleich das Dreschen begonnen. Vorher wurde das restliche Getreide vom Vorjahr auf den Dachboden einge-schaufelt und verkauft. Der Dachboden wurde dann sauber zu-sammengekehrt. Mein Vater hat das immer so gemacht, wenn eine Missernte gewesen wäre, durch Haglschlag oder sonstiges Unwetter, wäre noch Reserve genug da gewesen an Getreide fürs nächste Jahr. Getreide wurde bei uns viel verschrotet. Für die Kühe, Ochsen, Bullen und für die Schweine. Wir hatten ja sel-ber eine Schrotmühle.

Weizen und Korn, das wir zum Essen brauchten, fuhren wir zum Müller zum Mahlen. Mehl brauchten wir zum Kochen

---

27) *Pflugreidl:* Der alte Holzpflug hatte zum Öffnen der Erde, die die Pflug-schar dann umwendete, die »Seen«, eine Art grobes Messer. Gras und Unkraut wickelte sich oft um die »Seen«, die dann nicht mehr schnitt. Der Bauer stieß mit der Pflugreidl, einem langen Holzstecken mit fla-cher Breitspitze, die »Seen« wieder frei.

und Brotbacken. Die Kleie, die man zurückbekam, verfütterten wir für unsere Vieher. Der Müller wurde bezahlt für seine Arbeit und behielt sich seine Maut. Wie viel das Pfund Mehl waren, weiß ich nicht. Um das hab ich mich nicht gekümmert. Das hat der Müller mit dem Vater ausgemacht. Mit den Ochsen bin auch ich öfters in die Mühle gefahren nach Antersdorf. Ah, sagte der Müller immer zu mir, heut ist der Kittlbaumann[28] wieder da. Damals trug die weibliche Jugend noch keine langen Hosen, was sie zur jetzigen Zeit trägt. In der Mühle mit dem Fuhrwerk angekommen, stieg ich auf den Wagen und stellte die dort liegenden Getreidesäcke auf. Der Müller trug sie weg. Kurze Zeit darauf brachte er die Säcke mit Mehl gefüllt zurück. Mit einer blauen Kreide zeichnete er auf die Säcke I oder II oder III. Im Sack mit I war erster Gang. Im Sack mit II war zweiter Gang. Sack mit III war dritter Gang, das war das Preinmehl[29]. Die Kleie wurde extra in kurze Säcke gefüllt. Da gab es die Weizenkleie und die Roggenkleie, genauso wie Weizen- und Roggenmehl. Alles getrennt in Säcken. Aus Weizen ließen wir uns manchmal Grieß malen. Bin ich mit der Mühlfuhr zu Hause angekommen, spannte ich die Ochsen ab und hing sie rein in den Stall. Dann trug ich die gefüllten Mehlsäcke auf den Speicher. Das Mehl wurde in die dort stehenden Mehltruhen geschüttet. Vater oder Mutter halfen dann dazu. In jeder Mehltruhe befanden sich Fächer. Gangweise wurde beim Einfüllen

---

28) *Kittlbaumann:* »Baumann« hieß der große Knecht auf dem Bauernhof, wenn er selbstständig arbeitete oder gar anstelle des Bauern. In der alten Welt war ein Baumann stets ein Mannsbild, kein Mädchen, das einen »Kittl« trug. »Kittlbaumann« ist also eine scherzhaft-anerkennende Frozzelei, die die Leistung der Kagerbauerntochter würdigt.

29) *Preinmehl:* Eigentlich Braun- oder Bräunmehl, das nach dem dritten Mahlgang herauskam, zum Viehfüttern verwendet.

in die Fächer alles sortiert. Für die Kleie und Schrotgetreide hatten wir extra eine kleinere Truhe.

Das war so eine Mühlfahrerei während des Krieges! Da gab es Mahlscheine, alles war rationiert. Wer hätte denn mit dem Erlaubten gereicht? Zu der schweren Arbeit, die wir zu verrichten hatten? Ich bin Gott Lob nie kontrolliert worden. Angst musste man schon haben. Es hat schon einige Spinner gegeben, vor denen man sich fürchten musste. Die Getreidehaufen wurden fleißig kontrolliert, ob nicht doch noch was übrig wäre zum Abliefern. Kann mich noch gut erinnern, wie ein guter Nachbar schon in aller Frühe ganz eilig auf unseren Hof zukam, ans Küchenfenster klopfte und sagte: »Nachbar, die Dachbodenbumberer kommen heut.« So gab einer dem anderen Wind, wenn er was erfuhr. Ja, man musste Getreide verstecken, die hätten einem das letzte Körndl weggenommen. Das war während des Krieges. Wenn der Dachboden geleert und sauber gemacht war, fingen wir mit der Drescherei an. Zu uns kam keine Dampfmaschine (ganz früher schon). Aber die Dreschmaschinenfahrerei zu uns rauf war so schwer, dass sich der Vater entschloss, einen Dreschwagen selber zu kaufen. Einen schweren Rohölmotor hatten wir ja schon. Dieser Dreschwagen war ein Breitdrescher.

Schinderei am Dreschwagen

Wenn ich da noch daran denke, das war eine Arbeit! Das gedroschene Getreide lief vorne mit Gräten und Fleie herunter. Das war für uns Kinder die Arbeit. Mit der Getreideschaufel mussten wir das Zeug an die Seite von der Tenne schaufeln. Das wurde jedes Mal ein großer Haufen. Die er-

wachsenen Leute banden das gedroschene lose Stroh, welches
am Dreschwagen hinten rauskam, in Bündl zusammen. Schab-
binden hieß das damals. Mutter hat meist die Getreidegarben aufgeschnitten. Vater hat das lose Getreide in den Dreschwagen gegeben. Eingeben hat das zu unserer Zeit geheißen.

Im Getreidestock war noch ein Außerwerfer, das war auch ein Taglöhner. Beim Strohbinden waren auch drei Personen, auch Nachbarsleute. Gedroschen wurde nur am Nachmittag. Am nächsten Vormittag stellten wir die Windmühle neben diesen ungereinigten Getreidehaufen hin. Nacheinander schaufelte der Vater diesen Getreidehaufen in die Windmühlgosche ein, während eine Person beim Werfel fest umdrehen musste. Die Gräten oder Fleie flog hinten bei der Windmühle raus. Das gereinigte Getreide lief vorne runter. Mit der Getreideschaufel schob der Vater das herunterlaufende Getreide weg auf einen Haufen. War alles durchgedreht, was auf der Tennenseite lag, trugen wir die Windmühle aus dem Stadl und stellten sie seitlich vom Streuschupfen hin. Hernach wurden Fleie oder Gräten mit der Streukirm weggetragen. Der Getreidehaufen wurde in Säcke geschaufelt. Die Säcke trug der Vater damals auf den Dachboden und leerte sie sortenweise auf Haufen.

Diese Arbeit ging Tage dahin. Am Vormittag abmahlen und alles wegräumen, am Nachmittag dreschen. Wir waren immer froh, wenn endlich die Drescherei zu Ende war. Im Jahr 1937 kaufte der Vater einen neuen Dreschwagen. Der hat das Getreide marktreif gedroschen. Erst dann merkten wir, was das für eine Erleichterung war. Die Zeit, welche wir vorher mit der Getreideabmahlerei brauchten, konnten wir dann auf dem Felde oder beim Obst verwenden. Zu der Zeit war ja das Frühobst schon zum Ernten. Die Arbeit ging uns nie aus. Obwohl wir auch noch Taglöhner auf dem Hof hatten, ob das beim Heuen, Ernten oder Dreschen war. Auch zum Erdäpfelklauben halfen uns Nachbarn oder auch Leute, die bei uns Kartoffeläcker hatten. Nur mit dem Obst, das machten wir meistens allein. Wenn recht viele Falläpfel im Garten lagen und wir schon einen Termin hatten, bis wann wir sie liefern müssten, haben uns Nachbarn beim Zusammenklauben und Wiegen geholfen. Der Obstgarten brachte immer Zusatzarbeit, aber auch Einnahmen. Man brauchte zu allem Geduld und durfte keine Mühe scheuen. Das galt bei jeder Arbeit zu früherer Zeit. Auch bei den Ackergeräten! Diese hölzernen Pflüge und Eggen! Das Getreidesäen mit der Hand, das Unkrautausreißen, alles mit Händen. Man arbeitete flott und war dabei zufrieden. Das Misteinreiben mit den Rechen auf den Bergwiesen, sobald im Frühjahr der Schnee zu schmelzen begann. Wiedhacken, das fingen wir auch schon bald an im März. Sobald die Sonne schon wärmer schien. Vor dem Haus neben dem Backofen haben wir uns einen großen Wiedhaufen hingeschlichtet. Dieser Haufen ergab einige Hundert Bündl Wied, was wir halt so brauchten, das ganze Jahr über zum Heizen und Anzünden in den Öfen. Heute kommt die Wiedhackmaschine auf die Bauernhöfe. Dann ist in einigen Stunden alles vorbei.

Weinend auf dem Pflug sitzen

Das Aussehen der einstigen hölzernen Pflüge: Habe selber damit viel geackert, deswegen kann ich sie so gut beschreiben. Dieser Holzpflug lag mit dem hölzernen Pfluggründl auf dem Pfluggritterert (so nannte man das Gestell mit zwei hölzernen Sprossenrädern, die mit Eisenreifen überzogen waren). Der Durchmesser so ungefähr 50 bis 60 cm. Am Pfluggritterert war vorne an einem breiten festen Holzstück ein großer Eisenhaken mit Bandeisen-Beschlägen befestigt. In diesen Haken wurde das Zugscheit eingehakt, wenn nur ein Zugtier vorgespannt war. Wurden zwei Zugtiere eingespannt, zum Beispiel beim Kleereißen oder Herbstackern, ging es viel schwerer, weil tiefer geackert wurde. So hat man in den großen Haken am Pfluggritterert die Ackerwaage eingehängt. An dieser wurden zwei Zugscheitl angeknöbelt. Das Pfluggritterert war zum Regulieren, in dem sich Löcher zum Hakeneinstechen befanden. Das benötigte jeder Bergbauer. Eine schwierige Arbeit mit der bergigen Welt in jeder Art. Davon könnte ich ein Lied singen. Am Pfluggründl hat man die tiefe und seiftere Umackerung[30] gesteckt. Es ist mir einige Male passiert, dass der hölzerne Pfluggründl abriss. Meist wenn der Pflug einen großen Stein erwischte oder eine dicke Baumwurzel, die bei uns in die Felder, wo ringsum Wald stand, hereingewachsen waren. Das Pflugrüasternhalten war für den Ackerer die schwerste Arbeit. Das war die Führung vom Pflug. Es war genauso wichtig wie das Ziehen und Einstellen. Man musste da sehr aufpassen, dass ja keine Saunirscherl[31] in die umgeackerten Felder reinkamen.

Einmal war ich mit den Ochsen beim Kleereißen. Der Kleeboden war so hart, dass der Pflug lauter große Kegel herausgrub. Mir taten die Arme schon so weh, dass ich den Pflug kaum noch halten konnte (ich war damals 15 Jahre). So ließ ich die Ochsen stehen und setzte mich auf den Pflug und fing an zu weinen. Die Ochsen waren auch froh, wenn sie rasten konnten. Kommt der Vater den Berg herauf und schaute nach, was denn da fehlt, weil ich auf dem Pflug saß und heulte. Ach, sagte er, spann gleich die Ochsen ab, da ist ja die Pflugseen ganz verbogen und die Pflugschar auch schon ganz stumpf. Ich brachte

---

30) *Seiftere Umackerung*: Oberflächliches, nicht tiefgehendes Umackern der Stoppelfelder, auch »schälen« genannt.

31) *Saunirscherl*: Wenn bei schlampigem Ackern die Furchen nicht sauber aneinandergereiht waren und Mulden entstanden, nannten die Bauern das »Saunirscherl«.

die Ochsen heim in den Stall. Vater schraubte die Seen und die Pflugschar ab und trug sie gleich zum Schmied zum Ausbiegen und Schärfen. Hernach ging die Kleereißerei wieder besser. Von diesen Holzpflügen besaßen wir zwei Stück. Der zweite Pflug war ein Wendepflug. Bei dem konnte man das Eisengestell, an dem die Pflugschar angeschraubt war, wenden. Der dritte Pflug war ein Häufelpflug, der war ganz aus Eisen und lief nur auf einem Eisenradl. Den Pflug benötigten wir für Kartoffeln, Kraut und Runkelrübenäckerausfurchen. Erst zu späterer Zeit kamen dann die eisernen Pflüge auf, die damals genannten Selbstgeher und Pravanter. Da war die Ackerei viel leichter. Dann merkte man erst, wie umständlich die Arbeit mit diesen Holzpflügen einst war.

Dasselbe war es auch mit dem Getreidesäen mit der Hand (mit dem Sätuch). Das Getreide, welches man als Samgetreide verwendete, fuhr man zuerst zum Triehern[32]. Hier wurde das Unkrautsamenzeug erst weggeblasen. Bevor man das Getreide aussäte, wurde es damals schon gebeizt. Da waren so kleine Papierbeutel, die das rötliche Pulver enthielten, die gab es in der Apotheke zu kaufen. War das Getreide ausgesät und ist dann schön aufgegangen, wehe, wenn dann unbebaute Striche zum Vorschein kamen (die sog. Heiern). Da wurde dann gespottet und gelacht. Das bedeutete eine Kindstaufe. Ob das wirklich so war, weiß ich nicht. Ich hab zu Hause nie eine Heiern gesehen. Auch nicht, als ich mit der Sämaschine das Getreide aussäte. Wir hatten immer schönes Getreide. Die Kartoffel auch recht

---

32) *Triehern:* Entfernen der Unkrautsamen aus dem Saatgetreide mit einer damals seltenen, modernen Maschine. Es gab nur eine beim größten Bauern in Kirchberg und wer sie benützen wollte, musste sich vorher anmelden.

schön und viele. Auch das Kraut und Feldgemüse. Überall reiche Ernte, auch bei Obst. Ohne Fleiß kein Preis, das kam immer aus Vaters Mund.

Der »Rekrut« lernt das Ziehen

Als ich die schwere Arbeit in Haus und Feld übernahm, war ich 15 Jahre. Der ältere Bruder musste einrücken, Vater hatte seine durchgeschossenen Knie, der konnte die Feldarbeit gar nicht vertragen. Er klagte oft über seine Schmerzen, besonders bei Witterungsumschlag. Ich hatte auch den Stall zu verwalten und zu betreuen. Der Zeit hab ich (im Laufe der Jahre natürlich) sechs Zuchtbullen großgezogen. Das waren eingemakelte Bullenkälber, die wir uns aus Ställen, deren Besitzer beim Zuchtverband waren, kauften. Also Herdebuchvieh mit Abstammungsnachweis. Die Jungbullen mussten, eh man sie zum Decken verwendete, zur Körung. Der Zuchtbulle wurde ganz genau kontrolliert und bewertet. Sein Wachstum, seine Füße, sein Gang und auch seine Gestalt. Der Hauptteil war seine Milchleistungsabstammung, väterlicher- und auch mütterlicherseits. Da waren die Herren vom Zuchtamt aus Landshut sehr streng. Mit 1 ½ Jahren waren die Bullen deckfähig. Jeder Bulle musste auch einen Nasenring haben. Den hat der Tierarzt gestochen. Die umliegenden Bauern und Gütler brachten ihre Kühe und Kalbinnen zu unserem Zuchtstier zum Decken. Ich musste jede Kuh oder Kalbin im Deckblock und im Deckverzeichnis eintragen. Vom Deckblock (das war ein blauer Abreißblock) bekam der Kuhhalter einen Zettel mit. Darauf stand der Tag der Deckung, Name der Kuh oder Kalbin, Farbe,

Rasse. Der Block blieb in meiner Hand. Die Aufschreiberei
und den Bullen zum Decken führen, das war meine Arbeit. Im
Deckverzeichnis, das war ein großes Heft, musste ich auch die
genaue Eintragung machen. Der Gemeindediener kassierte das
Deckgeld bei den Kuhhaltern ein. Das waren damals 4 Mark

pro Kuh. Alle ¼ Jahr holten wir uns das Deckgeld ab (gegen Vorlegen des Deckheftes in der Gemeindekanzlei). Ab und zu kam ein Herr vom Zuchtamt aus Landshut und sah in das Deckverzeichnisheft. Das tat er bei jedem Zuchtbullenhalter. Dadurch hat man die Schwarzdecker ausfindig gemacht. Die wurden dann bestraft. Das war zur damaligen Zeit sehr streng.

Wir haben alle Jahre zwei Kälber von unseren Kühen großgezogen. Die restlichen wurden verkauft an den Metzger oder an umliegende Bauern. Die kauften gerne bei uns die weiblichen Kälber zur Aufzucht, weil wir recht gute Milchkühe im Stall hatten. Die Bullenkälber, die aus unserem Stall waren, wurden vom Tierarzt kastriert. Das war dann unser Ochsennachwuchs. Wir waren nicht beim Zuchtverein. Ist so ein junger Ochs ein Jahr alt gewesen, wurde er zum Ziehen abgerichtet. Erst wurde er öfters aus dem Stall geführt, dass er die Gegend kennenlernte und vor allem die Scheu verlor. Diese Arbeit machten wir meist nach Feierabend. Etwas später bekam er das Ochsengeschirr angeschnallt und wieder später spannten wir den Ochsen an kleine Holzrundlinge. Zum Ziehen abrichten nannte man das. Der eine begriff es schnell, ein anderer eben später. Den jungen Ochsen nannten wir »Rekrut«. Wenn wir bei den Nachbarn vorbeifuhren, sagten sie, ja, da habt ihr ja wieder einen Rekruten dabei. Das war immer Zusatzarbeit mit der Abrichterei. Bis er endlich am Wagen auf der Hoadseite[33] zugespannt werden konnte, brauchte es viel Zeit und Geduld. War dann der junge Ochse gut ausgebildet und kräftig genug, wurde der

---

33) *Hoadseite:* Das vom Bauern mit dem Leitstrick oder »Woahra« gelenkte Tier auf der Fuhrmannsseite hieß der »Sattlochs«. Das daneben eingespannte, »Zieher« oder »Mitläufer« genannte Tier befand sich auf der »Hoadseite«.

älteste Ochse fett gefüttert und verkauft. Die schlachtreifen Ochsen wogen 20 Zentner und oft sogar noch mehr. Da gab es dann Geld für den Vater und auch für mich vom Händler 5 Mark Taschengeld. Das war ein großer Silbertaler. Für jedes Stück Großvieh, ob Kuh, Kalbin, Bullen oder Ochs wurde vom Käufer der Taler als Stallgeld bezahlt. Das war zu unserer Zeit so der Brauch.

Aber bitter war der Abschied, wenn so ein Zugochse aus dem Stall ging. Meist waren sie nicht älter als 3 bis 4 Jahre. Erst waren wir so nah und zusammen gewöhnt. Die meisten waren dazu recht fromm und folgsam und vor allem nicht bremsenscheu. Das war ja eine der wichtigsten Eigenschaften. Als nun der Zuchtbulle im Stall öfters recht ungezogen war, wenn die müden Ochsen im Stall standen, kam mir der Gedanke, den Bullen das Ziehen zu lehren und ich hab es gemacht. Aber nur mit großer Liebe und Geduld kann man mit Stieren arbeiten. Sie sind viel klüger als die Ochsen und viel stärker. Dann gab er Ruhe, wenn die müden Ochsen im Stall standen, weil er selber müde war. Der Zuchtwart kam öfters nachsehen beim Zuchtbullen, wie es ihm geht. Hat der Herr gelacht, als ich ihm erzählte, was ich mit diesem Umtreiber gemacht hab. Dieser Herr meinte dann, das wär sogar recht gut, weil Bullen, die viel Bewegung haben, besser vererben. Hatte auch das seinen Vorteil und wir konnten den Bullen so gut brauchen bei der schweren Arbeit. Die Ochsen hatten es viel leichter, und wenn sie alle im Stall standen, war der Bulle auch ruhig.

Diese Zuchtbullen wurden auch nach 3 bis 4 Jahren wieder verkauft für den Metzger zum Schlachten. Es wurden immer wieder junge Zuchtbullen nachgezogen. Jedes Stück Vieh hatte bei uns seinen Namen, ob Kuh, Kalbin, Ochs oder Stier, auch die Aufstellkälber. Wir hatten 14 Stück Großvieh im Stall (übrigens manchmal auch mehr). Wir hatten keinen Pachtgrund. Auf unseren Wiesen und Feldern ist alles gut gewachsen. Wir haben nur mit Mist und Jauche gedüngt. Kein Kunstdünger. Die Arbeit ging uns nie aus. Der Obstgarten sorgte dafür. Die Frühobstsorten wurden ja alle geschüttelt. Die Mittelsorten (Äpfel, Birnen, Zwetschgen) mussten schon gepflückt werden. Ein Lebensmittelkaufmann aus Simbach holte sich jeden Tag bei uns einen Zentner Äpfel von den Mittelsorten. Die brachte er reißend los. Es waren ja lauter gute Sorten. Von diesen Äpfeln pflückten wir so 10 bis 15 Zentner ab und fuhren sie mit dem Trugerwagen, die Ochsen angespannt, nach Simbach zu Josef Wagner (das war auch ein Speditionsgeschäft). Der war unser größter Obstabnehmer. Auch Falläpfel verkauften wir und Mostobst. Da hatten wir auch schon unsere Leute. Genauso wie bei Kirschen und Frühzwetschgen, Pflaumen und sonstigen Frühobstsachen. Das Spätobst ließen wir recht gut ausreifen. Das war die schwerste Arbeit. Alles sorgfältig abpflücken und dann am Abend die gefüllten Körbe und Schwingen den Berg heraufschleppen.

»Liebes Finanzamt!«

Im Stadl auf der Tenne wurde ganz dick langes Stroh ausgebreitet, zu jeder Seite. In der Tennenmitte ein kleiner Gang freigelassen, sodass man schön durchgehen konnte, ohne auf einen Apfel zu treten. Je zur Seite wurden sortenweise die gepflückten Äpfel eingebettet. Hier konnten sich die Kundschaften aussuchen, was sie wollten. Die einen wollten's gemischt, die anderen nur eine Sorte. Die Geschmäcker waren halt verschieden. Mit Leiterwägerl kamen die meisten Leute nach der Arbeit. Für größere Häuser, wo jede Partei einen Zentner Äpfel oder auch zwei Zentner kauften, fuhren wir mit dem Ochsenfuhrwerk nach Simbach. Früher winterte man sich das Obst im Keller ein. Das gibt es zu jetziger Zeit nicht mehr. Alles wird frisch im Geschäft gekauft und wenns noch so teuer ist. Zu früherer Zeit war das Geld rar. Es gibt aber auch jetzt noch Leute, die sich einige Zentner überwintern. Vater zu Hause auf Kagerbauer behielt sich recht schöne und gute Äpfel, vor allem recht haltbare, zurück bis Weihnachten. Meist vor dem Nikolaustag fuhren wir sie mit dem Wagen oder Schlitten, die Ochsen angespannt, nach Simbach zur Firma Josef Wagner. Schon mehrere Zentner. Dieser Geschäftsinhaber kannte unsere Äpfel schon.

Ich bin als Kind da gerne mitgefahren. Da durfte ich mich auf den Wagen oder Schlitten setzen. Vor dem Geschäftshaus musste ich dann bei den Ochsen stehen, dass sie nicht allein wegfuhren. Vater hat beim Abladen geholfen. Er hat sich meist mit Josef Wagner noch lange unterhalten. Vater hat auch dort eingekauft. Einen Zentner Kochsalz, einen Zentner rotes Viehsalz, Zuckerhüte, ungefähr 60 cm hoch. Unten mit einem Durchmesser von ungefähr 20 cm, rund nach oben zulaufend. Mit starkem blauen Papier umwickelt bis zur ¾ Höhe, die Kuppelspitze war frei. Das war ein richtig fester Zuckerklumpen. Der musste erst zerkleinert werden, bevor man die Bröckl in Kaffee oder sonstiges Getränk reinwarf. Der war halt billiger als Würfelzucker. Von diesem Geschäftsmann bekam auch ich immer eine Kleinigkeit geschenkt. Entweder Schokolade oder andere Süßigkeiten, weil ich so gut auf die Ochsen achtgab. Das Geschäft war im Zentrum, gleich gegenüber vom Rathaus in Simbach. Wenn ich mir das zu jetziger Zeit noch vorstellen könnte, bei dem Autoverkehr mit einem Ochsenfuhrwerk nach Simbach fahren! Das wäre unmöglich.

Diese Weihnachtsäpfel, wie wir sie damals nannten, mussten gut eingelagert werden, damit sie frisch blieben und nicht erfroren sind. Die Lagerung machte halt Arbeit. Das Obst musste fleißig durchgeschaut werden, dass ja kein angefaulter Apfel dazwischen lag. Man hat sogar die verdächtigen Äpfel entfernt. Ohne Fleiß kein Preis, das war aus Vaters Mund immer wieder zu hören. Diese Weihnachtsäpfel brachten viel Geld herein. Wir hatten auch damals schon unsere Neider. Eine solche Neiderin hat sogar an das Finanzamt nach Simbach geschrieben, dass der Kagerbauer so viel Obst verkauft und Steuer hinterzieht. Der Brief war ohne Absender. Der Chef vom Finanzamt gehörte auch zu unserer Obst- und Kirschenkundschaft. Er kam auch am Sonntag manchmal zu Besuch. Als dieser Brief im Finanzamt ankam, legte sich der Herr den Brief zur Seite und brachte ihn mit, als er wieder auf Kagerbauer kam. Meine Eltern haben so gelacht, weil sie die Schrift erkannten. So lernt man die Leute kennen, sagte der Chef vom Finanzamt. Obst war doch noch nie besteuert.

Wir hatten auch Spätsorten Birnen, sie waren im Herbst, wenn wir sie abpflückten, grasgrün. Pfundbirnen haben wir sie genannt. Sie waren steinhart. Erst eingelagert waren sie im Februar essbar. Die sind ganz hellgelb geworden und so saftig und süß. Von diesen Birnen haben wir auch, was wir nicht essen konnten, verkauft. Was hätten wir sonst mit dem Obst gemacht? Wir hatten ja genug Abnehmer und die sind immer wieder gekommen und brachten auch ihre Bekannten mit. So wurde die Abnehmerzahl immer größer. Auch Nüsse gab es bei uns zum Verkauf. Wir hatten vier große Nussbäume. Da hätten wir die Nüsse nie alle verbrauchen können. Wir fütterten im Winter gehackte Nüsse für die hungrigen Vögel. Die Karrerin hat auch öfters Nüsse gekauft, wenn sie welche brauchte für die Kundschaft. Unsere Nussbäume bekamen auch fleißig Besuch von den Eichhörnchen (Eichkatzl haben wir sie genannt). Wir waren ja ringsrum vom Wald eingesäumt. Das hat diesen Viecherln gut getaugt. Als Kinder haben wir viel Freude an den niedlichen Eichkatzerl gehabt. Ich kann mich noch gut erinnern, dass ein Nachbar, der noch näher am Wald war als wir, ein Eichkatzerl in seiner Wohnstube auf einem Kasterl mit einem Ketterl um den Hals angehängt hatte. Er zeigte meinem Bruder und mir das Viecherl, als wir von unseren Eltern mit einer Post dorthingeschickt wurden. Ist das Tierlein hin- und hergerannt aus lauter Scheu! Ich sagte zu dem Nachbarn, das ist ja Tierquälerei. Das Viecherl möchte ja seine Freiheit. Aber da schaut mich der Nachbar ganz bös an. Ob er es dann freigelassen hat, weiß ich nicht. Wir sahen das Eichkatzerl nicht mehr.

Eulen, Iltisse und Schwammerl

In Erinnerung blieb mir auch noch die Furcht vor der Nachteule (Nachteiin haben wir sie genannt). Meist saß sie recht nahe beim Hof auf einem Baum und das lästige Geschrei, so quee, quee, oder wenn der Uhu (Auf wurde der genannt) auch noch anfing mit seinem huhuuu. Da sind wir Kinder auch noch mit dem Kopf unter die Bettdecke geschlüpft. Oder wir haben uns mit den Fingern die Ohren zugehalten. Mein Vater öffnete das Dachbodentürl, wenn die Getreidehaufen da oben waren, damit die Eulen reinkönnen. Zum Mäusefangen, sagte er zu uns Kindern. Ob das wirklich so war, wusste niemand. Junge

Täubchen wurden öfters aus ihrem Nest geholt. Wer das gemacht hat, wussten wir auch nicht. Immer aus demselben Taubenkobl. Vater meinte, dass sich die Nachteiin die Täubchen geholt hat. Gesehen haben wir das nicht. Iltisse haben sich alle Jahre bei uns eingenistet. Der Altheustock ging bis zum Stadlboden nieder. Darunter befand sich ein Bretterboden. Unter diesem nisteten sich diese Luder ein. Der Altheustock musste jedes Jahr umgeschlagen werden. So ungefähr ein großes Fuder Heu, oft sogar noch mehr. Da entdeckten wir dann die Eierschalen. Einige Male erwischten wir auch die jungen Iltisse. So sechs Stück waren das immer. Sie haben ausgesehen wie die jungen Mäuse, die man beim Pflügen mit den Nestern ausgeackert hat. Ganz nackt und rosarot. Nur größer waren die jungen Iltisse. Wir stellten Iltisfallen auf, die uns ein Jäger borgte. Aber wir fingen nie so ein Luder. Wir mussten fleißig sein beim Hühnereier-Abtragen. Wir kauften uns Gipseier, die man in den Nestern liegen lässt, wo dann die Hühner ihre Eier wieder dazulegten. Ich war einmal im Wald Heidelbeeren brocken. Da sah ich auf einem Föhrenast, gar nicht hoch, einen Edelmarder sitzen. Der hatte einen langen buschigen Schweif. Ich konnte das Viecherl lange betrachten, ist schön sitzen geblieben. Damals sind bei der Damenwelt die Pelze um die Wintermantelkrägen in Mode gewesen. Natürlich dachte ich mir, ein Pelz von so einem Vieh wäre für meinen Mantel auch etwas. Es war das einzige Mal, dass ich im Wald einen Edelmarder sah. Ich erzählte das einem gut bekannten Jäger. Der sagte zu mir, es kann nur ein so seltenes Viecherl gewesen sein. Wir waren ja oft im Wald beim Heidelbeerpflücken. Am Waldrand entlang gab es genug Erdbeeren. Im Wald die Himbeeren und Brombeeren, alles in reichen Mengen.

Auch Schwammerl zu meiner Kindheit, alles in Hülle und

Fülle. So viele Steinpilze und Reherl, Rotkappen und Birkenpilze, Wiesenchampignon. Letztere sind bei uns im Hof der Gred entlang herausgewachsen. Die mochte keiner von uns. Gute Bekannte von den Obstkundschaften haben sich dann die Champignon im Hof und auf den Wiesen abgeschnitten. Wir holten uns nur die Steinpilze und Reherl. Es gab ja genug. Auch die Rotkappen ließen wir stehen, weil die so blau wurden, wenn man sie geputzt und aufgeschnitzelt hat. Damals wussten wir noch nicht, dass man die geputzten Rotkappen in Salz- oder Essigwasser hineinschnitzeln sollte. Das machen wir jetzt, da bleiben sie dann weiß beim Kochen oder Rösten. Die Steinpilze sind bei uns zu Hause auf den Wiesen, die dem Wald entlang rundum waren, gewachsen. Wenn wir in aller Früh zum Heuen mähten auf den Wiesen dem Wald entlang, war es manchmal noch so dunkel, dass man nicht sehen konnte, was man alles mit dem Gras abgemäht hat. Haben wir später das Gras mit der Gabel auseinandergebreitet, flogen ab und zu Steinpilze raus. Als wir Kinder noch klein waren (ich kann mich daran noch gut erinnern), haben die Eltern Hafer gemäht. Da fing es recht arg zu regnen an. Da der Wald nicht weit weg war, wollten sie dort unterstehn. Als sie auf der Wiese am Waldrand ankamen, sahen sie einen großen Fleck Steinpilze. Das war im August, wo die richtige Schwammerlzeit beginnt. Auch der Mond muss da sein, erzählte uns der Vater öfters. Die Steinpilze, die die Eltern damals auf der Waldwiese sahen, hat der Vater mit der Sense abgemäht, er trug sie bei sich vom Hafermähen. Mutter hatte eine halbe Schürze um (Fiada (Fürtuch) nannte man sie damals). Mutter klaubte die Pilze zusammen. Die ganze Schürze war voll. Wir Kinder staunten, als die Eltern damals mit so vielen Steinpilzen heimkamen. Da gab es viel Arbeit mit dem Schwammerlputzen. Kein Einziger war wurmig. Schwammerlsuppe mit Knödl machten wir einige Tage. Mit Brandschmalz abgeröstete zum Sauerkraut und getrocknet haben wir auch noch eine Portion.

Die Steinpilze, die auf der Wiese oder am Waldrand wachsen, haben eine hellere Kappe als die, welche im Wald stehen. Im Geschmack ist kein Unterschied. Die Reherl waren zu meiner Kindheit auch viel größer gewachsen als die, welche man zu jetziger Zeit findet. Da lohnt es sich ja kaum mehr, sie zu putzen. Als Kinder brachten wir viele Reherl heim. Die putzten wir sauber und rösteten sie in Brandschmalz ab. Sauerkraut dazu. Das schmeckte fein. Zu jetziger Zeit gibt es kaum noch Schwammerl und wenn wirklich einmal welche sind, dann nimmer in solchen Mengen, wie sie damals gewachsen sind. Zur damaligen Zeit wurde viel Laubstreu aus den Wäldern zusammengerecht. Das machte jeder Bauer in seinem Wald für die Rindvieher zum Einstreuen. Stroh wurde damals viel verfüttert. Gersten-, Hafer- und auch ein Teil Weizenstroh. Das Getreide wurde zur damaligen Zeit im Stadl gedroschen. Haferfleie und Weizenfleie wurden auch verfüttert. Die Kühe und Kalbinnen bekamen Grummet und Drittelheu, zwei Teile geschnittenes Heu, ein Teil gehäckseltes Hafer- oder Gestenstroh oder auch Haferfleie. Die Ochsen, Bullen bekamen zwei Teile geschnittenes Altheu, einen Teil gehäckseltes Weizenstroh oder auch die Weizenfleie. Zu jetziger Zeit gibt es die Weizenfleie und Haferfleie nicht mehr. Auch keine Korngräten und Gerstengräten, die man zu unserer Zeit zum Einstreuen verwendet hat. Bleibt alles auf dem Feld liegen, wenn der Mähdrescher drischt. Ochsen und Bullen fraßen das ganze Jahr trocken. Die Aufstellkälber bekamen, wenn sie noch klein waren, Milch mit Brot reingeschnitzelt. Später, wenn sie schon größer waren, gab es statt Brotschnitzel Weizenbruch in die Milch rein.

Dazu einen großen Bauschen langes Altheu in die Heuraufl gesteckt. Die Kühe und Kalbinnen fraßen im Sommer Gras, Klee. Im Herbst gab es noch Lins[34] und Raps. Das war Zwischenfrucht, die man auf die Felder säte, wenn Korn- und Weizenfelder abgeräumt waren. Als Zwischenfrucht säte man noch die Annarüben und lange große Bettsoaicher Rübn[35]. Der Name Annarüben, weil man sie gerne am Annatag aussäte. Diese Rüben wurden im Winter für die Kühe verfüttert. Genauso wie die Runkelrüben und Kröpf (Dotschen). Wurde alles mit der Zuckerrübenmaschine mit der Hand durchgedreht. Wir hatten auch Kleeheu, das wurde auch mit der Schneidmaschine geschnitten und im Heuboden extra auf einen Haufen zusammengeschüttet. Dort holten wir ein kleines Futterschwingerl voll und schütteten es in einen Holzzuber. Der wurde in der Küche in eine Ecke gestellt. Über das geschnittene Kleeheu wurde heißes Wasser gegossen und mit einem Holzdeckel zugedeckt. Das war das Abbrennert. Am Tag dreimal hat man diesen Holzzuber mit Holzstangen in den Stall getragen. Die Sache war sehr heiß. Im Stall hat man noch kaltes Wasser dazugegossen, bis es die richtige Wärme hatte. Dann nahm man ein Schapfer[36] und schüttete das warme Trank in den Futterbarren bei den Kühen und Kalbinnen und auf der anderen Seite auch bei den Ochsen und Bullen.

---

34) *Lins:* Auch Raps, auf umgeackerten Stoppelfeldern als Herbstfutter angebaut.
35) *Bettsoacher Rübn:* Derbe, aber treffende Bezeichnung für eine Rübenart, die wegen ihrer stark harntreibenden Wirkung bekannt war.
36) *Schapfer:* Schöpfer. Blecheimer mit langem Holzstiel, zum Ausschöpfen der Odelgrube, hier zum Einschütten des warmen Viehfutters (Trank) genützt.

Die Arbeit im Wald

Diese Trankfütterei soll für die Verdauung gut gewesen sein bei den Rindviechern. Wurde bei einem Vieh Aderlass gemacht beim Trockenfutter, bekam es drei Tage das Heu angefeuchtet. Dasselbe galt auch, wenn eine Kuh im Winter kalbte. Im Winter wurde für alle Vieher Roggen- und Weizenstroh eingestreut. War die Kälte dann vorbei, wurde Laubstreu eingestreut. Ausgenommen waren die Aufstellkälber, wenn eine Kuh kalbte, und die Schweine. Vor Wintereinbruch haben wir uns mit frischem Stroh die Strohsäcke in unseren Betten neu aufgefüllt (zu meiner Kindheit). Die Lauber wurden im Herbst von den Kirsch-, Birn- und Apfelbäumen zusammengerecht. Auch auf den Wiesen den Wäldern entlang bis runter zur Kapelle, die Erlenstauden entlang und die Kastanienlauber. Da kamen einige Trugerwägen voll zusammen. Im Sommer rechten wir dann das Laub, wenn die Arbeit nicht gar so drängte, im Hochwald zusammen. Erst klaubten wir das dürre Ästlzeug weg. Grapperert nannten wir das Zeug, das lose im Wald herumlag. Dann wurde das Laub mit dem Streurechen zusammengerecht. War viel genug auf Zeilen, trugen wir mit der Streukirm die Lauber auf einen großen Haufen zusammen. Diesen Haufen fuhren wir dann mit dem Trugerwagen heim. Das Grapperert warfen wir auf Haufen zusammen. Es wurde entweder zum Sonnwendfeuer oder zum Petersfeuer verbrannt. Ärmere Leute sammelten auch öfters das dürre Zeug zusammen und fuhren es mit einem Leiterwagl heim zum Verbrennen. Wenn auch in den Wäldern die Streu weggerecht wurde, sind trotzdem viele Schwammerl und Reherl gewachsen. Zu unserer Zeit sahen auch die Wälder gepflegt aus. Das Ausgestandene und die dürren Bäume wurden im Spätherbst herausgeschnitten und zu Brennholz verarbeitet. Holzausputzen nannte man das zu unserer Zeit. Wenn man jetzt durch die Wälder geht, da kann man schon allerlei sehen. Von Pflege keine Rede mehr. Die dicksten Holzstämme müssen da verfaulen. Sollte man sich da noch wundern, wenn das Ungeziefer so überhand nimmt? Oder gar, was ich im vergangenen Sommer zu sehen bekam bei einem Waldspaziergang. Dass es noch so blöde Leute oder Jugendliche gibt, die der Waldpolizei ihre Behausung mutwillig oder aus Dummheit (so könnte man das wirklich bezeichnen) zerstören. Die großen Waldameisen. Man sieht diese Ameisenhaufen ohnehin schon ganz selten. Auf dem Schlossberg gibt es sie noch, soweit sie nicht schon wieder zerstört sind.

Ende Oktober – November war die Zeit, dass man alle Junghölzer und auch den Hochwald durchschaute. Alles, was 'rausgehörte mit der Handsäge umschnitt, Motorsägen gab es damals noch nicht, und dann mit den Ochsen raus- und heimstroafte. Zu Hause wurde alles mit der Holzhacke ausgeastet. Den Wied warf man auf Haufen. Die ausgeasteten Stämmchen wurden neben der Straße vor der Holzhütte zusammengekollert auf Haufen. Waren wir mit dieser Arbeit fertig, wurden die Scheiterdriaschner[37], die an den Außenwänden von der großen Holzhütte waren, in die Hütte eingeräumt. Waren wir fertig, dann ging's über die Holzabschneiderei mit der Handsäge. Kreissägen gab es damals auch noch nicht auf dem Kagerbauer-Hof. Vater hat die abgeschnittenen Zoierl[38] mit der Holzhacke

---

37) *Scheiterdriaschner:* Der hohe, sauber bis unters Dach aufgeschichtete Stapel Holzscheiter.
38) *Zoierl:* Auf Scheitlänge abgeschnittene Holzrundlinge, die dann noch mit der Kliebaxt gespalten werden mussten.

gespalten. War ein Haufen Scheitl beieinander, hat man sie dort wieder aufgerichtet, wo man die getrockneten wegbrachte. Bis Hl. Dreikönig war es meist so weit, dass wir unsere Scheiterdriaschner wieder voll hatten. Es sei denn, es war längere Zeit schlechtes Wetter, dass wir beim Holz nicht arbeiten konnten oder recht kalt, dann dauerte es etwas länger. Mit den Backofenscheitern machten wir dasselbe. Die trockenen Scheiter schlichteten wir in den Backofenvorraum, der war schön überdacht. Die neuen Scheiter kamen an den Platz ihrer Vorgänger zum Trocknen über den Sommer (Backofenscheiter: Länge 80 cm, Durchmesser 30 cm). Das ergab gespalten 4 Scheiter. Backofenscheiter waren nur aus Föhrenholz. Wenn das Wetter nicht gut war, hatten wir im Haus genug Arbeit. Da war's zum Gänsefedernschleißen. Wir haben die Federn beim Rupfen der Gänse gleich sortiert. Im Sommer hat man sämtliches Federnzeug, das in alte Gradl[39] gefüllt war (extra für diesen Zweck genäht) zum Trocknen auf dem Balkon aufgehängt, schon längere Zeit. War alles gut getrocknet, kaufte meine Mutter Bettergradl und nähte den zusammen. Dann wurden die Gänsefedern eingefüllt. Auch die Daunen, sie kamen extra in neu genähte »Blimo« (Plumeau). Man hatte früher die Kopfpolster klein und die Dugerta[40] (Blimo) kurz. Wir haben uns zeitig zu Hause umgestellt. Die Polster 80 zu 80 und die »2-Meter«-Blimo. Wir hatten ja früher alle Jahre Gänse, da gab es genug Federn.

Eine andere Arbeit war das Reisigbesenbinden. Das hab ich

---

39) *Gradl:* Grobes Gewebe mit Fischgrätmuster (daher Gradl – Grätlein), heute Inlett genannt.

40) *Dugerta (Blimo):* Die mit Federn gefüllte Zudecke, »Blimo«, ist eine Verballhornung von frz. »plumeau« = Federdeckbett.

auch während der Kriegszeit selber gemacht. Im Herbst, wenn die Birken die Blätter verloren, schnitt man das Reisig von jungen Birkenbäumen. So viel, dass es ungefähr 15 bis 20 Stück Besen wurden. Wurde es zur Arbeit draußen zu kalt, dann war's zum Besenbinden. Da halten wir dann zusammen. Die einen rupften die Äste kleiner, die anderen richteten die kleineren Sträußl zusammen und banden sie besengroß mit Schnur oder Strick zusammen. Wer den Besen gebunden hat, nahm das hergerichtete Bünderl in eine Besenbinderzange, welche uns der Schmied für diesen Zweck gemacht hatte, drückte die Zangengriffe fest zusammen und schob ein Scharglied ran, damit die Zange fest geschlossen blieb. Um das zusammengepresste Reisigbündel wurde dann ein vorher gedrehtes gelbes Weidenzoarl[41] fest umwunden. Mit einem Eisenstecher musste man durch das fest umwundene Besenbünderl durchstechen und das Weidenzoarl dort hindurchziehen. Das war gar keine so leichte Arbeit. War das Ende fertig, wo der Besenstiel reingesteckt wurde, dann gings übers Ausbinden. So ungefähr 25 cm oberhalb dem runden Bund wurde das Reisig in drei Teile auseinandergebogen. Jedes Teil wieder mit einem kleineren, vorher durchgedrehten Weidenzoarl umwunden. Das Ende von der Ausbinderei nach unten gesteckt und dort durchgezogen und schlingenartig befestigt. Ist das fertig gewesen, schnitt man das Reisig gleich lang ab und breitete die Besen auf dem Dachboden auseinander und beschwerte sie. Diese Reisigbesen brauchten wir im Stall, Stadl und Hof zum Zusammenkehren. Auch zum Vorhaus- und Gredabputzen, auch für den Schweinestall, halt überall. Mit Draht wäre die Besenbinderei viel leichter ge-

---

41) *Weidenzoarl:* Aus dünnen, biegsamen Weidenzweigen gedrehte, starke Schnur.

wesen. Aber der Vater sagte, das sei zu gefährlich. Wenn der Draht an den Besen zu rosten beginnt, brechen Drahtstücke ab. Das ist nicht gut, wenn so ein Stück dann unbemerkt im Heuboden oder Stall in das gehäckselte Stroh oder Heu käme, welches unsere Rindvieher fressen.

Schneider auf der Stör

Die Mutter flickte im Winter die zerrissene Bettwäsche oder sie schneiderte neue Hemden für Vater und die zwei Brüder. Meine Mutter war keine gelernte Schneiderin, aber sie konnte sich da recht gut helfen. Die Schürzen, unsere Schulkleider, sämtliche Arbeitskleidung für sich und die ganze Familie hat alles die Mutter genäht. Wir waren eine siebenköpfige Familie! Da gab es genug zu tun. Der Schneider Josef Huber aus Obersimbach, er ist längst verstorben, war ein fleißiger Mann. Der kam zu uns auf die Stör. Vor 6 Uhr morgens ist der schon auf Kagerbauer angekommen, meist hatte er auch noch seine Frau dabei, die war auch Schneiderin. Die zwei haben fleißig genäht bis 6 Uhr abends. Damals wurden die Stoffe gekauft. Da gab es noch nirgends in den Geschäften Fertigkleidung. Der Schneider nahm dann das Maß vom Vater und den zwei Buben. Anzüge und Mäntel wurde alles im Haus von den Schneiderleuten genäht. Die waren oft Tage bei uns auf der Stör. Sie nähten alles mit Mutters Handmaschine. An der Maschine war nie eine Reparatur, so viel auch mit der genäht wurde. Meine Mutter bekam sie 1914 als Hochzeitsgeschenk. Wenn der Schneider bei uns auf der Stör war, hat die Mutter nur gekocht, was er sich wünschte. Der Schneider ist recht gerne zu uns ge-

kommen. Der sah auch die Rehe, wenn sie am Morgen auf unserer Wiese Gras abfraßen, wenn er über den Kapellweg zu uns raufging. Am Abend, wenn der Schneider nach Hause ging, sah er die Tiere wieder. Darüber freute er sich. Er war halt so ein Naturmensch.

Noch zurück zur Winterarbeit. Die Mutter hat auch gerne Schafwolle gesponnen. Auf unserem Dachboden standen vier Spinnräder. Auch Garnabhaspler waren dabei. Vaters Ziehvater war ein richtiger Weber, ein ganz tüchtiger Mann. Der hat eine saubere Arbeit gemacht. Wir zu Hause hatten einen Ballen Leinwand, den der Ziehvater noch gesponnen hat. Meine Mutter hat meiner jüngsten Schwester die Hälfte gegeben. Die verbliebene Hälfte bekam ich. Die Mutter hat auch erzählt, dass es auch noch andere Weber gegeben hat, die das Leinen so locker gesponnen haben, wenn man die zum Bleichen ausgelegt hat, hat das Gras durchgespitzt. Da hat man dann gelacht und erzählt, da können die Gänse das Gras abbeißen. Oder den Weber hat man einen Meterschinder genannt. Das wurde dann erzählt und man hat zu dem kein gesponnenes Garn mehr hingetragen. Das Wort »Meterschinder« kurz erklärt: Dieser Weber hat das Garn locker gewebt, damit mehr Meter zusammenkamen. Nach Meter wurde damals bezahlt. Dieser Webstuhl vom Ziehvater ist längst dem Ofen zum Opfer gefallen. Schade, das wär ein Museumsstück! Ob die Spinnräder noch auf dem Hof sind, weiß ich nicht. Auf dem Hof hat sich vieles geändert. Darüber kann man sich nur wundern. Der jetzige Besitzer hat einen »Biohof« daraus gemacht, mit Schafzucht. Als wir Kinder noch kleiner waren, hatten wir 4 bis 5 Schafe auf dem Hof. Da ist es einmal passiert, dass ein Schaf fehlte. Lange suchte Vater, bis er es fand. Am Waldrand oben war eine Sandgrube. Dort fand er das Schaf. Da oben hat es ein Lämmlein zur Welt gebracht und ging nimmer weg von ihm. Vater nahm das Lämmlein auf den Arm und trug es heim. Das Schaf lief an der Seite mit. Das war eine Überraschung, weil niemand wusste, dass das Schaf trägt.

Mutter am Spinnrad

Die Schafe wurden im Mai geschoren. Die Wolle wurde fein säuberlich gewaschen und getrocknet. Im Winter hat dann die Mutter die Wolle gesponnen. Wir waren ja eine siebenköpfige Familie. Da wurden Socken, Strümpfe, Handschuhe, Pullover, Jacken und Schals gestrickt. Man konnte die warmen Sachen gut brauchen. Die Winter waren zu der Zeit oft recht kalt. Kann mich noch erinnern, wie bei uns zu Hause auf der Diele und in den Schlafzimmern die Wände vom Eis glitzerten. Als Bettwärmer steckten wir flache Schindl ins Ofenrohr. Waren sie gut warm, wickelten wir sie in alte Tücher ein und steckten sie ins Bett. Bei uns zu Hause, so wie auch bei den anderen Bauern und Gütlern, war nirgends ein Klosett im Haus. Da gab es nur das hölzerne Aborthäusl und das nur über einer Jauchegrube. Weiß Gott, ob man es bei Nacht dann schnell gefunden hätte? Diesem Übel vorzubeugen, hatte jedes sein Nachthaferl unterm Bett stehen. Die Nachttöpfe waren aus Email. Wären sie aus Porzellan gewesen, die hätte es ja bei der Kälte in den Schlafzimmern bei strengen Wintern alle zerrissen. Die Schafzucht hat mein Vater später aufgegeben. Die Wolle, die wir brauchten, kaufte meine Mutter in Simbach. Später ließen wir uns die Wolle von Witt in Weiden schicken und auch die Bettergradl, die wir benötigten für unsere Gänsefedern und Daunen.

Die Kühe reden in der Christnacht

Die Losnächte bedeuteten in meiner Kindheit noch was. Der Thomastag (21. Dezember) war die erste Losnacht. Da bekam jedes Stück Vieh, auch die Kälberl, ein kleines Schnitterl Brot mit geweihtem Salz darauf. Das Salz wurde entweder am Stefanitag oder zur Raunacht geweiht. Die Mutter ermahnte uns Kinder immer: Am Thomastag muss man recht brav sein, sonst schreibt einen der Tamerl auf. Die Leute oder Kinder, die er aufschreibt, müssen im kommenden Jahr sterben. Die zweite Losnacht war der Heilige Abend. Da war zu meiner Kindheit das Christkind-Anschießen noch Brauch. Das hat ein Nachbar bei uns immer gemacht. Darüber hab ich mich als Kind recht geärgert. Ich sagte dann zur Mutter, der versprengt uns ja das Christkind. Uns Kinder haben die Eltern damals erzählt, dass das Christkind aus unserem nahen Wald kommt mit einem Schlitten, wo der Christbaum draufsteht und die Geschenke liegen. Die Thomaswoche hat man zu unserer Kindheit Sauwocha genannt, weil man in dieser Woche die Schweine schlachtete (auf allen Bauernhöfen) für die Festtage und weil es meist dazu auch schön kalt war. Die Eltern erzählten auch recht gern von früheren Bräuchen. Ich kann mich halt an alles noch recht gut erinnern, was man sich früher alles erzählt von mündlicher Überlieferung.

Da wurde erzählt, dass die Kühe um Mitternacht (12 Uhr) in der Christnacht reden. Über das hat sich einmal ein Bauer mit seinem Dienstboten unterhalten am Hl. Abend. Dachte der Knecht, ob das auch wahr ist, was der Bauer erzählte. Er ging in den Kuhstall und legte sich bei den Kühen in den Futterbarren. Der zweite Knecht schleicht sich auch in den Stall und versteckt sich woanders, um sich zu überzeugen, ob der im Futterbarren Liegende dann doch die Wahrheit sagt. Die Zeit verging. Es war längst 12 Uhr vorbei. Dann wird es dem zweiten Mann zu dumm. Er sagt ganz laut: »Da hat uns der Bauer einen richtigen Bären aufgebunden.« Der Knecht, der im Futterbarren lag, sei so erschrocken, dass er an Herzversagen gestorben ist. Ich hab mir diese Erzählung gar nicht so gerne angehört. Die nächste Losnacht war das alte Jahr (Sylvester). Und noch eine gab's, die Raunacht. Wer hält denn heute noch die Losnächte oder diese alten Bräuche? Darüber wird ja nur noch gelacht. Mir kommt manchmal der Gedanke, dass man die Leute von damals einschüchtern wollte, um das Fürchten zu lernen.

Ein anderer Spruch galt für die ledigen Frauen und jungen Mädl, die gerne wissen wollten, wie ihr Zukünftiger aussieht. Die mussten in der Christnacht um 12 Uhr um das Hofgebäude oder das Haus gehen, wo sie wohnten. Dann soll ihnen das Gesicht von ihrem Zukünftigen begegnet sein. Das machte auch eine Bauerndirn, die während der Mette das Haus hüten musste. Als sie um den Hof ging, sah sie das Gesicht von ihrem Bauern. Sie dachte sich, soll das ein Witz sein, der ist doch mit dem ganzen Hofgesinde zur Mette gegangen. Als alle Mettengeher wieder zu Hause waren, sagte die Dirn zum Bauern: »Gell, du wolltest mich in der Nacht erschrecken. Ich hab dich ganz deutlich erkannt.« »Spinnst du«, sagte der Bauer, »ich war ja in der Christmette. Das können dir alle bestätigen, die mit mir dort hingegangen sind, bei mir im Kirchenstuhl saßen, dann mit mir nach Hause gingen.« Ja, dann wurde gerätselt, was das zu bedeuten hatte. Das wurde von älteren Leuten erzählt und auch von unseren Eltern. Im darauffolgenden Jahr ist dem Bauern ganz schnell seine Frau verstorben und der Bauer hat dann die Dirn geheiratet.

Kreuze und Weihwasser auf die Felder

Auch die Osterbräuche wurden noch gepflegt. Wer am Palmsonntag der Letzte war beim Aufstehen, wurde der Palmesl genannt. Wer am Karfreitag als Letzter das Bett verließ, war die Karfreitaratschn. Wer am Ostertag als Letzter aus den Federn schlüpfte, war das Osterlampi. Am Gründonnerstag hat man die Eier, die unsere Hühner an diesem Tag legten, genommen und in eine Schüssel gelegt. Sie wurden am Karsamstag gekocht und gefärbt und am Ostertag in die Kirche mitgenommen zur Weihe. Am Karsamstag war die Holz-, Wasser- und Feuerweihe (Palmsonntag vorher die Palmweihe). Für die Feuerweihe hat uns der Vater ein Holz hergerichtet zum Anbrennen. Aus diesem angebrannten Holz schnitt er sich dann die Holzteile herunter. Oben dicker, nach unten spitz. Am dickeren Ende hat Vater zwei gekreuzte Schnitte gemacht. In einen Schnitt legte er ein Palmzweigerl vom geweihten Palmbuschen. In den zweiten Schnitt ein Sengbaumästlein, auch von geweihten Palmbuschen. Diese Kreuzlein hat der Vater am Georgitag auf Wiesen und Felder gesteckt. Bevor er das Kreuzlein einsteckte, hat er mit einer Flasche das geweihte Wasser in Kreuzform ausgegossen. Für uns Kinder galt auch der Spruch, dass wir erst barfuß laufen durften nach dem Karfreitag, sonst sticht euch der Märzenkoder ab. Diese Kreuzlsteckerei, das wurde gemacht, damit man von Unwetter und Hagelschlag verschont bliebe. Zog dann wirklich einmal ein schweres Gewitter über uns, dann steckte man, was vom Palmbuschen übrig war in den Ofen und zündete es an. Osterbrauch auf den Bauernhöfen war zu unserer Jugendzeit, dass die am Ostertag gelegten Eier der Oberdirn gehörten. Am Ostermontag trug die Unterdirn für sich die Eier ab. Wenn ihre Verehrer dann ans Kammerfenster kamen, wurden sie mit Eiern beschenkt.

Zu uns Kindern haben Vater und Mutter gesagt, dass d'Sonn am Ostertag dreimal in d'Höh hupft vor Freud, wenns aufgeht, weil der Heiland auferstanden is.

Am Ablasspfinsta (Gründonnerstag) auf d'Nacht haben die Bauern, die eine Glocke auf dem Hausdach gehabt haben, das Glockenseil in der Flöz hochknüpft, dass ja niemand am Karfreitag und Karsamstag geläutet hat.

In unserer Kinderzeit hat es keine Schokoladhasen und Schokolad-Ostereier gegeben, bloß gefärbte Eier und »an Kren, a Gselchts und a Brot dazua.«

Ein wachsamer Hofhund

B ei uns zu Hause hat uns die Mutter immer das Geld für die Eier gegeben, wenn die Karrerin die Eier kaufte. Zu uns durften keine Burschen ans Kammerfenster kommen. Wir wurden ganz streng erzogen. Eine Schwester ist im Kloster, ein Bruder war in Passau im Priesterseminar, Vater 30 Jahre Kirchenpfleger (Vater war lange Jahre im Gemeinderat als Waisenrat tätig). Da gab es mit Männerliebschaften nichts für uns Mädls. Heimliche Liebe, von der niemand weiß? Wenn der Hofhund nachts bellte, hat Vater gleich nachgeschaut, ob nicht nächtliche Besuche kamen. Unsere Eltern hätten uns gar nicht so bewachen müssen. Wir sind den jungen Burschen nicht nachgelaufen, was andere Mädels machten. In unserer Gemeinde wurden ziemlich viele uneheliche Kinder geboren. Da hat sich der damalige Pfarrer recht aufgeregt. Damals gab es halt die Pille noch nicht. Der Gegensatz von heute, da sind die ledigen Kinder genauso gern gesehen wie die anderen. Die Zeiten ändern sich halt immer wieder.

Ich möchte jetzt gleich noch die mir wissentlichen Bauernregeln niederschreiben. Januar warm, dass Gott erbarm, fliegen im Januar die Mucken, kann der Bauer sich nach dem Futter gucken. Wenn die Ernte soll gut sacken, so muss der Januar vor Kälte knacken. 25. Januar: Pauli Bekehrung, halb hinum, halb herum. Da schaut der Bauer seinen Heustock an, ob er reicht bis zur Grünfutterei. Wächst das Gras im Januar, wächst es schlecht das ganze Jahr. Wenn der Februar genauso kalt wär wie der Jänner (Januar), dann tät er das Kalb in der Kua drinn dabrenna. Hornung (Februar) Vogelsang, macht den Winter lang. Sonnt sich der Fuchs am Lichtmesstag, dann muss er noch acht Wocha bleim in sein Loamverschlag. Wenns zu Lichtmess stürmt und schneit, ist der Frühling nicht mehr weit. Gewitter im Februar, gibt's Hagelgewitter in diesem Jahr. Wenns schon recht bald Gewitter hat, wird der Sommer sehr trocken sein. Ein alter Volksausdruck »da werfen die Wetter hi«. Ein Anzeichen, dass kein richtiger Regen zu erwarten ist (a truckas Jahr). Da Tag wächst zu Weihnacht an Hahnentritt, zu Heilig-Drei-König an Hirschensprung, zu Lichtmess um a ganze Stund. Märzenkinder sind Schmerzenkinder. Märzen-Staub bringt Gras und Laub. Wenns im Märzen donnern tut, dann gedeiht der Roggen gut. Märzen-Regen bringt nicht viel Segen, Märzen-Nebl, wenns ihn aufzieht und nicht innerhalb von drei Tagen herunterregnet, schreibt man im Kalender auf, dann gibt's in hundert Tag ein Gewitter. Im April muss sich eine Krähe im Korn verstecken können. April, April, der weiß nicht, was er will. Bald Regen und bald Sonnenschein, da schaun die Wolken düster drein. Ist der April auch noch so gut, so schneit er den Hirten auf den Hut. Am ersten April ist das Aprilschicken Brauch. Wer nicht daran denkt, wird dann Aprilochs genannt. Schreit der Grünspecht nahe beim Hof, war ein Zeichen, dass Regenwetter kommt. Bei den alten Leuten wurde der Grünspecht Gießvogel genannt. Auch der Kuckuck, wenn er sehr nachhallig seinen Gugizerschrei nahe bei Hof machte, war eine Voranzeige, dass Regen kommt. Da sagten wir nach Volksart, jetzt wird's grob. Gewitter im Mai, singt der Bauer juchhei. Ein Bienenschwarm im Mai ist wert ein Fuder Heu. Wenn die Obstbäume im Mai schon recht viel Blüten hatten, dann hieß es viel Blüa, wenig Müa. Meist kamen noch die verspäteten Fröste. Mairegen bringt viel Segen.

Vom »Maiaff« und anderen Sitten

Am ersten Mai hat man uns Kinder gern um ein Büscherl langes Heu für die Aufstellkälber geschickt. Dann hat man uns ausgelacht und verspottet. Am 1. Mai schickt man den Esl um a Beischl Heu. In der Schule war es auch zum Aufpassen, dass man den älteren Schülerinnen nicht auf den Leim ging. Die kleine und die große Schule hatten immer miteinander Pause. Die Mädels aus der 7. Klasse versuchten es gerne mit den Erstklasslern, die in den April oder in den Mai zu schicken. Ich erinnere mich noch gut, als ich in der ersten Klasse Volksschule war, gab mir ein Mädl aus der 7. Klasse ein Zehnerl in die Hand und sagte zu mir, ich soll zum Krämer reingehen und mir um ein Zehnerl »i-bi(n)-dumm« kaufen. Ich dachte mir, du kriegst mich nicht dran. Heute ist ja 1. Mai. So ging ich mit dem Zehnerl zur Krämerin und kaufte mir a Tüte Gutzl.

Als ich zur Krämertür rauskam, standen die Mädls und wollten mich auslachen: »Maiaff.« Ich hab' gesagt: »Der seid ihr selber geworden. Ich hab mir fürs Zehner Gutzl gekauft und die lass ich mir jetzt schmecken. Das nächste Mal müsst ihr euch eine Dümmere aussuchen!« Da wurden ihre Gesichter lang, wahrscheinlich hat ihnen das Zehnerl leidgetan. Diese Sprüche sind zur jetzigen Zeit nicht mehr gefragt. Aber sind sie nicht noch heute treffend wie immer? Ein paar Kostproben:

Sind wir Kinder zu vorlaut gewesen: »Ös kinnts erst amoi redn, wenn d'Gäns soachan.« Oder: »Ös habts an Arsch nu z'weit druntn.« Oder: »Hads (seid's) bloß staad, ös habts eh an Nachthaferlring nu am Hintern dran.«

Hat ein Schneider oder eine Näherin die Anzüge oder Gwander so zusammengenäht, dass sie gar nicht gepasst haben: »Da hat da Hund s'Maß davon.«

Wenn es während des Gewitters recht geblitzt und gekracht hat: »Iatz müassts beten, wei da Himmivater so greint, sunst schlagts nu ei.«

Wenns recht gerumpelt hat: »Da Himmivata is zornig, er wirft alle Kasten um.«

Ist wo ein Regnbogen niedergegangen – zu den Kindern: »Da gibts a Schüsserl Goid (Gold).«

Kriagten die Leut schon recht bald graue Haare: »Dir haben aa scho d'Bettelweiber d'Mehlsackl aufighaut.«

Sieht man eine Sternschnuppe, soll man sich was wünschen. Die alten Leut' haben gern erzählt: »Da steigt a Seel in Himmi nauf.«

»Sieht man im Frühjahr als ersten Schmetterling einen Zitronenfalter, dann hat man's ganze Jahr genug Geld. Ist's aber ein brauner Schmetterling, dann gehts oam stutzbraun, s'ganze Jahr.«

»Warum geht der Wind? Weil er s'Geld versuffa hat.«

War der Schuster bei uns auf der Stör, haben wir Kinder recht witzig ihm zugesungen: »Schuaster bum bum, treib d'Flöh aus der Stubm, treibts aufi in d'Kammer, schlags nieder mitm Hammer, treibs umi in Stall, stichs ab mit der Ahl.«

Ein anderes Versl für Kinder: »Bei da Gigalitzn, bei da Gagalitzn, da kehrt da Kasperl ei, da kauft er si a halbe Bier und s'Glasl schiabt er ei.«

Ist der Wind manchmal recht stürmisch gewesen, hat man zu den Kindern gesagt: »Da hat se wieder wer aufghängt, dem mauß da Wind in d'Ewigkeit umihelfa.«

Bittgänge und der »Bennotag«

Wenn auch die geweihten Kreuzl auf Wiesen und Felder gesteckt wurden, sind doch immer wieder Hagel und Unwetter über uns hinweggezogen. An einen ganz schlimmen Hagel kann ich mich noch gut erinnern. Das war am Annatag 1945. Den ganzen Tag über haben wir Weizen eingefahren. Eine glühende Hitze war an diesem Tag. Am Abend fuhren wir noch ein ganz großes Fuder Grummetheu ein. Mein älterer Bruder legte das Heu auf, ich musste fassten. Meine jüngere Schwester und die Mutter arbeiteten im Stall. Vater war damals Bürgermeister. Der musste in die Gemeindekanzlei zur Amtsstunde. Als wir mit dem Heuaufladen fertig waren, sahen wir, dass sich ein Gewitter näherte. Die Heimfahrt führte steil aufwärts. Die Ochsen hatten große Mühe. Wir mussten oft rasten. Sie waren auch schon müde vom Weizeneinfahren. Plötzlich fing es an zu regnen. Erst war der Boden so hart, weil schon längere

Zeit Trockenheit herrschte. Die Wiesstraße wurde so glitschig, dass die Ochsen kaum noch Halt fanden. Sie rutschten mit den Klauen aus. Endlich erreichten wir die Kiesstraße, da konnten die Tiere wieder richtig Fuß fassen. Schnell waren wir dann im Stadl. Schon schepperte es auf dem Stadldach. Ein solcher Hagel! Der Hafer war schon abgemäht, der lag auf Mahten. Der Hagl hat die Körner alle rausgedroschen. Da lag nur noch das Stroh da zum Wegfahren. Das Futtergras hat es auch so zusammengeschlagen, dass wir die Kühe und Kalbinnen einige Tage trocken füttern mussten. Das Obst hat es auch alles heruntergeschlagen.

Wegen der Unwetter und Hagelschläge hat man ja in früherer Zeit noch die Bittgänge gehalten. Am Markustag gingen wir nach Simbach. In der Bittwoche, das war vor Christi-Himmelfahrt. Montag war Bittgang nach Erlach, Dienstag nach Eggstetten, am Mittwoch in Kirchberg um die Felder. Vor dem Felderumgang war erst in der Kirche das Schaueramt. Am Bennotag, dem 16. Juni, sind die Kirchberger immer nach Altötting gepilgert. Das war der 16. Juni. An diesem Tag muss es vor vielen Jahren einmal fürchterlich gehagelt haben (ist eine mündliche Überlieferung). Damals haben die Kirchberger gelobt, alle Jahre an diesem Jahrestag zur Mutter Gottes nach Altötting zu pilgern, wenn sie vor so einem Übel verschont bleiben. Unser letzter Pfarrer Johann Hinter ist am 11. März 1969 verstorben. Seitdem werden wir von der Simbacher Geistlichkeit versorgt. Pfarrer Hinter hat diese Benno-Wallfahrt verschoben auf den 2. Juli (Maria-Heimsuchung). Da wird jetzt noch mit Omnibussen nach Altötting gefahren. Aber die Bitttage hält niemand mehr.

Am Karsamstag um 5 Uhr abends hatten wir eine Auferstehungsprozession. Am Christi-Himmelfahrtstag nachmittags

um 2 Uhr eine Prozession, zu Fronleichnam besteht sie noch. Am Erntedankfest um 2 Uhr nach der Dankandacht eine Prozession. Bei einer jetzigen Prozession wird nur noch der Him-

mel mitgetragen und Vereinsfahnen. Zu unserer Zeit waren das insgesamt 9 Fahnen, die mitgetragen wurden. Zu meiner Kindheit waren wir vor dem Gottesdienst mit dem Herrn Pfarrer zur Seelenkapelle gegangen. Das Kreuzl hat ein Ministrant vorausgetragen, dem sind wir Kinder zu zweit gefolgt. Neben dem Herrn Pfarrer gingen je zur Seite zwei Männer, die trugen Englstangen mit einer brennenden Kerze drauf. Vor der Allerseelenkapelle stand auch noch das große Missionskreuz. Dort hat der Herr Pfarrer ein kurzes Gebet verrichtet, dann zogen wir wieder in die Kirche ein. Die Engel haben später Diebe von den Stangen abgeschnitten. Dann haben die Männer, die den Herrn Pfarrer begleiteten, die Kerzen in der Hand getragen. Im Winter wurde nicht zur Seelenkapelle rausgegangen. Sind ledige Frauen damals gestorben, hatten sie nur weiße Särge. Auch wenn ein Junggeselle verstorben ist, gab es nur weiße Särge, desgleichen für Kinder. Weiß gekleidete Jungfrauen mit Trauerschärpen trugen die ledig Verstorbene zu Grabe. Auch die Jungfrauenfahne mit Trauerflor wurde mitgetragen. Wenn ein lediger Bursch starb, haben ihn ledige Burschen zu Grabe getragen. Auch die Jungherrenfahne mit Trauerflor wurde mitgetragen.

Einige Wochen vor Ostern waren die Beichttage. Da kamen von auswärts meistens Beichtaushilfen oder andere Geistliche, die recht laut predigen konnten und auch scharfe Rügen aussprachen; die sogenannten Standeslehren. Für die Burschen, für die Jungfrauen, für die Verheirateten, für die Kinder.

Was war an der Kirchentür zu hören?

Haben wir Kinder einmal gelacht: Wir hatten gerade Schule aus und der Schulweg führte durch den Friedhof an der Kirche vorbei und es waren die Beichttage. Die Ledigen hatten an ihrem Beichttag um 2 Uhr nachmittags noch den Kreuzweg zum Abschluss. Nach dem Kreuzweg war dann die Standeslehre für die Verheirateten. Der Prediger war ziemlich laut in der Kirche. Zwei ältere Leute standen noch im Friedhof. Ich hörte die beiden schimpfen, bin ganz erschrocken: »Schaut euch einmal so was an, da tut einer bei den Verheirateten Standlehr losen!« Ich hab das Wort »losen« noch nie gehört. Erst später wusste ich, um was es hier ging. Zu diesem Wort, sagten wir zu Hause lusen (horchen). Was war passiert? Steht unser Kinderschreck, so haben wir ihn genannt, an der Kirchentür, bückt sich zum Schlüsselloch nieder, hält noch seine große Bratzn ans Ohr und horcht. Es war ein alter Junggeselle. Der muss doch an der Standeslehr für die Verheirateten große Wissensbegierde gehabt haben. Sonst tat er halt so heilig in der Kirche. Wenn die Ministranten das große Messbuch auf die andere Seite vom Altar trugen, hat er auch sein Messbüchl im Kirchenstuhl auf die andere Seite gelegt. Halt immer so, dass er auffiel. Der hat so manchen Kirchenbesucher die Andacht genommen, besonders den Kindern. Dann recht laut und auffällig gebetet. Ich hielt mir oft die Ohren zu, der war im ersten Kirchenstuhl gleich hinter den Kinderstühlen.

Nach dem Pfarrgottesdienst mussten wir Kinder noch ein Vaterunser beten. Laut, damit wir nicht mit den Erwachsenen aus der Kirche gingen. Da wollte uns dieser alte Junggeselle dirigieren. Mit dem sind wir schon fertig geworden. Zu zweit hätte er uns beim Kniebeugenmachen niedergedrückt, bevor wir aus der Kirche gingen. Wir sind damals aus unseren Kinderstühlen seitlich raus in der Kirche und der Niederdrucker stand da in der Mitte und glotzte recht dumm. Wir haben das unserem Herrn Pfarrer bei der Religionsstunde erzählt. Der hat so gelacht, dass ihm die Tränen aus den Augen rollten. Er sagte nur kurz, dem habt ihr recht getan. Es gab halt früher auch schon Leute, die immer auffallen wollten. Wenn Kinderbeichte war, ist der alte Junggeselle auch da gewesen. Ich weiß nicht, hat er so schlecht gehört, weil er so laut geredet hat, dass wir alles mithörten. Der hat den Beichtvater belehrt. Wir Kinder haben dazu lachen müssen. Als ich schon in der Fortbildungsschule war, bekamen wir den neuen Pfarrer Johann Hinter zum Religionslehrer. Der war noch gar nicht lange da, sagte er zu uns in der Religionsstunde, dass es in Kirchberg Beichtkinder gibt, die den Beichtvater belehren. Wir haben so gelacht, uns war ja bekannt, wer das war. Dann haben die Kinder dem Herrn Pfarrer erzählt, die nicht weit weg wohnten von dem Halbheiligen, so haben den die Leute genannt, dass er auch die 40-tägige Fastenzeit hält und nebenbei haben seine Angehörigen Eier in seinem Strohsack entdeckt, auch Rahm. Das wurde dann rumerzählt. Die Leute lachten und meinten, so kann man auch fasten.

Jetzt noch zurück zu den Beichttagen. Außer der Osterbeichte gab es zu meiner Kindheit beim Pfarrer Kastenmeier die Monatsbeichte. Einen Sonntag für die Männer, den nächsten Sonntag für die Jungfrauen. Wir Kinder mussten auch alle vier Wochen zur Beichte gehen. Am Werktag vor dem Schulgottesdienst. Pfarrer Hinter, als er herkam nach Kirchberg, hat diese Monatsbeichte nicht mehr gehalten. Da gab es zu Maria-Lichtmess die Herz-Mariä-Bruderschaft (war Beichte für alle) bei einer Beichtaushilfe. Dann kam die Osterbeichte mit Aushilfen. An den genannten Beichttagen dauerte es länger, weil jeder

Stand seinen Beichttag hatte, mit der dazugehörenden Standeslehre. Als nächste Beichte für alle war der Portiunkula-Sonntag im August, auch mit Aushilfe. Allerseelen war die Seelenbruderschaft, auch Beichte für alle bei einem Aushilfspriester. Die nächste Beichte für alle war eine Woche vor Weihnachten, auch für alle. Wer bei der Bruderschaft Mitglied war, musste Beitrag bezahlen. Auch ich war Mitglied. Ist so ein Bruderschaftsmitglied verstorben, bekam es je eine hl. Messe gelesen. Diese Bruderschaften existieren nicht mehr. Sie sind erloschen, nachdem unser damaliger Pfarrer Johann Hinter verstorben ist. Zum Kommuniongehen musste man nüchtern sein, das war ganz streng. Ich erinnere mich noch gut, wie uns der Pfarrer Kastenmeier in der Religionsstunde erklärte, dass beim Zähneputzen oder Gurgeln ja kein Wasser verschluckt werden darf.

Zähneputzen bricht das Fasten

Wenn das passieren sollte, darf man nicht mehr zur Kommunion gehen. Jetzt brauchen die Leute, wenn sie kommunizieren gehen, gar nicht mehr nüchtern zu sein. Was ist uns in der Religionsstunde gelehrt worden, was alles Todsünde ist? Die Welt hat sich auch auf diesem Gebiet so verändert.

Heute gehen oder fahren die jungen Mädels zu ihren Liebhabern hin und schlafen auch dort (früher war das umgekehrt). Am Sonntag wird ohne zu beichten zur Kommunion gegangen. Macht man zu dieser Sache eine Bemerkung, so bekommt man zur Antwort, das, was ihr gelernt habt, ist a alter Huat. Oder, was gut ist, sei koa Sünd. Wenn man zu unserer Jugendzeit so etwas gemacht hätte, da hätten die älteren Leute mit dem Finger auf einen gezeigt. Ebenso die damaligen Prediger oder Beicht-väter mit ihren Lehren für die Verheirateten, den Kindersegen verhindert das sogenannte »Aufpassen«. So manchem wurde in der Beichte deswegen keine Absolution erteilt. Die waren ja dann gezwungen, auswärts zur Beichte zu gehen. Ich stell mir auch das vor, vielleicht hat der oder die Beichtende sogar solche Sachen verschwiegen, aus Furcht, keine Absolution zu erhal-ten. Ich weiß es nicht, weil ich noch nie in einer solchen Lage war. Zu der damaligen Zeit war ein Geistlicher in Simbach, der hat beim Brautexamen zu den jungen Leuten gesagt, Kinder soll man sich nur so viele anschaffen, wie man es verantworten kann, nicht in die Not setzen. Dass man selber für die Kinder aufkommen kann. Dieser Herr hat wirklich vernünftig gere-det. Gar nicht weit von unserer Gegend war ein kleiner Häusler. Sechzehn Kinder hat der in die Welt gesetzt. Was diese Leute an Not durchgestanden haben! Als man den Mann fragte, gab er zur Antwort: »Denkt ihr, ich setze mich wegen Verhütung in der Ewigkeit einmal in die Hölle oder ins Fegfeuer?« Wenn man zur jetzigen Zeit noch darüber nachdenkt, kann man nur eines feststellen: Entweder war das alles nicht richtig, was uns gelehrt und empfohlen wurde oder es stimmt das nicht, was jetzt gelehrt wird.

Das Weihwasser wird angewärmt

An eines kann ich mich noch erinnern, wie uns die Mutter erzählte, dass der damalige Geistliche jeden Sonntag bei der Predigt sagte, Eltern, spart die Rute nicht. Wir Kinder be-kamen viel Schläge wegen Kleinigkeiten, oft sogar unschuldig.

Da wurden halt die Predigtratschläge befolgt. Dass das mit den Bräuchen einmal in dieser modernen Welt verschwindet, ist erklärlich. Zum Beispiel, die Raunacht ist doch vor Hl.-Drei-König. Am Nachmittag war die Weihe von Wasser, Weihrauch und Kreide. Bis der Herr Pfarrer diese Weihe hielt, die dauerte genau zwei Rosenkränze lang, derzeit haben die Kirchenbesucher sie gebetet. Ich seh den Geistlichen noch zu unserer Kindheit, seinen Rauchmantel an, das Weihrauchfass in der Hand, die Ministranten standen dabei mit Weihwasser und Wedel. Ein großer Holzzuber war voll Wasser gefüllt, das hat der Geistliche geweiht. Erst hat er Salz und Weihrauch geweiht und dann geweihtes Salz in das Wasser geschüttet. Dann nahm er das Rauchfass und ist in Kreuzform im Holzzuber auf dem Wasser hin und her gefahren, solange er aus einem Gebetbuch betete. Wie hat uns Kinder damals immer schon in die Zehen gefroren! Zu der Zeit war es meist ziemlich kalt. In unseren Lederschuhen, wenn sie auch geschnürt waren, war kein warmes Futter drin. Und wenn wir nach der Weihe das kalte Wasser einschöpften, hat uns Kinder auch noch recht arg in die Finger gefroren. Als wir 1936 den neuen Pfarrer Johann Hinter bekamen, hatte das Fingerfrieren ein Ende. Der hat vom Pfarrpersonal den Holzzuber mit heißem Wasser anfüllen lassen. Das Wasser war noch schön warm, wenn wir nach der Weihe unsere Flaschen füllten. Ja, das war eine Wohltat. Zur jetzigen Zeit findet die Weihe erst am Dreikönigstag statt. Da ist doch diese einst so gefürchtete Raunacht längst vorbei. Wo man doch am Raunachtsabend alle Zimmer, Vorratskammern, Ställe, Stadl und Nebengebäude mit Weihwasser besprengte, mit Weihrauch ausräucherte und mit Kreide, die auch geweiht war, an jede Tür drei Kreuze zeichnete, die neue Jahreszahl und die Namensbuchstaben der drei Könige schrieb. Die jetzige Weihe ist ganz kurz.

Zu meiner Kindheit hat die Mutter vor der Raunacht Küchl und Huberl und auch Zwetschgenbavesen gebacken. Am Abend dann die Raunachtsänger. Das waren schon mehrere Personen, die da an den Fenstern gesungen haben. Die bekamen dann dafür Gebackenes. Sind Raunachtssänger gekommen, die am Fenster recht falsch gesungen haben, bekamen sie nur Kletzen und gedörrte Zwetschgen geschenkt. Während des Krieges sind die Raunachtsänger am helllichten Tag rumgelaufen. Das glich schon mehr einer Bettlerei. Der Krieg halt und das Wenige, was es für die Lebensmittelkarten gab, da brauchte man sich nicht zu wundern. Zu jetziger Zeit gibt es keine Raunachtsänger mehr. Da kommen die Ministranten als Heilige Drei Könige verkleidet ins Haus. Sie sammeln für die Mission. Diese Losnächte!

Die Mettenwurst

Da hält niemand mehr etwas davon. Die moderne Welt glaubt nicht mehr an solche Sachen. An eines kann ich mich so gut erinnern, wenn man uns Kinder ins Bett brachte am Hl. Abend und uns erzählte, wie das Christkind aus dem Wald zu uns kommt, mit Christbaum und Geschenken. Erst nach dem Mettengang hat man uns Kinder aus den Betten geholt. Da gab es erst die Mettenwurst. Das war eine gebratene Blutwurst von der Hausschlachtung und Brotsuppe dazu. Gegessen haben wir in der Kuchl. Hernach gingen wir in die Stube. Ja, das Christkind war schon da. Ein großer behangener Christbaum war da auf dem Tisch. Darunter lagen die Geschenke. Die Kerzlein und Sternwerfer hat der Vater angezündet. Dann sangen wir gemeinsam das Lied »Stille Nacht, heilige Nacht«. Hernach schauten wir unsere Geschenke an, die waren verpackt und der Name stand darauf. Viel war das nie. Nur so etwas, was man dringend brauchte. Wir sind anspruchslos und bescheiden erzogen worden. Auch das weiß ich noch gut. Ich war in der ersten Klasse Volksschule, da durfte ich zum ersten Mal in die Mette mitgehen. Die Mutter, meine älteste Schwester, mein älterer Bruder und ich. Vater blieb zu Hause. Wir hatten damals viel Schnee. Eine schmale Bahn war gschaufelt. Mein Bruder ging voran mit einer Laterne in der Hand. Ich stapfte gleich hinter ihm nach, dann meine Schwester, am Schluss dann die Mutter. Damals war die Mette genau um Mitternacht. In der Kirche war damals noch kein elektrisches Licht. Jeder Kirchenbesucher hatte sein Wachsstöckl auf dem Kirchenstuhl angezündet. Das war eine armselige Beleuchtung. An jedem Altar brannten überall Kerzen, auch die Ministranten trugen jeder eine Kerze in der Hand. Neben dem Messbuch stand eine Kerze, dass der Geistliche, der daraus las, besser sehen konnte. In den 12 Kerzenleuchtern, die an den Kirchenwänden befestigt sind (nach den 12 Aposteln genannt), wurden auch die Kerzen, die darauf steckten, angezündet. Wenn zur jetzigen Zeit in der Mette das Lied »Stille Nacht, heilige Nacht« gesungen wird, werden die Lichter abgeschaltet. Dann denk ich zurück an meine Kindheit, wie es damals wirklich aussah in der Christmette ohne elektrisches Licht.

Als wir damals heimkamen von meinem ersten Mettengang, gab es wie immer die Mettenwurst. Meine jüngsten Geschwister hatte der Vater schon aus den Betten geholt. Nach dem Wurstschmaus gingen wir alle in die Stube. Vater zündete die Kerzen und Sternwerfer am Christbaum an. Plötzlich fragte der Vater die Mutter: »Wie viele Sternwerfer hast du denn da

rangehängt?« Sofort kam mir der Gedanke, den Baum hat das
Christkind nicht gebracht. Dass all das, was man uns vom
Christkind vorschwätzte, zum Schluss gar nicht stimmt. Ich
hab dann, als alle beim Christbaum stehend, das Stille-Nacht-
Lied gesungen haben, nicht mehr mitsingen können. Ich war
so enttäuscht. Bin als Erste dann zu Bett gegangen. Ich konnte
aber nicht einschlafen. Immer wieder kam mir der Gedanke,
dass es das Christkind gar nicht gibt. Ich sagte zu meinen Eltern und auch zu meinen Geschwistern nichts davon. Mir
war das viel zu früh, dass mir auf diese Art der Glaube an das
Christkind genommen wurde.

Während des Krieges wurde die Christmette noch bei Tag abgehalten, wegen der Verdunkelung. Da hätte man sonst die Kirchenfenster auch noch verhängen müssen. Zurück noch zu unserer kalten ungeheizten Kirche und zur damaligen Kleidung. Als ich damals zum ersten Mal in die Mette gehen durfte, hatte ich hochgeschnürte Lederschuhe an, die meinem älteren Bruder zu klein waren. Die hatte der Schuster für mich zurechtgeflickt. Von der älteren Schwester ein Kleid, welches ihr zu klein war. Eine Schafwollhaube auf dem Kopf. Über die Schulter hängte mir die Mutter einen großen, breiten Wollschal mit langen Fransen. Über der Brust wurde der Schal gekreuzt und mit einer Sicherheitsnadel zusammengesperlt. Auch die weiblichen Erwachsenen trugen damals so große Schals. Es gab ja zu dieser Zeit noch keine Wintermäntel oder warme Schuhe. Die Männer trugen Überjoppen zu der Zeit. Die Mäntel sind erst später aufgekommen. Es gab auch zu der Zeit noch keine warmen Winterschuhe oder gar Pelzschuhe. Kann mich noch gut erinnern, wie der Schneider zu uns auf die Stör kam und für Vater und Mutter je einen Wintermantel nähte. Die Stoffe wurden in Simbach gekauft. Dann bekamen wir Kinder auch bald Mäntel genäht. Die warm gefütterten Schuhe kamen erst später in Mode. Weiß noch gut, als ich die ersten warm gefütterten Kragenstiefel bekam. Da ging ich schon in die Berufsschule. Es war wirklich an der Zeit, dass sich endlich wärmere Mode durchsetzte. Bald gab es auch Pelzerl um die Mantelkrägen. Etwas später trug die junge Damenwelt Fuchspelze um den Hals. Ich bekam dann auch zu Weihnachten so einen großen Pelz geschenkt. Die Pelzhauben und Pelzmäntel sind noch viel später in Mode gekommen. Die hätte man damals gut brauchen können, wo die Winter solche Kälte hatten und die Kirchen nicht geheizt waren. Kaum jemand erinnert sich noch an die damaligen Zustände. Aber sie sollten nicht ganz vergessen werden.

Nochmals zum geweihten Salz. Dazu hatten wir extra ein Krügerl, das wurde mit Salz gefüllt und zur Weihe getragen. Der Inhalt reichte für ein ganzes Jahr. Die Kälber oder auch das Großvieh, welches wir aus fremden Ställen kauften, bekamen jedes Stück Vieh ein Schnitterl Brot mit geweihtem Salz darauf, bevor sie in unseren Stall geführt wurden. Die eingemakelten Bullenkälber kauften wir aus Ställen, deren Besitzer beim Zuchtverband war. Das wurden unsere Zuchtbullen. Wir waren nicht beim Zuchtverband. Vater kaufte auch ab und zu eine großträchtige Kalbin aus guten Ställen ein, damit wieder fremdes Blut eingeschleußt wurde in unsere Tierzucht. Auch junge Ochsen wurden manchmal eingekauft. Unser Stall ist auch von Unglücken nicht verschont geblieben, trotz dem geweihten Salz. Lange Jahre ging das gut. Plötzlich kam ein Unglück nach dem anderen. In einem Jahr waren das zwei Kalbinnen. Die eine mussten wir gleich nach dem Kalben schlachten. Die zweite, drei Monate später, hatte auch so eine schwere Kalbgeburt. Das Kalb war tot, die Kalbin mussten wir auch später weggeben. Im darauffolgenden Jahr eine Kuh wegen Fremdkörper, so ging das weiter.

Unglück im Stall

Wir hatten schon Angst, wenn wir in den Stall gingen, ob nicht schon wieder ein Stück Vieh krank ist. Damals gab es noch keinen Kaiserschnitt, wenn eine Kalbgeburt nicht ging oder eine Fremdkörperoperation, was jetzt ein Tierarzt im Stall macht. Unter den Tieren, die wegen Fremdkörper geschlachtet werden mussten, war ein wertvoller Zuchtstier. Bei der Stierkörung in Simbach erhielt er die Zuchtwertklasse I. Das war im Mai 1937. Wie haben wir uns gefreut, ein so schönes und wertvolles Tier unser eigen zu nennen. Laudon hieß er. Wir haben ihn auch das Ziehen gelehrt. Unser guter Laudon war dazu recht fromm. Es war der 16. August 1937. Mein älterer Bruder war mit Laudon beim Ackern. Plötzlich fing der Bulle an zum Acherzen. Der Bruder spannte aus und hing den Bullen im Stall an. Wir holten gleich den Tierarzt aus Simbach. Der untersuchte den Bullen und erklärte uns, der ist rettungslos verloren. Er muss so bald als möglich geschlachtet werden, er hatte einen Fremdkörper gefressen. Das war damals das fünfte Stück Vieh, das wegen Fremdkörper aus dem Stall musste. Alle Tiere hatten das gleiche Stück Draht eingefressen. Vater fuhr damals mit dem Rad nach Simbach zu unserem Metzger, der bei uns alles schlachtreife Vieh kaufte. Der holte den Bullen gleich ab und schlachtete ihn. Da gab es Tränen bei uns allen. So ein wertvolles Stück Vieh. Vater sagte zum Metzger, er soll ja den Fremdkörper aufbewahren. Wir wollen sehen, was der eingefressen hat. Wieder wars ein solcher Draht, was die anderen Vieher eingefressen hatten. Wir zeigten diese Drähte dem Tierarzt. Der war der Meinung, dass das ganz gemeine Neider sind, die so etwas machen.

Bei der nächsten Heuernte bekamen wir dann die Bestätigung. Wir haben gerne das noch nicht fertig getrocknete Heu auf Hoazn[42] aufgehängt. War dann das Heu gut trocken, fuhren wir mit dem Trugerwagen die Hoaznreihen durch und warfen das Heu gleich auf den Wagen. Es war wieder Hoazn-

---

42) *Hoazn:* Heinze, leiterähnliches Holzgestell.

heu zum Heimfahren. Das war noch etwas feucht. Vater und eine Taglöhnerin streuten das Heu mit der Gabel auseinander. Dabei blieb der viereckig zusammengedrehte Draht am Gabelzinken hängen. Dieses Drahtgeflecht war in die Heuhoazn hineingesteckt worden. Wir verglichen das mit den Drähten, die unsere Tiere eingefressen hatten und trauten unseren Augen nicht. Das war derselbe Draht. Wir haben doch alles Heu mit der Schneidmaschine geschnitten, wenn da so ein Drahtgeflecht reingekommen ist, da gab es gleich mehrere Stückerl zum Einfressen. Zu dem Mann, den wir vermuteten, sagte ich einmal, wer das auf dem Gewissen hat und seinen Neid an unschuldigen Tieren auslässt, den soll unser Herrgott einmal richtig bestrafen. Einige Jahre hernach hat der Blitz bei ihm drei Kühe erschlagen. Dann war bei uns im Stall das Ende mit diesen Fremdkörpern. Das war damals ein großer Schaden für uns. Fünf Stück Großvieh in einem Jahr! Es kam das Jahr 1938.

Die Zither kommt unter die Räder

Im März war der Einmarsch nach Österreich. Den hatten die Hitleranhänger längst vorbereitet. Einige Monate vorher sind meine Eltern so erschrocken. Zur Mitternachtszeit haben sie Krachen gehört. Sind gleich aus den Betten gerannt, weil sie der Meinung waren, es sei das Stallgewölbe eingestürzt. Als sie zur Haustüre liefen, sahen sie, wie von Simbach aus nach Braunau große Ballon- oder Feuerkugeln geschossen wurden, es hat sie zerrissen und über Braunau sind lauter Hakenkreuze niedergefallen. Die Eltern haben mich damals auch aus dem Bett geholt, dass ich mir das Spektakel ansehen konnte. Die Schießerei dauerte ungefähr eine halbe Stunde. Mein Vater sagte, das ist Grenzverletzung.

Mein älterer Bruder bekam zu Weihnachten eine Zither. Er fuhr jede Woche einmal zur Zitherstunde nach Marienhöhe zu Mater Dositia in Simbach. Auch an dem Tag, als der Einmarsch nach Österreich war, musste der Bruder zur Zitherstunde. Vater sagte zum Ludwig: »Heute fährst du nicht mit dem Rad. Bei dem Verkehr, der heute auf Simbachs Straßen rollt.« So nahm er die Zither und ging los. Mein jüngster Bruder begleitete ihn. Das Anwesen, an dem die Straße vorbeiführte, hieß beim Anderlbauer. Neben der Straße war ein Weißdornzaun. Auf dieser Straße fuhr auch ein Militärfahrzeug am anderen. Die zwei Brüder gingen auf der Straßenseite rechts, wie es damals Vorschrift war, hintereinander. Da fährt gegenüber eine Dame mit dem Rad nach Simbach und stürzt mitten auf die Fahrbahn. Der Militärfahrzeuglenker riss sein Fahrzeug nach rechts und hat nicht gesehen, dass da die zwei Buben gingen. Bruder Ludwig, der die Zither in der Hand trug, hat der Militärwagen an der Achsel angefahren. Der Bruder kam zu Sturz und der Zitherkasten mit der Zither landete unter dem Kettenfahrzeug. Kasten und Zither waren zerdrückt. Die zwei Buben mussten froh sein, dass sie mit dem Schrecken davonkamen. Der Fahrzeuglenker ist ausgestiegen und hat richtig geschrien: »Ich kann doch das Mädl net totfahren!« Das Fahrzeug stand so nahe am lebendigen Zaun, dass die Brüder da durchschlüpfen mussten, damit sie das Kettenfahrzeug bei der Anfahrt nicht überrollte. Die Brüder mussten froh sein, dass damals nicht mehr passiert ist. Meine Eltern haben halt wieder eine neue Zither gekauft. Am 15. März 1939 war der Einmarsch in Prag.

Im selben Jahr musste mein älterer Bruder zur Wehrmacht. Er war noch in München in Ausbildung, da war im Herbst 1939 der Einmarsch in Polen. Der Feldzug war auch bald beendet. Die Deutschen von vorn, die Russen von hinten. Schnell war auch da der Sieg zu feiern. Dann ging es nach Westen, Frankreich, Belgien und Holland. Damals kamen schon Flüchtlinge aus Karlsruhe in unsere Gegend. Wir zu Hause hatten noch keine. Diese Leute kamen bald wieder zurück in ihre Heimat. Was in unserer Gegend ankam, waren französische Kriegsgefangene. Ein Verwandter von uns war im Frankreichfeldzug dabei. Der erzählte uns, dass alle Gefangenen, die sie in Frankreich machten, ganz einen besoffenen Eindruck machten. Der Verwandte erzählte weiter, die Deutschen müssen Waffen verwendet haben, die Rauschgift enthielten. Anders konnte er keine Erklärung dafür finden.

Mit den Kirchenglocken wurde dann fest Sieg geläutet. Es gab schon einige Gefallene. Am 21. Juni 1941, fünf Uhr morgens, war Angriff auf Russland. Mein älterer Bruder war dabei im Mittelabschnitt, Richtung Moskau. Er erzählte uns, als er damals zurückkam, dass vor dem Angriff noch eine Lokomotive mit ein paar Waggon durchgefahren ist. Die Lok hat noch gepfiffen zum Schein. Der Angriff kam für den Gegner ganz überraschend. Bis 65 Kilometer vor Moskau standen die deutschen Truppen, mein älterer Bruder war dabei.

In unsere Gegend kamen dann russische Kriegsgefangene zur Arbeit. Die französischen Kriegsgefangenen kamen weg von Kirchberg. 1941 im Herbst riss man die Kirchenglocken herunter. 1914/18 sind in Kirchberg die Glocken verschont geblieben, weil es ein harmonisches Geläute war. Aber 1941 mussten diese Glocken daran glauben. Ich besitze sogar noch Fotos von der Glockenabnahme. Erst sind die Parteiangehörigen die ganze Gemeinde abgelaufen. Wir sollten alles Eisen, Kupfer und Messingzeug hergeben, damit uns die Glocken erhalten bleiben. Da haben's alle zusammengebettelt, dann wurden die Glocken geholt. Die Unwahrheit waren wir ja schon gewohnt von diesen Herren. Zu der Zeit sind schon viele Soldaten gefallen. Die Gefallenenmeldungen wurden immer mehr. Erst wurden sie per Post zugesandt. Später kamen die Meldungen auf die Gemeinde. Da brachte dann der Bürgermeister die schlimme Nachricht ins Haus. Jeden Sonntag nach der Predigt hat der Herr Pfarrer ein Gebet für die Soldaten verrichtet. »Gütiger Gott, wir empfehlen dir alle unsere Söhne, Männer, Brüder und Verwandte, die draußen im Felde stehen. Du kennst die Gefahren, von denen sie umgeben sind. Du kennst die großen Mühen und Opfer, die sie auf sich nehmen müssen. Sei ihnen ein starker Schutz und Schirm und wenn sie für das Vaterland fallen, nimm sie in deine mächtigen Arme und lasse sie vom Hl. Erzengel Michael ins Jenseits begleiten. Gib Mut und Kraft allen Frauen, Müttern und Kindern, die ihre Männer, Väter und Söhne und Brüder verlieren. Sende ihnen Trost und Hilfe in ihrem Leid. Herr, erbarme dich ihrer.«

Kriegsnot und Tod

W as mussten wir an Arbeit alles leisten. Wir halfen auch bei unseren Nachbarn aus. Die männliche Jugend und auch schon ältere Männer waren alle fort im Krieg. Ein Nachbar hatte zwei Söhne im Feld. Er selber war oft krank und auch seine Frau. Sie hatten einen kriegsgefangenen Russen. Aber trotzdem war die Arbeit viel. Mit unserer Sämaschine hab ich bei ihm die ganzen Getreidefelder angebaut. Die ganzen Kriegsjahre. Es war das Frühjahr 1945. Wir hatten Gerste gesät, kurz vor Ostern. Wir unterbrachen die Aussaat, weil Frostwetter kam. Der Nachbar sagte zu mir, wenn der Frost zu Ende ist, dann hol ich dich. Als ich den Nachbar auf unseren Hof zugehen sah, dachte ich mir, der holt mich zum Gerstensäen. Ich öffnete das Hoftürl. Weinend fiel er mir in die Arme. Er war zusammengebrochen. Er stöhnte nur immer: »Der Heinz, mein Liebling, ist gefallen.« Ich nahm den Nachbarn mit in die Stube und setzte ihn auf das Kanapee. Dort erzählte er dann vor meinen Eltern und mir, dass ihm der Bürgermeister die schlimme Nachricht brachte und zum Trost zu ihm sagte, dass er stolz sein soll, dass er seinen Sohn für Deutschlands Größe opfern durfte. Der Nachbar gab dem Tröster zur Antwort: »Da müsste ich so sein wie du. Du hast deinen unehelichen Buben nicht mögen.« Der Nachbar erzählte weiter: »Mir wurde der Sohn aus dem Herzen gerissen.« So manch harte Nachricht traf auch bei anderen Nachbarn ein. So viele Schulfreunde, die mit mir zur Schule gingen! Die Gefallenen wurden immer mehr. Der Krieg nahm immer ernstere Formen an. Auch mein jüngster Bruder musste zum Militär. Er hatte erst 5 Klassen Gymnasium gemacht in Passau. So viele Flüchtlinge waren schon da. Sie wurden überall reingesteckt, wo ein übriges Plätzchen war. Auch wir zu Hause bekamen welche.

Auch ich musste zur Musterung. Die war in der Mädchenschule in Simbach. Unser Bürgermeister kam vor der Musterung zu uns Mädls ins Vorzimmer. Er fing ganz laut zu reden an: »Hört alle gut zu. Ich möchte euch nur warnen, dass nicht wieder eine so blöd ist und sich freiwillig meldet wie im vergangenen Jahr. Was ich da an Fragen und Schreibereien bekam, ja sogar schwören musste, bis ich die blöde Gans wieder freibekam.« Bei der Musterung wurden wir alle zurückgestellt aus häuslichen Gründen auf Kriegsdauer. Wir waren ja alle von der

Landwirtschaft. Was wäre denn damals aus der Landwirtschaft geworden, wenn sie die jungen weiblichen Kräfte auch noch eingezogen hätten? Die Arbeit stand uns ja über den Kopf zu Hause und auch die Sorgen. Wir hatten auch zwei Brüder im Krieg. Jeden Tag am Abend schrieb ich bei Kerzenlicht Feldpostbriefe an die Brüder oder auch an Bekannte oder Freunde an der Front. Auch als wir dann später das elektrische Licht schon hatten. Als Erstes war oft Stromsperre. Als Zweites war es doch mit der Verdunkelung ganz streng. Zum Schreiben kam ich erst ganz spät am Abend. Die Lebensmittelkarten, Kleiderkarten, Bezugsscheine war alles längst eingeführt. Alles war beschränkt. Zum Mühlfahren benötigte man Mahlscheine. Für jedes Schlachttier bekam man Schlussscheine. Dort musste Lebend- und Schlachtgewicht eingetragen werden. Es gab auch Seife, Zündhölzer, Waschbürsten, Rauchwaren, alles beschränkt. Stützpunktleiter und Bauernführer kamen ins Haus und suchten die Dachböden ab, ob nicht doch noch Getreide da wäre zum Liefern übers Kontingent. Kontingent war die Pflichtlieferung, die bekam jeder Bauer. Auch Heu und Stroh mussten abgeliefert werden für die Pferde, die im Kriegseinsatz waren. Die Bauern, die Pferde hatten, mussten die jüngeren zur Musterung bringen. Die guten Pferde wurden auch geholt in den Krieg. Ochsen mussten die fehlenden Pferde ersetzen. Die Milch wurde von Prüfern gewogen, dass man ungefähr wusste, was an Butter anfällt zum Liefern. Feldgemüse musste angebaut werden. Das war alles harte Arbeit. Auch Flachs musste jeder Bauer säen. Das Flachsstroh musste auch geliefert werden.

Die Hamsterer kommen

Je schlimmer der Krieg wurde, desto mehr Hamsterer kamen. Besonders um das Obst. Wenn der Zug aus München in Simbach einlief (um die Obstzeit), haben wir schon Angst bekommen. Wir schauten uns fragend an, was werden wir heute wieder erleben müssen? Auch der Zug aus Österreich, der im Simbacher Bahnhof einlief, brachte Obsthamsterer. So viele Leute kamen an wie Pilger, mit Körben, Rucksäcken und Koffern. Da waren so freche dabei. Die sind gleich an die Obstbäume ran und haben Obst runtergerissen. Auf der einen Seite musste man die Not verstehen, die diese Stadtleute zu ertragen hatten. Aber bitter war das für uns. Wir haben damals Grummetheu gemäht neben dem Obstgarten. Vater meinte, da gehören noch zwei Grasmahten dazugemäht. Ich sagte zum Vater: »Das mach ich gleich nach der Suppe.« Ich bin da unten neben dem Obstgarten beim Grasabmähen mit der Sense, da seh ich von Weitem, dass die Obsthamsterer schon wieder daherkommen. Plötzlich liefen zwei ältere Frauen auf mich los, ich soll ihnen ihre Körbe gleich mit Äpfeln füllen. Ich erklärte ihnen, dass ich das Stückerl noch abmähe, dann bin ich fertig. Erst dann kann ich euch Äpfel geben. Da warens gleich ganz bös. Die eine sagte zu mir: »Dafür sollst du einmal keinen Mann kriegen.« Ich gab ihnen drauf zur Antwort: »Jetzt schleicht's euch. Für euere schönen Wünsche kriegt ihr gar nichts und hilft das nicht, wird euch unser Hofhund nachhelfen.« Da waren sie schnell verschwunden. Es waren auch anständige Leute dabei, aber auch Grattler. Das waren die frechsten. Wer anständig war und geduldig warten konnte, bekam immer was. Man ließ die Leute nicht einfach so stehen, wenn es Not zu lindern gab.

Meine Eltern waren da sehr großzügig. Es kamen auch Soldaten und bettelten um Essen. Besonders als der Krieg dem Ende zuging. Wir sind oft zu Bett gegangen und haben uns nur eine Scheibe Brot abgeschnitten und eine Tasse Milch getrunken, weil die Mutter die Nudl und was es sonst noch zum Abendessen gegeben hätte, verschenkte an hungrige Leute. Ich kann mich noch gut erinnern, da sind einmal verwundete Soldaten mit dem Zug nach Simbach gekommen. Sie sind dann auch in der Gegend verstreut zum Essenbetteln ausgegangen. Auch auf meinen Heimathof sind mehrere verwundete Soldaten gekommen. Da waren zwei dabei, die trugen beide Arme in der Schlinge. Sie konnten selber nicht essen. Vater gab diesen Soldaten das Essen ein. Das war gegen Abend, als die Hungrigen bei uns ankamen. Die Rohrnudl wurden viel zu wenig. So haben wir schnell Pfannkuchen gemacht. Dazu öffneten wir mehrere Gläser eingeweckte Kirschen. Die Soldaten haben mit solchem Appetit gegessen und haben sich so gefreut! Dann erzählte einer von den Soldaten, dass die Nachbarn, die unterhalb uns waren, recht neidige Leute sind. Da hat man doch auch überall Hühner laufen sehen. Als sie die Leute fragten, kam die Antwort: »Da geht's rauf zum Kagerbauer, da kriegt ihr bestimmt was zum Essen.« Der eine Soldat, dem der Vater das Essen eingab, sagte mit Tränen in den Augen, es gibt noch gute Leute. Als uns die Gesättigten mit einem »Vergelts Gott« verließen, sagte noch einer der Soldaten: »So gut hat's uns schon lange nicht mehr gegangen.«

Der Blindgänger in der Kapellenwiese

Als der Krieg dann zu Ende war, kamen wieder so viele Soldaten und bettelten um Zivilkleidung. Wir haben diesen Leuten gegeben, was wir geben konnten und wenns noch so alte Flanken waren. Hauptsache raus aus der Uniform wegen der Gefangenschaft. Ob die umgekleideten Soldaten der Gefangenschaft entgangen sind, wussten wir nicht. In dieser schweren Zeit lernten wir zwei Soldaten, die in Ranshofen bei der Flak stationiert waren, durch Zufall kennen. Wenn feindliche Flieger über uns flogen, hat die Flak von Ranshofen auf sie geschossen. Da passierte es einmal, dass so ein Flakgeschoss als Blindgänger in unserer Kapellwiese einschlug. Man sah nur, dass der Rasen hochgestülpt war. Mein Vater kannte sich da gut aus. Er meldete es der Polizei in Simbach. Die verständigten das Sprengkommando in Ranshofen. Da kam auch Hans zu uns und kontrollierte die elektrischen Außenleitungen. Dabei bettelte der um Obst, weil er es an den Bäumen hängen sah. Vom Sprengkommando kamen damals auch zwei Soldaten aus Ranshofen und schaufelten den Blindgänger frei. Dazu brauchten sie Tage. Das Geschoss steckte drei Meter tief in der Erde und war ungefähr 40 cm lang und hatte einen Durchmesser von 20 cm. Mit einer langen Zündschnur wurde das Geschoss gesprengt. Das hat richtig gekracht. Von der Zeit an kam Hans, sobald er frei hatte, zu uns. Er brachte auch seinen Kameraden mit, den kleinen Schorsch nannten wir ihn. Hans war aus Warstade bei Hamburg. Der Schorsch war aus Edewecht. Wir konnten die beiden so gut zur Arbeit gebrauchen. Die Mutter gab ihnen Obst und auch Lebensmittel mit. Darüber waren sie immer sehr erfreut und dankbar. Als der Krieg dann zu Ende war, kamen Schorsch und Hans in Gefangenschaft nach Pfarrkirchen. Ein Soldat, der auch mit Hans und Schorsch im selben Gefangenenlager war (er wurde eher entlassen), brachte uns die Nachricht, dass die beiden noch im Pfarrkirchner Lager sind und sehr viel Hunger haben.

Am nächsten Tag gingen meine jüngste Schwester und eine ältere Dame aus unserer Gegend zu Fuß nach Pfarrkirchen. Sie nahmen einige Laib Brot und Esswaren mit, so viel sie halt tragen konnten. Die Sachen brachten sie zum Gefangenenlager. Dort wurde ihnen alles abgenommen und unter den ganzen Gefangenen verteilt. Mit Hans und Schorsch durften sie nur ganz kurz reden. Nach 25 Jahren hat uns Hans aus Warstade besucht. Er wollte unsere gute Mutter noch einmal sehen. Der Vater war ja schon längst verstorben. Der kleine Schorsch aus Edewecht kam öfters. Er war ja noch ledig. Hans hatte ja schon lange seine Familie. Er war auch älter. Zu Geburtstag und Weihnachten-Neujahr schrieben Hans und Schorsch alle Jahre.

Eine Raupe ins Auge

Der Flüchtlingsstrom wurde immer größer. Mit Ross und Wagen fuhren ganze Kolonnen auf der Landstraße daher. Wir fragten uns oft, was soll das noch werden? Wir hatten auch schon Flüchtlinge auf dem Heimathof. Überall wurden die Leute reingesteckt. Bruder Ludwig war noch in Grenoble als Ausbilder. Dort haben die Partisanen fürchterlich gehaust. Er schrieb uns damals, dass sie alle knapp dem Tod entgangen sind. Alle Soldaten waren aus der Kaserne ausgerückt zu einer Großübung. Der Oberleutnant kommandierte gerade »Rührt Euch«, da gab es in der Stadt einen fürchterlichen Krach. Die

Kaserne flog in die Luft. Wenn die Sprengung früher losgegangen wäre, hätte keiner überlebt. Gott sei Dank ging das glücklich zu Ende. Plötzlich blieb die Post wieder aus. Ich schrieb trotzdem die Feldpostbriefe nach Grenoble. Sie kamen zurück, aber kein Vermerk, warum. Wir waren sehr in Angst damals, ob wieder was passiert sein könnte. Nach langer Zeit kam eine Karte aus Bordeaux. Darauf war zu lesen: »Wenn es eurem Sohn und Bruder einmal besser geht, kommt er nach Deutschland in ein Augenlazarett.«

Das schrieb uns eine Krankenschwester. Wir hatten keine Ahnung, was da mit den Augen los ist und dass Ludwig in großer Lebensgefahr war. Nach langer Zeit erhielten wir endlich vom Ludwig selber eine Karte aus Algasing, dem Augenlazarett. Inzwischen war der jüngste Bruder bei den Invasionskämpfen eingesetzt, auch von ihm blieb die Post aus und die Briefe kamen zurück. Nach langer Zeit kam dann die Vermisstenmeldung. Die Adresse an uns, der Inhalt: Ihr Sohn Erick Weckerbecker ist vermutlich in amerikanische Gefangenschaft geraten. Das stimmte ja alles nicht zusammen. Der Brief war an uns adressiert. Der Inhalt hätte ja lauten müssen: Ihr Sohn Josef Gruber. Ein ganzes Jahr verging, wir wussten überhaupt nicht, was mit Sepp los war. Bruder Ludwig war ja schon lange im Augenlazarett, da kam eines Tages ein Brief von ihm: Sorgt Euch nicht mehr lange ab, Sepp ist noch am Leben! Als Ludwig nach Hause fahren durfte, erzählte er uns, dass er sich in Algasing mit noch einem Feldwebel im Schwarzfunk die Gefangenen-Durchsagen anhörte. Da hörten sie plötzlich: Grenadier Josef Gruber lässt seine Angehörigen schön grüßen und seinen Bruder im Lazarett. Ein Trost war es für uns doch damals, nach so langem Bangen. Es dauerte aber geraume Zeit, bis wir endlich vom Sepp selber Gefangenenpost erhielten aus einem

Durchgangslager Springfeld St. Louis. Sepp hatte immer wieder seine Lageradresse gewechselt. Drei Jahre war er in amerikanischer Kriegsgefangenschaft, dann anschließend noch ein Jahr in England. Da kam einmal ein Brief ganz hoffnungslos, als er nach der Überfahrt von Amerika schon hoffte, nach drei Jahren heimkommen zu dürfen. Nach England kam er und musste dort noch ein Jahr bleiben. Da schrieb er damals, es wäre wohl besser, wenn er seinem Leben ein Ende machen würde! Da war erst die Vorfreude und dann die große Enttäuschung. Ich schrieb ihm damals, er braucht nicht zu verzagen, er soll sich das Los vorstellen, was unsere Gefangenen im Osten aushalten müssen.

Nur ich allein schrieb die Feldpostbriefe an meine zwei Brüder und sonstige Bekannte, meist um Mitternacht bei Kerzenlicht. Am Tag gab es bei uns keine Zeit zum Briefeschreiben. Als Bruder Sepp in amerikanischer Kriegsgefangenschaft war, mussten die Briefe an ihn in Setzschrift geschrieben werden oder mit Schreibmaschine. Wir hatten keine Schreibmaschine zu Hause, und wer hat damals schon Maschineschreiben können? Blieb mir keine andere Wahl, als in Druckschrift zu schreiben. Ich hab sie ja auch in der Volksschule gelernt für mich. Die Brüder haben diese Schrift in der Zeichenstunde gelernt. Wenn sie dann zu Hause mit der Redisfeder in Druckschrift ihre Hausaufgaben schrieben, hab ich zugeschaut und die Buchstaben bei mir in ein Heft geschrieben. So lernte ich damals auch für mich diese Schrift.

Als mein älterer Bruder seinen ersten Genesungsurlaub im Augenlazarett bekam, durfte er zu uns heimfahren. Erst dann erfuhren wir, was ihm damals in Grenoble bei einer Geländeübung passiert ist. Ein Feldwebel hatte eine Raupe gefunden und sie aus Spaß Ludwig ins Gesicht geworfen. Sie traf ins Auge, er bekam fürchterliche Schmerzen, denn die 600 Raupenhaare steckten im Augapfel, stellten die Augenärzte fest. Noch dazu war es eine giftige Raupe. Das hätte dem Ludwig beinahe das Leben gekostet! Und wir zu Hause hatten damals keine Ahnung. Die Ärzte zerschnitten dem Ludwig immer wieder den Augapfel, um auf diese Weise an die Raupenhaare heranzukommen. Er verlor immer wieder das Bewusstsein. Im Hinterkopf hatte sich Wasser angesetzt, das dann punktiert werden musste. Damals lag er in Bordeaux im Lazarett. Auch im Augenlazarett Algasing haben die Ärzte ihm immer wieder den Augapfel zerschnitten und die Raupenhaare nicht herausgebracht. Am Schluss war das Auge vollkommen erblindet. Inzwischen kamen die Amerikaner schon nach Deutschland herein und Bruder Ludwig kam mit dem kranken Auge noch einmal an die Front. Bei Heidelberg geriet er in Gefangenschaft. Wir erhielten zu Hause damals von einem seiner Kameraden die Nachricht, dass er gefallen ist, was Gott sei Dank nicht stimmte. Am 19. Juli 1945 kam Ludwig aus amerikanischer Kriegsgefangenschaft heim. Das Erste, was er uns erzählte, war, dass er auf seinem blinden Auge wieder sehen kann! Er kam bei Heidelberg in ein Gefangenenlager, dort waren sie eingepfercht wie die Schafe. So viele Gefangene waren drinnen. Einmal herrschte solches Gedränge, der Bruder wurde ganz fest an den Zaun gedrückt. Geht ein Negersoldat, der sie bewachen musste, vorbei und haut ihm mit der Faust ganz fest auf das blinde Auge und er brach ohnmächtig zusammen. Es tat tagelang weh und dann fing das Auge zu eitern an. Es hat sich niemand um ihn gekümmert. Jeden Tag wurde es im Auge heller und auf einmal konnte er wieder sehen, ganz normal! Durch die Eiterung wurden die Raupenhaare herausgeschwemmt. Die Watschn des Negersoldaten kam uns allen wie ein Wunder vor.

Ist Simbach vom Teufel besetzt?

Zurück zum Kriegsgeschehen. Je länger der Krieg dauerte, desto schlimmer wurde es für uns. Ich weiß noch gut, als Vater einmal vom Einkauf aus Simbach zurückkam und erzählte, wie die Schaufenster in den Geschäften aussehen. In jedem Schaufenster klebte ein ungefähr ¾ Meter langer schwarzer Papiermann mit schwarzem Zylinder auf dem Kopf. Vater fragte damals immer wieder bekannte Geschäftsleute, was das zu bedeuten hat. Jeder zuckte mit den Achseln, wir wissen es nicht. Dem Vater riss bald die Geduld. Wenn mir jetzt keiner sagen kann, was diese schwarzen Papiermänner zu bedeuten haben, erzähl ich meinen Leuten, wenn ich nach Hause komme, dass Simbach vom Teufel besetzt ist. Genau eine Woche später war auf diesen schwarzen Papiermann ein etwa 5 cm breiter gelber Papierstreifen geklebt, darauf war in schwarz gedruckt: Feind hört mit! Das war eine Warnung! Man soll sich auf der Straße mit niemand unterhalten über die Kriegslage. Damals stand es schon ziemlich schlimm. Alle Augenblicke war Fliegeralarm, auch am helllichten Tag. Verdunkeln mussten wir jeden Abend unsere Fenster, auch im Stall. Ich kann mich noch gut erinnern, dass wir während der Kartoffelernte am Abend nach der Stallarbeit noch Wagen voll Erdäpfel abladen mussten. Die Hoflampe durften wir wegen Verdunkelung nicht aufdrehen. Wir nahmen Sturmlaternen zum Abladen und zum Hinuntertragen in den Keller. Immer wieder Fliegeralarm und dann flogen Bombereinheiten über uns. Schnell überhängten wir unsere Sturmlaternen mit den Arbeitsschürzen. Wenn die Flieger in München Bombenteppiche legten, klirrten bei uns daheim die Fenster. Wir sagten, wie wird es unserer Schwester in München ergehen? Das Schwabinger Krankenhaus, in dem die Schwester war, ist immer wieder bombardiert worden. Da half auch das große weiße Kreuz, das auf jedem Dach aufgespritzt war, nichts. In der Nähe der Krankenhäuser waren die BMW-Werke, die haben sie nicht getroffen. Meine Schwester erzählte uns, dass es in einer Bombennacht im Luftschutzkeller einmal 12 junge Schwestern erschlagen hat. Ich war nach dem Krieg bei meiner Schwester im Schwabinger Kinderkrankenhaus als Kochlehrling. Bei Freizeit oder am Sonntag bin ich öfters auf den hohen Schuttberg, der in der Nähe des Schwabinger Krankenhauses war, gegangen. Es gab dort eine schöne Aussicht über die Stadt München, ich sah aber auch das große Kreuz und die angenagelte Tafel aus Holz, worauf steht: Betet für die Verstorbenen, die hier im Schutthaufen ruhen. Ich sah mir das alles mit Wehmut und bitterer Erinnerung an.

Im Krieg war die Arbeit in der Landwirtschaft sehr hart. Plötzlich waren überall Kartoffelkäfer, es hieß, die feindlichen Flieger bringen das Ungeziefer ins Land. Die roten Larven mussten wir mit der Hand abklauben, sonst hätten uns diese Biester die ganzen Erdäpfelstauden kahlgefressen. Wir nahmen alte Blechbüchsen zum Reinwerfen und darüber gossen wir Jauche. Einige Tage dauerte das, bis diese Luder kaputt waren. Später haben wir Kalkstaub über die Erdäpfelstauben gebaut, hat aber nicht viel geholfen. Wir mussten immer wieder mit der Hand alles abklauben. Wenn ich da noch daran denke, da ekelt's mich heute noch. Vater sagte immer, heut gehn wir glei zum »Moiwern«. Die Larven waren so rot wie die Himbeeren. Statt Himbeerpflücken sagten wir zu Hause Moiwern. Damals gab es noch keine Gummihandschuhe, was man jetzt zum Gartenarbeiten trägt. Während des Krieges schmückten wir unseren Weihnachtsbaum mit Silberfäden, die uns feindliche Flieger herunterstreuten, recht dünne feine waren das. Ganze Haufen

lagen auf den Wiesen und Feldern und auch in den Wäldern. Später warfen die Flieger so ungefähr 10 cm breite Silberstreifen herunter, auf einer Seite waren die schwarz und ganz klebrig. Die rührten wir nicht an, wir rechten die zusammen auf Häufchen zum Abfall. Einmal warf bei uns in den angrenzenden Wald ein feindlicher Flieger einen leeren Benzinkanister herunter, der war so groß, dass der in der Mitte getrennt je eine große Badewanne ergab. Nachts war es auch nicht angenehm, wenn Fliegeralarm war, und dann die Bomber über uns flogen. Nachts war einmal Fliegerangriff auf das Aluminiumwerk in Ranshofen bei Braunau. Das hab ich mir angesehen. Es war ein einzelnes Flugzeug. In Ranshofen war auch Flak stationiert, sie hat fest auf die Flieger geschossen, aber schlecht getroffen. Einen Flieger haben sie getroffen, der stürzte in die Innauen, soll ein englischer Bomber gewesen sein, wurde damals erzählt. Gegen Ende des Krieges kamen die feindlichen Flieger auch am Tag. Wenn sie über uns flogen, hat die Flak von Ranshofen auf sie geschossen, das war ganz schlimm, wenn die Geschosssplitter herunterflogen.

Am ärgsten war es, wenn ich mit den Ochsen oder Bullen auf der Wiese oder im Feld war bei der Arbeit. Ich musste schnell mit den Viechern verschwinden, wohin es am nähesten war, in den Wald oder unter einen Obstbaum oder in ein Nebengebäude. Das Schlimmste waren dann noch die Tiefflieger, die einzeln auftauchten. Die schossen mit Bordwaffen auf die Leute. Wir hatten eine Flüchtlingsfrau, sie half uns arbeiten, sie war auf dem Haberfeld oben neben dem Wald beim Distelausstechen. Plötzlich tauchte ein einzelner Tiefflieger auf und schoss auf sie. Die Frau lief in den Wald, der war gleich anschließend. Man sah noch lange die Einschussstellen im Haberfeld.

»D'weiß Fahn außa, d'Amerikaner kemma!«

Das Kriegsende rückte immer näher, alles war schon gespannt. Es war noch ein Tag vor dem letzten April 1945, da kamen auf Kagerbauer zwei SS-Soldaten zum Betteln um Brot, die erzählten, dass es ihnen so schlecht ergangen ist beim Rückzug durch Wien. Mit faulen Eiern hat man auf sie geworfen und heißes Wasser auf sie gegossen. Sagt dann der zweite

Soldat ganz hochdeutsch (er war ein Hamburger), sollten wir den Krieg doch noch gewinnen, diesen Wienern werden wirs noch zeigen! Sagt mein Vater drauf: Wers jetzt no net kennt, der hat's Hirn mit Bretter zuagschlang. Ich stand neben dem Vater, bin so erschrocken! Bist net glei staad, sagte ich zum Vater. Ist bloß gut gewesen, dass die SS-ler net boarisch verstanden ham. Sonst wär da schon was passiert. Jeder sprach von einem großen Glück, als die SS, welche in Simbach einquartiert war, am Tag vor dem Amerikaner-Einmarsch nach Braunau rüber ist, bevor die Brücken gesprengt wurden. Man hat noch genug gehört, wie viel die SS noch Leute erschossen hat. In Altötting wollten die SS-Einheiten die Gnadenkapelle sprengen. Die sich dagegen wehrten, wurden erschossen!

Auch in Simbach wurde eine Liste gefunden, worauf Namen standen, diese Personen wären nach dem Sieg auf dem Kirchenplatz öffentlich erhängt worden. Das erzählte uns Herr Seidl, der dann Bürgermeister in Simbach war. Gott sei Dank kam es anders. Hans und Schorsch waren einen Tag vor dem Ami-Einmarsch noch auf Kagerbauer. Am liebsten wären sie bei uns geblieben, aber sie getrauten sich nicht. Hans sagte, die Amerikaner sind schon in Cham, bis morgen sind sie bei uns. Was wird aus uns Soldaten dann werden? Die beiden sind aber doch noch mit dem Rad zurückgefahren zu ihrer Einheit nach Ranshofen. Am nächsten Morgen spannte ich einen Ochsen an eine schmale Egge und lockerte damit die Furchen zwischen den Kartoffeläckern auf. Die Mutter fragte, ob ich mich nicht fürchte, weil immer wieder Flieger über uns flogen. Ich dachte mir, es sind deutsche Flieger. Plötzlich krachte es in Simbach, das Postgebäude wurde bombardiert. Schnell kamen dann Tiefflieger und schossen auf uns runter. Bin so erschrocken, schnell spannte ich den Ochsen ab, dann liefen wir dem Hof zu und rein in den Stall. Es war 11 Uhr Mittag, niemand ging an diesem Tag zum Essen. Jeder von uns war ganz aufgeregt, wir horchten bloß, wie bald es wieder wo kracht. Wir gingen dann auf die Wiesstraße raus, zum Spitz nannten wir die Wiese, von dort sahen wir schön auf die Landstraße herunter, die am Wirtshaus von Kirchberg vorbeiführt. Von dort sahen wir auch nach Simbach und Braunau.

Plötzlich hörten wir von der Straße bis zu uns herauf schreien, ein Mann fuhr mit dem Rad durch, er schrie »dö weiß Fahn außa, die Amerikaner kommen, ja keinen Widerstand leisten.« Man hörte immer wieder, »dö weiß Fahn außa, die Amerikaner kommen.« Den Werwölfen, die den Straßen entlang mit Panzerfäusten auf die Amerikaner lauerten, schrie derselbe Mann zu: »Schmeißt euere Waffen weg und lauft davon.« Das haben sie auch befolgt, es waren ja noch Buben. Wir blieben dort stehen auf der Wiesstraße. Plötzlich ein gewaltiger Krach, und als die Bogenbrücke ins Wasser stürzte, spritzte das Wasser wie eine Pyramide hoch, ich hab das mit eigenen Augen gesehen. Kurze Zeit später sahen wir, wie das Feuer über die Eisenbahnbrücke lief, einmal und noch einmal, und dann krachte es, die Eisenbahnbrücke flog in die Luft; als sie in den Inn stürzte, spritzte das Wasser wieder so hoch wie bei der Bogenbrücke. Das ist schlimm, sagte der Vater damals.

De amerikanischen Einheiten fuhren auf der Landstraße ganz friedlich durch. Auf einmal kamen die Fahrzeuge wieder zurück, dann kam die Belagerung. Sie fuhren zu den Bauern und Gehöften, die Leute mussten ausziehen, die Ami quartierten sich ein. Zu uns konnten die Fahrzeuge nicht rauf, weil sie im Dreck stecken blieben, das war unser Glück, deswegen konnten wir bleiben. Unsere tiefer gelegenen Nachbarn mussten alle raus, die kamen zu uns mit ihren Betten unterm Arm.

Wir hatten auch viel Bekannte aus Simbach da, es waren aber auch Leute dabei, die wir gar nicht kannten.

Die Stube, die Küche, alles war voll besetzt. Meine Schwester und ich, wir waren damals junge Mädls. Unsere Betten überließen wir älteren Leuten. Wir haben auf dem Fußboden geschlafen! In der Stube saßen die Leute, die ganzen Wandbänke, alles war voll. Zu der Zeit war es ziemlich kalt, wir mussten Küche und Stube heizen, damit die Leute nicht frieren brauchten und auch zu essen und trinken bekam jeder. Die Zwetschgenbäume haben damals schon geblüht, dann hat es so geschneit und dazu fest gefroren. In diesem Jahr gab es weder Kirschen noch sonstiges Obst. Die amerikanischen Soldaten waren viel, recht unfreundliche dabei. Tagsüber haben sie uns bei der Arbeit gesehen, am Abend kamen sie dann in unseren Hof! »Wo Fräulein wir sehen?« »Nix Fräulein«, sagte der Vater! Wir haben uns nach der Stallarbeit gleich vertrollt. Die Mutter trug uns das Essen ins Schlafzimmer. Beim Abendessen saßen nur Vater und Mutter und die Flüchtlingsfrau und ihr Bub. Ja, wir haben uns damals recht gefürchtet. Rings um uns wurden junge Frauen und Mädel vergewaltigt. Zu der Zeit hatten wir keine Polizei oder sonstige Behörde, wohin man sich hätte wenden können. Das haben diese Kerle ausgenützt. Am Abend gab es auch noch die Sperrstunde. Telefon gab es auch nirgends. Höchstens auf der Posthilfstelle und im Pfarrhof und beim Bürgermeister.

Endlich kam dann ein Gouverneur ins Simbacher Rathaus, dann brauchten wir uns nicht mehr so zu fürchten. Es waren auch anständige Soldaten dabei. Ein deutsch sprechender Amerikaner erzählte meinem Vater damals: Den Belagerungszustand haben wir nur der SS zu verdanken, die Braunau verteidigt. Der Soldat erzählte dem Vater auch noch, dass ein Ultimatum an die Verteidiger gestellt wurde, wenn sie sich in zwei

Stunden nicht ergeben, kommen Bomber und bügeln Braunau nieder. Ab und zu schossen schwere Geschütze über uns hinweg. Vater stützte damals mit Kanthölzern unsere Gewölbeschienen ab im Stall. Einmal ging so ein Schuss zu kurz. Der traf das Grünberger Schuhgeschäftshaus, brannte alles nieder, weil niemand löschen konnte. Als sich die Verteidiger in Braunau dann doch ergaben, hofften wir, dass der Belagerungszustand bald zu Ende sein könnte, aber leider. Das dauerte den ganzen Mai und noch bis Juni. Immer wieder kamen die Amerikaner in den Hof, »wo deutsch Soldat?« In unserer Stube standen zwei Tische, auf dem hinteren Tisch stand ein Fotorahmerl, in dem steckte ein Foto vom Bruder Sepp, der in amerikanischer Kriegsgefangenschaft war. Zu diesem Fotorahmerl steckten wir die Gefangenenbriefe dazu. Die waren alle mit großer Druckschrift versehen: »Prisoner of War!« Wenn die Ami-Soldaten in die Stube reinkamen, gingen sie gleich auf die Gefangenenpost los. Brother in America! Keine Angst, der kommt gut zurück. Wenn die Soldaten oft noch so wild, mit vorgehaltener Maschinenpistole in die Stube reinkamen; sobald sie die Gefangenenpost sahen, waren sie freundlich und nett. Es waren auch immer wieder deutsch sprechende Soldaten dabei.

Sagte einmal so ein Soldat, wie konnte nur Hitler so dumm sein und so ein schönes Land vernichten lassen! Habt ihr denn alle nicht gemerkt, als die geweihten Kirchenglocken von den Türmen gerissen wurden, dass es für Deutschland den Untergang besiegeln muss? Mein Vater sagte zu dem Ami, wer sollte sich dagegen gewehrt haben? Endlich hörte die Belagerung auf, aber immer wieder sind amerikanische Soldaten mit ihren Jeeps aufgetaucht. Sie sind mit Vorliebe durch die Wälder gestreift und haben Rehe abgeschossen. Das war ihnen egal, ob Bock oder Geiß. Die haben die Rehgeißen von ihren Kitzlein weggeschossen. Die Kitzlein sind damals bei uns zu Hause bis in den Hof hereingehüpft und haben geschrien vor lauter Hunger. Ich habe einige Rehlein mit Kuhmilch gefüttert, bis sie selbstständig waren und dann wieder im Wald zurückblieben. So etwas kann man schlecht vergessen! Einmal bin ich richtig in Wut geraten, als ich merkte, dass dieser Rehgeiß-Abschießer deutsch spricht. Dem hab ich richtig die Meinung gesagt, als ich das sah, dass er auf seinem Jeepanhänger drei erschossene Rehgeißen liegen hatte. Jeder rann die Milch aus dem Euter. »Was wird jetzt aus den kleinen Kitzerl? Die müssen ja verhungern, oder muss ich sie wieder großziehn? Ein solcher Rohling, wie Sie sind! Ich melde das morgen dem Gouverneur in Simbach.« Der Ami-Soldat stieg in seinen Jeep und fuhr weg. Von da weg sahen wir keinen mehr oder bekamen gar einen Schuss zu hören aus dem Wald, da war Schluss.

Wir hatten auch einen Toten in unserer Gegend. Das war der damalige Gastwirt in der Edmühle. In der Gegend haben die Amisoldaten vergrabene Hitlerfahnen gefunden. Es war niemand da als der Gastwirt, den haben die Soldaten so geschlagen, dass er sich aus Verzweiflung erhängte, weil er unschuldig war. Das weiß ich noch gut, der Mann lag aufgebahrt im Glockenhaus. Er wurde in aller Stille beerdigt. Wir waren froh damals, als die Sperrstunden zu Ende waren und die Soldaten abgefahren sind. Am 19. Juli 1945 kam der ältere Bruder aus der Gefangenschaft zurück, hat er auf seinem blinden Auge wieder sehen können. Der jüngste Bruder kam erst 1947 am Michaelitag aus der Gefangenschaft.

Der »Schnittling« rächt sich

Für mich kam damals eine schlimme Zeit. Im Frühjahr 1943 hatte ich einen Unfall mit einem frisch kastrierten Bullen gehabt, das war kein Zuchtbulle. Er war erst recht fromm und ich hab dem auch das Ziehen beigebracht. Mit dem war so gut arbeiten, dass sich der Vater entschloss, dem Braunmandl nur einen Nasenring stechen zu lassen. Es war Herbst, Vater hat Mist auf die Holzdobl-Wiese mit einem Ochsen und dem Bullen, die an einen Wagen gespannt waren, ausgefahren. Meine Schwester und ich haben auf den zweiten Wagen Mist aufgeladen. Damals gabs noch keinen Bulldog mit Mistauflader oder Miststreuer; da wurde alles mit der Mistgabel aufgelegt und die Mistfuhren mit Mistgrei auf Häufl heruntergekrallt. Diese Misthaufen hat man dann mit der vierzinkeligen Mistgabel auf den Wiesen ausgebreitet. Dasselbe war es auch in den Feldern. Auf den Feldern wurde der Mist eingeackert, auf den Wiesen hat man im Frühjahr, wenn der Schnee weg war und der Frost aufhörte, den Mist eingerieben. Auf den steileren Bergen mit dem Rechen. Ansonsten mit der Wiesenegge; zu meiner Kindheit, kann mich noch gut erinnern, hat der Vater Erlen und Haselnussstauden zusammengebaut, so ungefähr 1,50 Meter breit, nach rückwärts breiter. Obenauf kam ein dicker, schwerer Holzbalken. Auf diesen Querbalken durften uns wir Kinder draufsetzen, wenn Vater mit den Ochsen auf den Wiesen, die nicht so bergig waren, hin und herfuhr. Das war immer was Schönes für uns Kinder. Aber bald kaufte der Vater eine eiserne Wiesenegge, da war dann die Spazierfahrt zu Ende.

Und jetzt zurück zum damaligen Ereignis: Während des Mistauflegens hörten wir den Vater schreien, meine Schwester und ich sind gleich losgerannt, was ist denn da passiert? Vater stand da ganz kreidebleich. Hat der Stier den Ochsen gepackt! Der Mistwagen ist gerutscht, beinahe wär der auch noch umgefallen. Der Ochse hat gezittert, ihm hat der Bulle mit den Hörnern das Schulterblatt aufgeschlitzt, dass er blutete. Mein Vater entschloss sich dann, den Braunmandl (so hieß der Bulle) im Frühjahr, wenn es wärmer wird, kastrieren zu lassen, obwohl er schon einen Nasenring hatte. Im Januar 1943 war mein ältester Bruder in Urlaub zu Hause. Wir holten unsern damaligen Tierarzt Dr. Weigl von Simbach, der kastrierte den Bullen. Der Tierarzt sagte: Jetzt ist Schluss mit seiner Wildheit. Zwei Tage später war ein recht schöner warmer Tag. Mein Bruder war mit dem Zuchtbullen Wickerl und noch einem Ochsen angespannt mit der Wiesenegge beim Misteinreiben (der Schnee war längst weg). Vater sagte zu mir, ich soll den Schnittling aus dem Stall führen und in der warmen Sonne spazieren lassen. Gleich holte ich den Patienten aus dem Stall, zog ihm durch den Nasenring einen Strick und den Zaum ran, dann führte ich Braunmandl aus dem Stall. Vater ging hinterher und betrachtete den Schnittling. Bei dem Spaziergang dachte ich bei mir, der geht aber schneidig, a anders Vieh könnt in diesem Zustand gar nicht stehn. Plötzlich packte mich der kastrierte Bulle an, stieß mich zu Boden, kniete sich neben mir hin. Mit Kopf und Hörnern stieß er mich einige Male in die Brust und Magengegend. Ich war so erschrocken, dass ich kaum schreien konnte. Vater packte den Strick im Nasenring und riss fest an, dann ließ der Bulle von mir ab. Vater führte das Luder in den Stall und hängte es an. Wir waren alle so enttäuscht, dass der als Ochs auch noch seine Wildheit nicht lassen konnte. Auch später bekam der immer wieder seine Wutanfälle. Vater hat den Braunmandl dann zum Schlachten verkauft, obwohl er noch sehr jung war. Weiß Gott, was da noch alles passiert wäre.

Ein Verwandter von uns hatte das braune Stierkalb im Stall; ja, das Stierle musst du dir kaufen, plagte der meinen Vater immer, das wird einmal ein schöner Ochs. Erst später erfuhren wir, dass der Bösewicht von einem Zuchtbullen abstammte, der Leute anpackte. So etwas vererbt sich auch bei Tieren. Die guten und die schlechten Eigenschaften. Auf jeden Fall hab ich bei diesem Unfall schwer abgekriegt. Ich ging einige Tage nach dem Unfall zum Doktor nach Simbach. Der meinte damals, das kann einen schlimmen Ausgang nehmen. Eine Hälfte von der Brust war ganz blau, der Arzt sagte, das kann einmal Brustkrebs werden. Zwei Rippen waren gebrochen und im Rückgrat einen Bluterguss. Von da ab kränkelte ich. Ich kann das heute noch nicht begreifen, dass meine Eltern es damals nicht dem Landwirtschaftlichen Unfall gemeldet haben. Wir waren auch bei keiner Krankenkasse. Alle Arztrechnungen und die Medikamente mussten meine Eltern bezahlen. (Wegen leichteren Erkrankungen ist man zu dieser Zeit nicht gleich zum Arzt gegangen). Als mein Bruder 1945 aus der Gefangenschaft kam, war ich ehrlich froh, denn meine Kräfte haben durch das Kränkeln so nachgelassen. Immer wieder musste ich erbrechen und mir tat alles weh. Ich arbeitete trotzdem noch weiter, da gab's kein Jammern. Mutter sagte oft zu mir, wie siehst du denn aus, so blass, grad leuchten tust du. Eines Tages musste ich mit der Maschine Weizen säen, weil Vater und Ludwig nach Hötzl in unsern Wald hinausfuhren und dort einige Bäume umsägten. Beim Weizensäen hab ich wieder so erbrochen, da war schon Blut dabei. Der Magen brannte, als hätte ich Feuer geschluckt. Hab nichts erzählt und auch nicht gejammert. Am nächsten Tag musste ich einige Äcker Erdäpfel ausackern, da waren meine jüngste Schwester und auch die Mutter dabei. Wieder hab ich erbrochen und war Blut dabei. Die Mutter hat es diesmal gesehen, sie hat sich ganz entsetzt. »Morgen gehst du mir aber gleich zum Doktor!«, sagte sie.

Am nächsten Tag fuhr ich mit dem Rad nach Simbach zum Arzt. Der schickte mich gleich nach Marienhöh, dort war ein Lazarett für Soldaten. Die Ärzte dort haben auch Zivilleute aufgenommen, weil der Krieg doch schon zu Ende war. Dort war ein Chirurg, Dr. Kurz, ein Facharzt für innere Krankheiten, das war Dr. Kühnle. Zu dem hat mich mein Hausarzt überwiesen. Ich lehnte mein Fahrrad in Marienhöhe an einen Radständer und suchte mir den Arzt, zu dem ich überwiesen war. Der untersuchte mich und wies mich gleich ins Lazarett ein. Er sagte zu mir: »Sie können auf dem Heimweg einen Blutsturz kriegen, deswegen lass ich Sie nimmer weg.« Ich kam in ein großes Krankenzimmer, nicht alle Betten waren belegt. Mir war ganz komisch, hab mich hin und her gedreht. Nicht eine von den Patientinnen, die im Zimmer waren, kannte ich. Plötzlich ging um 9 Uhr abends die Krankenzimmertür auf, die Mutter stand da, sie suchte mich. Warum ich nicht nach Hause gekommen bin! Ich sagte, mich hat der Doktor nicht mehr heimfahren lassen. Ich muss drei Wochen im Krankenhaus bleiben. Mutter nahm dann mein Rad und fuhr damit nach Hause. Im Krankenhaus wurde ich nach einigen Tagen durchleuchtet. Ein blutendes Magengeschwür am Magenausgang wurde festgestellt. Ich musste eine Targesin-Rollkur machen und bekam Bestrahlungen auf den Bauch. Mir kamen die drei Wochen unendlich lange vor. Sr. Rigolberta hatten wir zur Pflege, das war eine Ordensschwester, aber recht nett. Zwei junge weltliche Schwestern, die eine hieß Lucia, die andere Margarete, waren auch sehr nett. Immer wieder kamen neuen Patientinnen, die anderen durften wieder heim. Nur ich musste drei Wochen bleiben.

Einmal kam eine ältere Patientin dazu. Schnell bekam die

einen dicken Kopfverband. Ich dachte mir, was der bloß fehlt! Die Ärzte und Schwestern machten einen Bogen um ihr Bett. Die Frau redete und redete, ich dachte mir, die kann doch gar nicht so krank sein. Sagt plötzlich eine Bettnachbarin zu mir, die hat Kopfläuse, deshalb bekam die den Kopfverband. Mir lief es eiskalt über den Rücken. Am Ellenbogen hatte diese Frau eine Prellung, weil sie gestürzt war. Die wurde bald entlassen, alle Patientinnen waren froh, als sie unser Krankenzimmer verließ. Eine ziemlich junge, schmächtige Flüchtlingsfrau war der nächste Zugang. Nach der Durchleuchtung musste sie gleich ihre Sachen zusammenpacken. Sie wurde ins Knabenschulhaus verlegt. Dort war zur damaligen Zeit eine Isolierstation eingerichtet. Da kamen die Leute rein, die ansteckende Krankheiten hatten. Diese junge Flüchtlingsfrau hatte Lungen-TBC, hat die geweint, sie hat mir so leidgetan! Sie war eine Bäuerin, auf der Flucht haben sie nur in Pferdeställen geschlafen, wochenlang, hat die uns erzählt. Da war mir meine Krankheit schon lieber, obwohl sie auch nicht gerade schön war. Die drei Wochen sind auch vergangen, endlich durfte ich heim. Zur Entlassung deutete mir Herr Dr. Kühnle an, dass bei mir etwas noch nicht ganz in Ordnung ist; als ich fragte, was das sei, gab mir der Arzt keine Antwort.

Kaum war ich einige Wochen zu Hause, ging die Brecherei wieder los. Ganz egal, was ich gegessen hab, ob das Schonkost, Breikost oder Vollkost war. Nebenbei wurde ich immer dicker und dazu die Magenkrämpfe, auch die Regel blieb aus. Kurz vor Weihnachten kam ich wieder ins Krankenhaus; die Magenkrämpfe wurden immer heftiger und Schwindel kam dazu und der Brechreiz. Gleich nach der Einlieferung ins Krankenhaus bekam ich eine Morphium-Spritze, damit ich schmerzlos schlafen könnte. Statt einem ruhigen Schlaf bekam ich einen schweren Herzanfall. Am nächsten Tag wurde ich dann in ein anderes Zimmer verlegt. Ich wusste, dass das Zimmer nur für Schwerkranke und Frischoperierte war. Allerlei Medikamente hat man mir gegeben. Das Erbrechen hörte einfach nicht auf. Der Blutdruck stieg so an, dann fiel dem Doktor ein: Aderlassen! Einmal 500 ccm, das zweite Mal 300 ccm, mein Zustand blieb unverändert. Ich dachte, wie soll das noch weitergehn, wenn sich der Arzt schon so hilflos zeigte? Meine Geduld war zu Ende; ich wurde dann vom Simbacher Krankenhaus entlassen. Ich hatte eine Freundin in München, die kam auf Kagerbauer öfters zu Besuch. Sie kannte einen Universitätsprofessor für innere Krankheiten, der war zugleich leitender Chefarzt vom Nymphenburger Krankenhaus. Zu diesem Herrn brachte mich meine Freundin zur Untersuchung und Beobachtung.

Die Heilkunst ist doch was Schönes!

Ich fuhr mit dem Zug in Begleitung meines älteren Bruders nach München zu Professor Kämmerer in seine Privatpraxis, hernach wies mich der Professor ins Nymphenburger Krankenhaus ein zur Beobachtung. Dort wurde ich durchleuchtet, der Magen ausgepumpt und das Blut kontrolliert. Nach einer Woche wurde ich entlassen. Zur Entlassung sagte mir der Professor, was ich damals hatte, nervöses Magenleiden und allgemeine Drüsenstörung. Schuld an meinem Leiden ist der damalige Unfall mit dem Stier. Ich muss große Geduld aufbringen, weil das, was ich hab, sehr langwierig ist. Als ich zurückkam zu meinem Hausarzt mit den Befunden, nahm der ein großes braunes Kuvert, steckte alle Befunde hinein und schickte mich damit zu dem neu zugezogenen Arzt Theo Schiebl in der Passauer Straße. Das sei ein Facharzt für innere Krankheiten, den bräuchte ich zur weiteren Behandlung. Auf dem Weg dorthin dachte ich mir: zu wie viel Ärzten werd ich noch geschickt? Bin dort in der neuen Arztpraxis angekommen, klopfte an die Wartezimmertür, ging rein, kein Mensch war weder zu sehen noch zu hören. Bin ziemlich lange in dem Wartezimmer gesessen. Endlich ging die Sprechzimmertür auf. Ein ziemlich junger Arzt stand vor mir, bist scho lang da?, sagte er zu mir. Ich dachte mir, das ist ein Bayer! Er ließ mich Platz nehmen neben seinem Schreibpult. Ich gab ihm das große braune Kuvert und sagte zum Doktor, dass mich Herr Dr. Pinzl herschickte. Der neue Arzt öffnete das Kuvert und fing an, die Befunde zu lesen. Schnell unterbrach er die Leserei und fragte mich, wie käme ich überhaupt nach München zum Universitäts-Professor Kämmerer, bei dem Herrn habe er studiert und auch der Dr. Pinzl. Ich gab dem Frager zur Antwort, durch meine Münchner Freundin. Der Arzt las alle Befunde zu Ende, am Schluss sagte er zu mir, ich hätte mir aber eine komplizierte Krankheit ausgesucht.

Meine Antwort war, ich hätte mir gar keine ausgesucht. Auf Professors Befund stand die Spritzenbehandlung, die ich bekommen muss und dass die ganze Krankheit dem Unfall mit dem Bullen zuzuschreiben ist. Der Doktor schaute mich so fragend an und meinte, es sei fraglich, ob wir die Ampullen überhaupt bekommen. Es war ja Nachkriegszeit und alles noch so schlecht zu kriegen. Vater musste einen Zentner Weizen spendieren, dann ging es leichter. Als die Ampullen eingetroffen waren, musste ich in der Woche dreimal zum Arzt gehen, bekam jedes Mal eine Spritze. In unserer Gegend war noch ein Mädl an derselben Sache erkrankt wie ich, sie war auch Patientin vom Dr. Schiebl, dieses Mädl ist dann mit 20 Jahren verstorben. Bei mir zog sich die Spritzenbehandlung schon so lange dahin ohne Erfolg. Ich wurde immer schwächer, sodass ich nicht mehr zum Arzt gehen konnte. So fuhr ich mit dem Postauto in der Woche nur mehr zweimal zum Spritzen. Ich war damals so verzweifelt, dass ich an eine Besserung nicht mehr glaubte. Das kann sich niemand vorstellen, der noch nie in einer solchen Lage war. Mein Zustand wurde immer schlechter.

Eines Tages sagte mein behandelnder Arzt, ich soll wieder nach München fahren zum Professor; vielleicht gibt er eine neue Anweisung. Ich gab dem Arzt damals zur Antwort: der kann mir ja auch nicht helfen. In der Zeit stirbt eine Schulfreundin von mir mit 23 Jahren als Wöchnerin. Ich fuhr wieder mit dem Postauto nach Simbach zum Arzt. Bevor ich in der Passauer Straße zum Arzt raufging, bin ich noch zum Simbacher Friedhof gegangen und sah mir im Leichenhaus die Verstorbene an. Als ich sie da liegen sah, hab ich mich so aufgeregt. Ich sagte ganz laut: Du musst vom Kind wegsterben und ich wär durch den Tod nur erlöst gewesen. Bitterlich hab ich damals geweint, ich konnte die Tränen kaum verdrängen, da saß ich schon im Wartezimmer. Plötzlich merkte ich, dass da etwas nicht stimmt. Bin dann auf die Toilette gegangen, die Überraschung! Als ich zum Arzt ins Sprechzimmer kam, sagte ich zu ihm, heute brauch' ich keine Spritze mehr. Der Doktor konnte kaum reden, er setzte sich in den Stuhl und wurde ganz blass. Dann kam es ganz leise aus seinem Mund: »Gott sei Dank, jetzt bist du gerettet!« Zum ersten Mal, nach einer so langen Spritzenbehandlung, kam die Regel wieder. Ich brauchte noch geraume Zeit, bis ich mich von dieser Müdigkeit erholte. Was ich anschließend bekam, war ein Abszess am andern, alle an der Schweißdrüse. Der siebte war so groß und schmerzhaft, dass ihn der Arzt aufschneiden musste. Ich fragte den Arzt, woher die Abszesse kommen. Er sagte, das sind die Auswirkungen der vielen Spritzen, die ich bekommen habe. Ich soll bloß unserm Herrgott danken, dass es noch so abgegangen ist! Kopf hoch, meinte er, wenn noch so manche Nachwirkungen kommen! Wenigstens hatte ich wieder Hoffnung.

Ein Polizist hört mich singen

In der Zeit heiratete die beste Sopranistin von Kirchberg weg. Lehrer Nerud war damals Chorregent; bei ihm ging ich zur Schule, der wusste, welche Singstimme ich hatte. Er kam zu mir, ob ich nicht Lust hätte, im Kirchenchor mitzusingen. Singen war ja immer schon mein Liebstes, heute würde man das als Hobby bezeichnen. Arbeiten konnte ich nur etwas Leichteres, für mich war alles anstrengend, die Kraft fehlte. So ging ich die Woche zweimal zum Gesangsunterricht nach Marienhöhe zu einer Musiklehrerin. Dort lernte ich erst die Noten richtig ein. In der Volksschule lernten wir ganz andere Notenbenennung (Bi, la, gu, ro, to und so weiter). Das konnte man auch nicht gebrauchen bei einem Musikinstrument. Mein Bruder hatte eine Zither, nach dem Krieg spielte er nicht mehr. Als ich in die Singstunden ging, musste ich ja auch zu Hause üben. Am Abend holte ich mir die Zither vor und hab auf dem Griffbrett die Altnote mitgespielt, wenn ich die Soprannoten aus dem Liederbuch gesungen hab. So tat ich mich viel leichter. Ging jeden Sonntag zum Chorsingen, damals wurde jede Messe nur lateinisch gesungen. Was mir einfach nicht gefiel, das waren die Singproben. Beim Singen tat ich mich leicht, ich hatte alles schnell kapiert. Aber die Proben! Ich hab mich in diesem

Sängerkreis nicht wohlgefühlt. Das waren alles ältere Leute, ich passte einfach nicht zu ihnen. Ich fühlte mich so überflüssig, wenn Singpausen waren. Die Leute unterhielten sich über ihre Probleme, ich war immer ein stiller Zuhörer. Wenn wenigstens eine Sängerin oder ein Sänger in meinem Alter dabei gewesen wäre. So gerne wie ich gesungen hab, die Proben – ich hasste sie!

Zu der Zeit waren sehr viele Proben. Einmal war ein 25-jähriges Priesterjubiläum vom Herrn Pfarrer Hinter und zugleich 40-jähriges Bestehen der Pfarrkirche. Beide Feste wurden mitsammen im August 1947 gefeiert, dazu lernten wir die Primizmesse ein. Am Vorabend gab es einen Fackelzug von der Feuerwehr. Wir sangen damals vorm Pfarrhaus mehrere Ständchen, anschließend gab es für den Chor eine Abendjause. Am Sonntagnachmittag war beim Nöhmeier-Wirt noch eine weltliche Feier; auch da hat der Chor noch einige Lieder gesungen, die kann ich heute noch. Einmal war der Kapiteljahrtag für die verstorbenen Priester. Da lernten wir das Requiem vom Huber ein. Im Jahr 1948 kam Bischof Simon Konrad von Passau zur Pfarrvisitation. Da gab es viel Singproben, lernten wir die Papst-Leo-Messe ein. Die Partitur hat sich der Chorregent Nerud von Erlach ausgeliehen. Vor jeder Hochzeit oder Beerdigung Singproben! Singen war für mich das Liebste, aber Proben, ich überlegte immer wieder, wie ich das am besten loswerden könnte. Zu der Zeit, als ich nach Feierabend immer allein an der Zither saß und meine Lieder lernte in der Stube, kamen am Abend öfters noch Leute wegen Kirschen fragen. Meine Eltern saßen auf der Gredbank, der Hund bellte, das hat mich nicht gestört. Ich spielte und sang nach Herzenslust. Plötzlich ging die Stubentür auf und ein Polizist stand vor mir. Bin so erschrocken, ach, sagte er zu mir, sing und spiel nur weiter, ich hör das gerne. Er spielt auch in seiner Freizeit Violine, sein Vater ist auch Musiker. Wir kannten alle Polizisten von der Landpolizei in Simbach, aber dieser war mir fremd. Bei uns zu Hause führte früher ein Polizeistreifenweg vorbei, da sahen wir diese Herren, wenn sie mit dem Fahrrad bei uns vorbeischoben.

Die Landpolizei gehörte auch zu unserer Obstkundschaft. Dieser Polizist ist damals neu nach Simbach versetzt worden. Ich packte die Zither in den Kasten, den Notenständer und das Singbuch weg. Ich wollte keine Zuhörer, ich war ja noch fest am Lernen. Als der Herr noch sagte, dass er Violine spielt, da dachte ich mir, da kann ich mich bloß blamieren, zum Schluss lacht er mich dann noch aus. Er sagte noch, bevor er zur Stubentür rausging, dass er morgen wieder kommt und Kirschen holt. Ich dachte an nichts anderes, wir richteten dem Herrn die bestellten Kirschen her. Am Abend holte er sie ab, dann setzte er sich zu mir, und erzählte, dass er im Fichtelgebirg zu Hause ist und nach Simbach versetzt wurde. Er sprach einen komischen Dialekt, dass ich ihn manchmal gar nicht richtig verstand. Als er mich fragte, warum ich heute nicht spielte und singe, gab ich ihm zu erkennen, ich will da keine Zuhörer, bin ja noch beim Lernen. Ich ging dann rauf in mein Zimmer zum Üben, dort hörte er mich nicht. Der Polizist blieb noch lange bei meinen Eltern auf der Gredbank sitzen, sie haben sich noch recht gut unterhalten. Am nächsten Tag sagte meine Mutter zu mir: »Ich glaub, der hat ein Auge auf dich!« Am Abend nach Dienstschluss war er wieder da, von da ab kam er jeden Tag. Nach einigen Tagen erklärte er mir, dass er sich in mich verliebt hat. Ich erzählte ihm, dass ich erst auf dem Weg der Genesung bin, dass ich lange Zeit sehr krank war. Da kann ich mich unmöglich gleich an ein Mannsbild verlieben. Darauf meinte Hans (so hieß er): »Das kann ich schon verstehen. Ich hab' Geduld und Zeit, das wird schon noch. Meinen Haushalt kannst du einmal leicht führen, und sei es für dich dennoch zu schwer, so können wir uns eine Hausmagd leisten.«

Was tun die Damenhaare an den Uniformknöpfen?

Der hat sich bei meinen Eltern eingeschmeichelt, er hat alles gegolten. Da durfte ich ja keine Meinung äußern, was für den Hans nicht gut geklungen hätte. Meist kam er in Uniform an. Ich beobachtete schon längere Zeit, dass an seinen Uniformknöpfen auf der Brust einmal schwarze, dann wieder brünette oder blonde Damenhaare hingen. Als er wieder einmal zu mir recht verliebt und süß tat, sagte die Muter: »Na, was willst du noch mehr?« Ach, sagte ich dann, der ist so falsch, schau dem seine Joppe einmal ganz genau an, was da an den Knöpfen alles dranhängt! O du eifersüchtige Gans, war Mutters Antwort. Ich hab mich nicht getäuscht. Mein älterer Bruder fuhr nach einigen Monaten mit dem Rad nach Simbach am Abend und schaute sich den Kinoaushang an. Er ging nicht ins Kino. Er sagte, er traute seinen Augen nicht, als er unter den Kinobesuchern Hans in Zivil in Begleitung einer jungen Dame erblickte. Der Bruder blieb damals in Simbach, bis das Kino aus war, dann beobachtete er Hans, wohin er die Dame begleitete. Dann fuhr der Bruder heim, ging noch zu den Eltern ins Schlafzimmer, er erzählte ihnen, was er gesehen hat. Zu mir hat Ludwig nur gesagt, wenn Hans wieder mit mir spazieren geht, soll ich ihn fragen, ob der Film »Träumerei« schön war. Am nächsten Tag war Hans wieder bei mir und tat wieder recht süß auf dem Spaziergang. Ich fragte ihn, ob der Film »Träumerei« schön war, da ist Hans zusammengezuckt. Ich dachte mir, das hat dich aber getroffen. Ein Kollege war auch in derselben Filmvorführung und hat Hans in Begleitung gesehen. Am nächsten Tag fragten sie ihn, wie viel Mädls er noch verkohlt. Hans sagte zu dem Frager, er soll ja nichts mir oder gar meinen Eltern davon erzählen. Er muss der Kinobegleiterin schön tun, weil er von ihr immer Brezen bekommt. Das hat dann Hans den Spitznamen Brezngendarm eingebracht, so nannten ihn seine Kollegen. Meine Eltern sagten dem Hans dann richtig Bescheid. Mir hat das gar nicht so viel ausgemacht, mein Misstrauen, das ich immer hatte, fand ich bestätigt. Das eine hab ich gelernt, dass ich zu keinem Mann weder Vertrauen noch Zuneigung finden konnte. Durch jede Prüfung wächst man und wird dabei klüger!

Das war im Jahr 1947; in diesem Jahr war eine solche Trockenheit. Jeden Tag strahlende Sonne, blauer Himmel und noch so heiß. Es regnete überhaupt nicht mehr. Es war Anfang August, die Wiesen waren ganz rot verbrannt, kein grünes Fleckerl mehr. Die Erdäpfelstauden haben wir abgemäht und verfüttert. Manche Bauern haben sogar im Wald Heidekraut abgemäht und verfüttert. Altheu und Grummetheu hatten wir ja schon im Stadl, aber kein Drittltheu und das Gras und auch der Klee fielen aus. Wir haben damals viel Stroh verfüttert und trotzdem mussten wir eine Kuh und eine Kalbin verkaufen, weil das Futter zu wenig war. Kirschbaum- und Äpfelbaumlaub haben wir zusammengerecht und verfüttert. Jeden Tag ließen wir die Kühe und Jungrinder frei laufen auf den Wiesen, sie fraßen das braune dürre Zeug von den Wiesen weg. Die Tiere sind bis zu den Erlenstauden gegangen und haben dort auch abgebissen. Wenigstens hatten wir noch genügend Wasser. Damals mussten schon einige Bauern Wasser fahren. Alles übrige Getreide haben wir geschrotet und viel Stroh verfüttert. Im Herbst konnte man kaum Getreide säen, die Felder waren lauter Kegel. Tagelang haben wir bei der Hitze mit Holzschlögerl in den Feldern gearbeitet, sonst hätten wir damals weder Korn noch Weizen bauen können.

Am Michaelitag 1947 waren wir den ganzen Tag im Feld beim Knollenzerdreschen und sind alle am späten Abend zu Bett gegangen, unendlich müde. Keiner von uns hat gehört, dass um Mitternacht jemand an die Haustür geklopft und gepumpert hat. Plötzlich flogen Steine an mein Schlafzimmerfenster. Ich bin erwacht und so erschrocken. Als ich das Fenster öffnete, stand da unten ein Mann und redete was auf Englisch. Ich rief zu ihm runter: Was willst du eigentlich? Uns um Mitternacht aus dem Schlaf holen! Erst dann merkte ich, dass das kein fremder Mann war, sondern Bruder Sepp. Er kam aus vierjähriger Kriegsgefangenschaft nach Hause. Ich weckte gleich meine Eltern, das war damals eine große Überraschung. Ich hab' mich bald darauf in München im Schwabinger Kinderkrankenhaus, wo meine Schwester war, als Kochlehrling angemeldet. Als ich da mit der Lehrzeit begann, war der Hans gleich vergessen und auch die von mir so geliebten Singproben. Immer wieder kam Post von zu Hause. Zu lesen war nur, dass ich ein so großes Glück hatte, dass Hans nicht mein Mann wurde. Was der noch alles angestellt hat! Es brachte ihm auch noch die Entlassung von der Polizei ein! Er ist längst verstorben, er ruhe in Frieden!

Urlaub tageweise!

Als ich damals vom Lehrkurs zurückkam, bin ich als Köchin in Stellung gegangen. Damals war die Währungsreform (1948). In einem Schuhgeschäft bekam ich meinen Lohn in DM schon ausbezahlt, 35 DM im Monat. Was würde man zu jetziger Zeit zu diesem Monatslohn sagen? Bin dort ein Jahr gewesen, dann hab ich gekündigt. Der Grund, erstens war nie Feierabend, nach Ladenschluss war Abendessen, dann ging's in den Garten, der außerhalb von Simbach war. Ganz spät am Abend kehrten wir erst heim. Den Urlaub sollte ich nach Herrschaftsmeinung so verbringen: Einen Tag nach Hause gehn auf Kagerbauer, da warteten meine Leute schon, dass ich mithelfen soll. Sie waren scheinbar auch der Meinung, dass meine Stelle nur Erholung für mich ist! Am nächsten Tag wieder zur Herrschaft nach Simbach mit dem Rad reinfahren, für zwei Tage kochen, und das Geschirr von zwei Tagen abwaschen. Nein, sagte ich zur Chefin, das mach ich nimmer mit. Ich hab gekündigt, bin dann nach Hause gegangen, um meinen Urlaub zu verbringen. Zu Hause musste ich fest mitarbeiten, meine Schwester war in Exerzitien. »Weil ich eh da bin.« Habe dann im Oktober meine neue Stelle angetreten bei einer Landmaschinen-Firma in Simbach. Diese Leute waren längst gute Bekannte und Obstkundschaften von meinen Eltern. Die Frau hat mich schon lange vorher gefragt, ob ich nicht zu ihr kommen möchte, ich krieg auch von ihr mehr Lohn. Vater hat auch dort sämtliche Maschinen für die Landwirtschaft eingekauft. Bevor mein Urlaub zu Ende war, bin ich für ein paar Tage nach München gefahren, hab mir dort den Oktoberfestzug auf der Wiesen angeschaut und bei meiner Schwester im Kloster übernachtet.

In der Landwirtschafts-Ausstellung ging immer ein junger,

hübscher, freundlicher Mann hinter mir her. Als meine Bekannte und ich uns die schönen Bullen näher betrachteten, hat mich der junge Herr dann angesprochen: »Sie haben scheinbar an den schönen Tieren großes Interesse? Ich vermute, dass Sie vielleicht sogar bäuerlicher Herkunft sind?« Er hat den elterlichen Hof übernommen und sucht nach einer tüchtigen Bäuerin, sagte er und ich gab ihm zu verstehen, dass ich zwar aus der Landwirtschaft komme, aber bereits ein Jahr als Köchin in Stellung war und nach meinem Urlaub eine neue Stelle antrete. »Schade«, meinte der Herr, wollte aber dennoch meine Adresse. Ich erklärte ihm, das geht nicht, was würde meine neue Chefin sagen, die wartet auf mich. Der hab ich versprochen, dass ich mich nach keiner Männerbekanntschaft umsehe. Mein Ziel war, einmal Pfarrhaushälterin zu werden!

Hab dann im Oktober meine neue Stelle angenommen. Arbeit war genug, in der Zeit, als ich dort war, fand ein großer Hausumbau statt. Das ganze Stiegenhaus wurde verändert, eine Mansardenwohnung ausgebaut, für die beiden Söhne über der Werkstatt ein großes Zimmer ausgebaut. Vorm Haus bei der Tankstelle wurde ein zweiter Tankbehälter eingebaut. Es gab halt immer Zusatzarbeit, aber auch das ging vorbei. Ich war einige Jahre bei der Firma; habe in der Zeit auch allerhand erlebt.

Damals war es noch der Brauch in Simbach, dass am Nikolausabend die Krampusse mit Ketten und Ruten auf den Straßen und am Stachus herumsprangen und mit Vorliebe auf die Straßenpassanten einschlugen. Damals hatte Simbach blau uniformierte Stadtpolizei. Diese Krampusse haben auch auf die Polizisten losgeprügelt, da wurde aber bald mit dem Unfug aufgeräumt, die Leute waren ehrlich froh darüber, man ist doch zu dieser Zeit schon am Abend die Auslagen anschauen gegangen. Sie waren alle schön weihnachtlich dekoriert. Damals wurde die Innbrücke neu erbaut und von Bischof Simon Konrad geweiht. Die Jahre vorher ersetzte eine Fähre die gesprengte Brücke. Neue Kirchenglocken wurden gekauft und eingeweiht. Zu der Zeit, als ich bei der Firma war, gab es viel Arbeit mit Häuser schmücken, an allen Fenstern brannten Lampions zur Stadterhebung. Alles war beflaggt. Am Morgen war Weckruf von der Simbacher Stadtkapelle, war alles so festlich. Zum Abschluss gab es auf dem Festplatz ein großes Feuerwerk. Am Schluss blieben brennend die Buchstaben STADT SIMBACH stehen. Auch in Kirchberg bekamen sie im Herbst die neuen Kirchenglocken. Vater war damals Kirchenpfleger, meine jüngste Schwester war auch Glockenpatin. Der jüngste Bruder war damals im Klerikalseminar in Passau. Er durfte auch zur Glockenweihe kommen.

Der Hl. Vater und
Pater Grisologos nasse Socken

Das Jahr 1950 war ein Heiliges Jahr. Mein Chef ist im September mit einem Pilgerzug nach Rom gefahren. Als er zurückkam, hat er erzählt, wie schön es dort war und die Chefin sagte zu mir: »Marie, das sollst du dir auch einmal ansehen, solange du noch jung bist, so billig wie mit einem Pilgerzug kommst du später nicht mehr nach Rom. Urlaub hast ja in diesem Jahr auch noch keinen gehabt.« Sie meldete mich im Pilgerbüro in München an. Kurze Zeit darauf kam Post: Der Pilgerzug ist leider schon ausgebucht! Gott sei Dank, dachte ich mir, so weit wegfahren und nicht einen bekannten Menschen um sich haben! Die Chefin ließ nicht locker, noch einmal schrieb sie ans Pilgerbüro, sie könnten schon reichere Leute zurückstellen, die sich auch eine teure Romfahrt leisten können. Bald darauf kam die Antwort, dass ich zugeteilt bin zum letzten Pilgerzug, der am 8. Dezember um 6 Uhr morgens im Münchner Hauptbahnhof nach Rom abfährt. Einen Tag vorher fuhr ich nach München, erledigte noch alles im Pilgerbüro. Von meinem Chef wusste ich, dass man mit dem Geld, das man mitnehmen durfte und dann an der italienischen Grenze in Lire umgetauscht erhielt, nicht auskommt. Überall wurde zu jeder Sehenswürdigkeit Eintritt verlangt. Damals hatte man in deutschem Geld noch die papierenen Markscheine, auch Zweimarkscheine. Die wurden überall in Italien angenommen. Aber wie mitnehmen? Das war ja verboten.

Ich wusste mir schon zu helfen. So nahm ich ein schmales Kuvert, steckte die Scheinchen rein, das Kuvert mit dem Inhalt steckte ich unter die Schuheinlagen. In Rom holte ich es raus, das Geld steckte ich in die Geldtasche, das Kuvert landete im Papierkorb! Ich war ehrlich froh, dass ich das Geld dabeihatte. Im Pilgerbüro kaufte ich mir die Ansichtskarten aus Rom, einen blauen Anstecker als Pilgerabzeichen erhielt auch jeder Teilnehmer. Die Karten schrieb ich auch schon in München und nahm sie mit nach Rom, dort brauchte ich dann bloß die Marken zu kaufen! Unserem Betreuer Pater Grisologo gaben wir die Karten mit zum Vatikanpostamt, es gab dort extra Briefmarken wegen des Heiligen Jahrs.

Die Eltern und Geschwister wussten nichts von meiner Romreise, auch mein jüngster Bruder nicht, der war damals noch im Klerikalseminar in Passau. Sie alle staunten über meinen Kartengruß aus Rom. Auch unser damaliger Pfarrer Hinter und Chorregent Nerud erhielten von mir einen Kartengruß aus Rom. Letzterer sagte dann zu mir: »Wenn deine Eltern nach

Altötting gepilgert sind, haben sie sich das Essen mitgenommen, damit sie nicht einzukehren brauchten, so sparsam waren die! Und du fährst bis Rom!« Ich sagte zum Herr Chorregenten, mir hat die Romreise niemand bezahlt, das waren meine Ersparnisse. Es reut mich wirklich nicht, das bleibt eine Lebenserinnerung. Ich bin dann nach dem fünften Hauptkirchenbesuch mit durch die hl. Pforte in den Petersdom eingezogen. Die Leute standen Kopf an Kopf. Den Hl. Vater, damals Pius XII., trugen die Leibgardisten auf dem Tragsessel in den Petersdom. Das war ein Erlebnis! Alles schrie nach Leibeskräften »Eviva Pappa«! Ich sah ihn aus ungefähr drei Meter Entfernung. So müde und abgespannt, wie wir schon waren, aber in diesem Augenblick war alles vergessen. Wir haben alle fest mitgeschrien »Eviva Pappa«! Die hl. Stiege sind wir auf den Knien hinaufgerutscht, sie war nass, weil es an diesem Tag so geregnet hat. Einmal standen wir an der großen Säule, die mitten auf dem Petersplatz steht, dort haben wir alle mit Pater Grisologo so laut, wie wir nur konnten, gerufen: Grüß Gott heiliger Vater! Das hat er uns empfohlen, weil der Papst die Bayern so ins Herz geschlossen hat. Pius XII. war einige Jahre Nuntius in München. Wir haben damals gar nicht lange geschrien, auf einmal öffnete der Hl. Vater das Fenster, winkte uns mit beiden Händen zu, dann gab er uns den Segen. Wir waren überglücklich!

Dieser Papst war ein großer Freund der Barmherzigen Schwestern. Ihm allein haben diese Schwestern es zu verdanken, dass sie auch heimfahren dürfen zu ihren Angehörigen oder auch Heimaturlaub dort verbringen dürfen. Meine Schwester kam nach 20 Jahren zu den Eltern und Geschwistern heim auf Kagerbauer zur 40-jährigen Hochzeit unserer Eltern. Sie durfte damals drei Tage bei uns bleiben. Es sind früher viele Schwestern verstorben, die ihr Elternhaus seit dem Eintritt ins

Kloster nie mehr gesehen haben. Durch Papst Pius XII. hat sich bei den Barmherzigen Schwestern alles zum Guten gewendet. Pater Grisologo hat uns damals erzählt, dass dieser Papst ein ganz heiligmäßiger Mann sei, und bei seinen Lebzeiten schon Wunder geschahen. Er erfuhr eine geheime Offenbarung vom heiligsten Herz Jesu, die darf er erst weitergeben, ehe er stirbt. Beim Abschied zahlte die ganze Gruppe zusammen und kaufte Pater Grisologo ein Paar neue Schuhe. Denn wenn es regnete, bekam er jedes Mal so nasse Füße, dass er seine Socken auswinden konnte! Hat sich der gefreut, als wir ihm zum Abschied die Schuhe überreichten!

Im Juni 1951 erlebte ich einen Schrecken bei der Firma. Wir saßen gerade beim Abendessen, da zog ein ziemlich heftiges Gewitter auf, ein Blitzzucken nach dem anderen, plötzlich heulten die Sirenen. Gleich darauf fuhren die Feuerwehrautos an der Firma vorbei Richtung Kirchberg. Ich lief auf die Straße und sah, dass in Kirchberg dicker Rauch aufstieg. Alle Leute schrien, der Hof oberhalb der Kapelle brennt, das wäre meine Heimat gewesen. Meine Chefin hörte auch, was die Leute auf der Straße schrien. Sie sagte zu mir: »Und ausgerechnet ist bei uns kein Auto zu Hause. (Der Chef war mit dem Auto auf Kundenreise). Nimm schnell dein Fahrrad und fahr heim.«

Als ich auf der damaligen Straßenabzweigung beim Killihaus ankam, sah ich, dass es nicht mein Heimathof war, sondern der Nachbarhof in Strickberg, der lichterloh brannte. Erleichterten Herzens kehrte ich um und erzählte meiner Chefin, dass der Brand bei unserm Nachbar ist. »Fahr gleich raus mit dem Rad und hilf, wenn es nötig ist.« Da bin ich mit dem Rad nach Kagerbauer gefahren, stellte es ab und lief hinüber nach Strickberg. Der Stadl war schon niedergebrannt, es lag nur mehr ein großer Gluthaufen da. Der Heuboden auf dem

Ochsenstall brannte noch, die Feuerwehren spritzten fest mit Wasser hinein und auch aufs Wohnhaus. Dieses und der Kuhstall blieben stehen. Das Vieh lief zum Teil noch frei herum, die Helfer waren gerade dabei, die restlichen Tiere einzufangen. In früheren Jahren sind mehrere Höfe durch Blitzeinschläge abgebrannt.

Es geht nichts über einen tüchtigen Zahnarzt

Als ich damals in Simbach im Dienst war, passierte mir etwas Schlimmes. Ein Zahnarzt, dessen Namen ich lieber verschweige, behandelte eine entzündete Zahnwurzel schlampig. Deshalb bekam ich eine Kiefervereiterung, die bei einem anderen Zahnarzt und später im Krankenhaus so »nachhaltig« behandelt wurde, dass ich in jungen Jahren nicht nur fast alle oberen Zähne verlor, sondern auch einen mehrfach gesplitterten Kiefer davontrug. Was ich damals Schmerzen ausgestanden habe, kann ich niemandem sagen! Sogar die Ärzte im Krankenhaus hatten Mitleid mit mir. Im Geschäft und daheim wurde ich noch geschimpft, weil ich das alles hatte mit mir machen lassen. Erst nach Monaten war mein Kiefer soweit verheilt, dass ich eine Prothese bekam und wieder unter die Leute ging.

Ein Bauer, der bei meinem Dienstherren einen Bulldog kaufte, fing mit mir eine Bekanntschaft an und der Chef meinte, der wäre etwas für mich, er hat einen schönen Hof!

Der Bauer hielt bei meinem Vater um meine Hand an, zugleich fragte er den Vater, wie viele tausend Mark Heiratgut er mir geben kann? Der Bauer saß beim Vater in der Küche, ich war mit meiner Mutter und der jüngsten Schwester in der

Stube. Als ich den Geldhandel hörte, stand ich auf und sagte zur Mutter: »Der kriegt mich nicht.« Bin gleich zu Fuß weggegangen, runter zur Kapelle und rein nach Simbach. Der bekam von mir den Laufpass! Natürlich gab es dann Meinungsverschiedenheiten bei meiner Herrschaft, das trieb mich in die Enge, denn alle waren für den Bauern. Mein damaliger Freund kündigte seine Stelle in Simbach und zog weg; dann wurde der Druck auf mich immer ärger. Der Bauer hoffte, er kriegt mich doch noch, er sagte, ich soll kündigen wegen Heirat. Das hab ich auch getan und meldete mich beim Arbeitsamt an, wurde aber vom Arzt krankgeschrieben. Ich hatte mit meiner Zahngeschichte auch noch eine Blutvergiftung bekommen, die ein Privatarzt dann ausheilte. Hernach bekam ich erst die Zahnprothese. Zu der Zeit war ich zu Hause bei meinen Eltern auf Kagerbauer.

Als ich mit der neuen Prothese von Simbach nach Hause ging, sagte eine Frau zu mir, die neben der Straße ihr Anwesen hatte: »Ja lass dich nur anschaun, jetzt siehst du wieder schön aus, erst warst du so gräuslich ohne Zähn.« Ich dachte mir: das sind die Landleute, die so dumm daherreden können! Als ich dann wieder auf dem Damm war, nahm ich eine neue Stelle an als Köchin im damaligen Kreiskrankenhaus Marienthal Simbach. Leider dauerte die Herrlichkeit nicht lange. Meine Schwester heiratete am 25. November 1952 nach Eggstetten. Ich musste meine Stelle aufgeben und nach Hause gehn zu meinen Eltern auf Kagerbauer. Ich bekam trotz vieler Arbeit Sehnsucht nach Simbach. Mein Bruder verließ das Klerikalseminar in Passau, er ging als Katechet. Die Eltern hofften immer noch, dass er wieder nach Passau zurückkehren wird. Der Bruder entschied sich dann für einen Lehrerberuf. 1954 feierten meine Eltern 40-jährige Hochzeit, der Hochzeitstag war der

27. Januar, also im Winter. Die Schwester im Kloster schrieb uns, dass sie zu dieser Feier heimfahren darf. Wir freuten uns riesig, dass sie endlich nach 20 Jahren heimkommt. Die Feier haben wir auf den 1. Mai verschoben, damit sie mehr von dieser Heimfahrt hatte. Da gab es genügend Vorbereitungen. Unsere nächste Verwandtschaft und Freunde waren eingeladen. Ich hab auch einen Fotografen bestellt. Erst am Tag vorher kam die Schwester mit dem Abendzug aus München in Simbach an. Wir Geschwister holten sie am Bahnhof ab. Ich konnte es gar nicht fassen, dass sie doch heimkam. Wir gingen denselben Weg nach Hause, den wir 1935 zum Bahnhof gingen und uns, wie wir damals glaubten, für immer verabschiedeten. Am 1. Mai war erst Gottesdienst in der Kirche, dann zu Hause Kaffeetrinken, Mittagessen, alles bei uns zu Hause. Ich hab die Arbeit mit der Kocherei gehabt, eine gute Bekannte aus Simbach war meine Küchenhilfe. Für 16 Personen kochen! Auch unser damaliger Pfarrer Johann Hinter war dabei. Da gab's Arbeit. Meine Schwester durfte drei Tage bei uns bleiben.

Der Abschied war nicht mehr so schwer, als sie wieder zurückfuhr nach München; wir wussten, dass sie in drei Jahren wieder heimfahren darf. 1954, im selben Jahr, als meine Schwester heimfahren durfte, bin ich am 15. August allein nach Altötting gefahren. War ein recht schöner Tag, in Altötting hatten 15 junge Schwestern vom hl. Kreuz Einkleidung in der Basilika. Der Bischof von Passau hielt die Feier. Hernach besuchte ich noch alle Kirchen, zum Schluss ging ich noch mal in die Gnadenkapelle. Dort sah ich mir außen im Rundgang die Votivtafeln und Kreuze an. Las dann noch die Begebenheit vom Stockinger Kreuz. Ich traf auch noch einige Bekannte auf diesem Rundgang. Plötzlich merkte ich, dass ein junger Herr mit nur einem Arm immer in meiner Nähe stand und auch die Votivtafeln anschaute. Ich dachte mir, den häng ich jetzt ab. Ich ging rein in die Kapelle, da waren ziemlich viele Leute drinnen. Nach längerer Zeit wollte ich an der Seite herausgehn. Da steht dieser Herr wieder neben mir. Bin so erschrocken, er sprach mich an, dass er mich für eine Bekannte hielt, dass er mir schon lange nachgegangen ist und ich hab das gar nicht bemerkt. Als er zu reden anfing, wusste ich gleich, dass er ein Österreicher ist. Er erzählte mir, dass er zum ersten Mal in Altötting sei und dass es ihm hier so gefällt. Er sei mit einem Omnibus aus Kärnten hergefahren, im Hotel Tandler sind sie einquartiert. Nach einigen Tagen fahren sie noch weiter zum Chiemsee, Ettal, Schloss Linderhof und noch zu anderen Sehenswürdigkeiten. Ich wollte doch mit dem 2-Uhr-Zug wieder heimfahren, er ließ mich nicht weg. Wir haben dann im Hotel gesessen und uns gut unterhalten. Bin dann doch zu Fuß nach Neuötting gegangen zum 4-Uhr-Zug, der Herr ist mitgegangen bis zum Bahnhof. Dort hat er mich noch um meine Adresse gebeten, bevor wir uns verabschiedeten.

Ein Heiratsantrag

Jede Woche kam ein Brief von ihm, ich hab gar nicht so oft geschrieben, ich dachte mir, vielleicht hört er dann doch auf mit der Briefeschreiberei. Es war der 12. September 1954, ich war bei uns am Abend in der Stube beim Wäschebügeln. Da merkte ich leises Klopfen am Fenster, ich ahnte nichts. Plötzlich bellte unser Hund und schon ging jemand an unsere Haustür. Ich öffnete sie, wer steht da? Der Herr aus Kärnten, ich konnte gar nicht reden, so eine Überraschung! Meine Eltern waren nett und freundlich zu ihm. Der Herr blieb einige Tage bei uns, es hat ihm sehr gut gefallen. Er wollte mit mir für einige Tage nach Wien verreisen. Das haben meine Eltern nicht erlaubt, weil wir zu dieser Zeit sehr viel Arbeit hatten, es war ja Herbst. Bevor der Herr wegfuhr, hat er bei meinen Eltern noch um meine Hand angehalten. Ich begleitete ihn noch zum Simbacher Bahnhof, von dort fuhr er weg nach Salzburg, dann runter nach Klagenfurt in seine Heimat St. Stefan, Lavanttal. Er war auf dem Postamt St. Stefan. Als er zu uns hergefahren ist, stieg er in Braunau aus, ging über die Innbrücke. Dort fragte er die Grenzpolizei, ob sie ihm nicht sagen könnten, wo der Kagerbauerhof ist. Ja, sagten die Grenzer, das ist unser Kersch- und Obstbauer, den kennen wir alle gut, das sind recht nette und gute Leute! Die haben dem Herrn den Weg zu uns so genau beschrieben, dass er uns in der Dunkelheit gefunden hat, ohne noch jemand zu fragen. Jede Woche kam ein Brief von ihm. Zu Weihnachten schickte er mir eine große Pralinenschachtel. Von meinen Eltern wurde mir abgeraten, weil dem Herrn der rechte Arm fehlte. Im Februar 1955 wurde mir ein chronisch entzündeter Blinddarm samt Wucherungen entfernt. Von dem Herrn aus Österreich kamen immer noch Briefe. Ich konnte ihm längere Zeit nicht schreiben. Hernach teilte ich ihm mit, dass ich eine komplizierte Blinddarmgeschichte habe und mir der Arzt von einer Heirat abgeraten hat. Der Briefverkehr war dann längere Zeit unterbrochen. Eines Tages kommt ein Brief, dass er zur selben Zeit im Krankenhaus am Blinddarm operiert wurde. Dann kommt ein Brief aus Kärnten, ganz fassungslos. Er betet für mich und macht eine Wallfahrt nach Altötting, dass ich wieder gesund werde. Ich hab ihm dann später in guter Absicht einen schönen Brief geschrieben, er soll sich eine gesunde Frau suchen und eine aus seinem Land. Er schrieb mir dann noch einen schönen langen Brief. So lange er am Leben ist, wird er mich nie vergessen. Als er heiratete, schickte er mir eine Vermählungskarte. Ich erwiderte mit einer Glückwunschkarte. Alle Jahre kam zu Weihnachten und Ostern ein Kartengruß. Seit 1987 kommt keine Post mehr. Ich vermute, dass er nicht mehr unter den Lebenden ist. Das war ein guter Mensch, aber er war nicht für mich als Mann bestimmt. Denn Ehen werden im Himmel geschlossen. Man muss so lange an einem vorbeigehen, bis der, welcher bestimmt ist, da ist und das ist eben Gottes Wille.

Jahr der Prüfungen

Im April 1955 heiratete mein älterer Bruder auf dem Hof. Am Tag hernach verließ ich die Heimat und zog nach Steghäuser zu einer Verwandten, die aus Altersgründen die kleine Landwirtschaft nicht mehr betreiben konnte. Dort wurde ich Wirtschafterin. Für mich war das eine große Umstellung! Das Haus war so baufällig, wenn es regnete, lief das Wasser 'rein. Wassertöpfe waren überall hingestellt. Kein elektrisches Licht, die Fuchtlerei mit den Petroleumlampen! Die Trinkwasserrohre lagen unter dem Kuhstallboden und waren mit alten Lumpen umwickelt, trotzdem spritzte das Wasser noch heraus! Als Erstes kaufte ich neue Wasserrohre, mein Bruder half mir, die Rohre einzuschneiden. Die Kühe standen im Stall mit zwei Ketten um die Hörner niedergehängt, dass sie nur aus dem Barren das Futter fressen konnten. Die Stalldecke hing so tief herunter! Die Milch war wenig von den zwei Kühen, sie bekamen auch nicht viel zu fressen, weil das Futter zu wenig war. Als ich die zwei Kühe besser fütterte, bekam ich geschimpft: »Du musst das Heu auch noch kaufen. Du meinst, die Milch müsste bei den Hörnern 'rausrinnen!« Jeden Tag gab es am Morgen Suppe, am Mittag Dampfnudel, am Abend Rohrnudel. Eine Mieterin war in diesem Hause, die zahlte im Monat 15 Mark Miete. Die alte Frau bekam als Austrag 35 Pfund Mehl im Jahr von dem, welchem sie den Hof übergab. Die Alte hatte keine Rente und eine jüngere Frau, die bei ihr war, auch nicht. Erst später erhielt die Jüngere Fürsorge, bis sie dann die Rente bekam. So eine Armut! Hat es geregnet, ging die Mieterin auf mich los, ihr regnet es ins Bett! Und es hieß, ich soll das Haus herrichten lassen, ich hätt' doch ein Heiratsgut! Ich sagte dann zu ihr, das Haus gehört doch nicht mir. Brot durfte ich nur das schwärzeste und billigste kaufen. Überall fehlte es. Wie die schon gekleidet waren! Der alten Frau hab ich gleich, als ich im Haus war, eine Stoffjacke neu überzogen, ihre war so schäbig. Meine Mutter hat mir ein buntes Sommerkleid schicken lassen, das kostete damals 15 Mark. Als ich es anzog, sagte die Alte zu mir, das ist ja vor unserm Herrgott eine Todsünd, so a gescheckerts Gwand anziehen.

Na da kann man wirklich nimmer reden, was die für Suchten haben, erzählte ich meiner Mutter. Bei diesen Weibern bleib ich nicht. Oft dachte ich noch an den Onkel Raimund. Der schlief damals in meinem Zimmer, als er auf der Kagerbauernhochzeit war. Zum Abschied sagte Raimund zu mir, Maral, begleit mich noch ein Stück Weg, ich möcht mit dir reden. Zum Schluss sagte der Onkel zu mir: »Wenn die beiden Weiber auf dich auch so bös sind, wie die damals auf meine Mutter und auf mich waren, dann musst du viel weinen in dem Haus!« Der gute Onkel Raimund ist im Januar gestorben. Leider, ich hätte ihm gerne noch erzählt, wie es mir in diesem Haus erging.

Ich war noch gar nicht lange im Haus, da hörte ich die Mieterin vor dem Haus schimpfen. Ich fragte die alte Verwandte, was da los ist? Vor dem Haus war ein großer Grand, ein Wasserbehälter, in diesen lief auf einem gebogenen Eisenrohr das Wasser. Von dort musste es mit Kübeln ins Haus getragen werden. Ich ging hinaus und fragte, was es zu schimpfen gibt? Ach, sagte die Frau, schau bloß das Wasser an, das ist ganz braun und stinkt von Odl. Schau hinauf, die Nachbarin fährt Odl aus und da stinkt jedes Mal bei uns das Trinkwasser. Die zwei Weiber ließen sich alles gefallen, damit sie sich ja keinen Schiefer einziehn. Ich fragte, wie lange diese Wasserverunreinigung schon geht. Ja, sagte die Hausbesitzerin, das geht schon länger so; sobald die Nachbarin auf die angrenzende Wiese Odel ausfährt, stinkt jedes Mal einige Tage das Trinkwasser. Sie hat sich nichts zu sagen getraut, wegen dem Ärger mit dem Nachbar. Aber jetzt bist du da, und du musst dich jetzt dagegen wehren! Nimm ein Haferl, lass das stinkende Wasser 'reinlaufen und trag das 'rauf, damit's es einmal riechen können, was sie mit der Odlausfahrerei bei uns anrichten. Hab ich gemacht, bin da raufgegangen und hab die riechen lassen. Sagt dann die Verursacherin, da muss schon an der Dränage was fehlen. Ich sagte ihr, dass mich die Hausbesitzerin raufschickt, dass die Sache schon längere Zeit so ist. Steht der Hausbesitzer neben seiner Tochter und hört zu, was ich da sagte. Dann belehrte er mich auf seine Art: »Wenn auch euer Trinkwasser stinkt, deshalb könnt ihr uns das Odlfahren noch lange nicht verbieten.« Da wusste ich dann Bescheid, was wir für Nachbarn haben.

Am 28. April 1955 kam ich ins Haus, man kann's kaum beschreiben, was ich da alles erleben musste. Das Schlimmste waren noch die Hetzer. Wenn ich für die Kühe Gras abmähte, war es auch nicht recht, oder ich gab den Viechern zu viel zum Fressen. Die beiden Weiber haben sich selber nichts zu essen gegönnt. Genau so mussten die armen Kühe sparsam gefüttert werden. Ein hölzerner Schubkarren war da zum Gras und Heu einfahren, wenn man gefahren ist, hat der nach allen Seiten gewackelt, dass er leicht umfiel. Ein Odlkübl aus Holz, so ein Glump! Überall hat es gefehlt. Ich wusste oft gar nicht, wo man zuerst anfangen soll. Ich bin immer wieder zu meinen Eltern raufgegangen und sagte, ich bleib da nicht. Sie vertrösteten mich immer wieder, da wird einmal ein neues Haus aufgebaut. Sie ließen von einem Baumeister das alte Haus anschauen, der sagte, der Moderhaufen muss weg. Ein neues Haus gehört im Garten oben aufgebaut. Die Mieterin und die jüngere der Weiber, die haben schön fest zusammen geblasen in allem. Am Ende durfte ich nur mehr 5 Liter Milch liefern am Tag, das waren meine Einnahmen. Die restliche Milch blieb im Haus zum Entrahmen und Ausbuttern. Nebenbei die Steuern zahlen und drei Personen zum Leben! Die Jüngere bekam dann die Rente, sie gab mir im Monat 10 DM! Davon zog sie mir Zeitung und Zeitschriften noch ab, was dann noch übrig war, bekam ich. Eine ziemlich hohe Mobiliarversicherung hatte ich auch noch zu zahlen, aber nur noch ein Jahr. Die hab ich als Wirtschafterin gleich gekündigt. Sobald ich Zeit hatte, bin ich zu meinen Eltern zur Arbeit 'raufgegangen. Die Mutter fragte mich: »Wann fährst du wieder nach Simbach, dann kauf mir einen Kuchen, den brauch ich zum Gratulieren für die junge Bäuerin, weiß Gott, ob ich den schön genug machen könnt?« Also gab mir die Mutter Geld mit, ich kaufte in einer Simbacher Bäckerei den Kuchen für die Mutter. Den Kuchen hab ich in meinen Schrank eingeschlossen. Als ich wieder zur Mutter raufging, nahm ich ihn mit. Dauerte gar nicht lang, erzählten mir

Leute, dass die jüngere der Weiber herumerzählt, dass ich für mich Kuchen kaufte und ihn dann heimlich fraß.

Was sie mit Rahm und Butter gemacht hat, ist erst dann aufgekommen, als sie sich mit der Mieterin zerkriegt hat. Die hat ihr dann in meiner Gegenwart vorgehalten: Rahm und Butter hast mir geschenkt, ich soll dafür die Marie recht schlecht machen bei den Leuten, und dabei laufst fest in Kircha!

Die früheren Mieter hatten erzählt, die ältere Frau sei nicht so schlimm, aber die jüngere, wenn etwas nicht nach ihrem Kopf geht, ist sie so bös! Das wusste ich schon, bevor ich ins Haus kam, aber dass es so schlimm wird, daran hab ich nie geglaubt. Ich hab' alles meinen Eltern erzählt und fragte, wie soll das noch weitergehen? Sie trösteten mich immer, ich soll mir nicht so viel denken. Eines Abends sagte die Verwandte zu mir: »Marie, du musst heiraten, mit der Jüngeren kannst du nicht weiterleben. Ich bin schon alt und werde dich vielleicht schon bald verlassen.« Ich zuckte mit den Achseln und dachte dabei, ich wär lieber eine Pfarrhaushälterin. Sagte dann, darüber muss ich noch nachdenken und ging ins Bett. Es kam der 12. September, Maria Namen. Meine Mutter kam 'runter zum Gratulieren mit einem Gockerl zu mir und auch zu der alten Verwandten. Der Tag hatte schön begonnen, dann gab es wieder Streit mit der jüngeren Frau und der Untermieterin. Ich hab mich so aufgeregt, dass ich zu Mittag nicht essen konnte. Mir war gar nicht gut, deswegen ging ich ins Bett. Plötzlich bekam ich auch noch Herzstechen, dann bin ich aus dem Bett, nahm etwas Melissengeist auf Zucker (den hatte ich in meiner Tischschublade), dann richtete ich mir Kopfkissen, auf der Ottomane und nur mit einer Decke deckte ich mich zu und hielt mich ganz ruhig. Nach einer halben Stunde hörten die Stiche auf und ich fing an zu beten. »Lieber Gott, du hast mir schon aus so großen Nöten geholfen. Ich bitte dich, erlöse mich von diesem Übel, das ich jetzt zu ertragen hab. Das führt ja noch zur Verzweiflung!« Ich schlief ganz fest ein und hatte dann einen Traum, den ich im Leben nie vergessen werde.

Zwei Träume – Schäume?

Ich sah einen ganz großen Strauch, wie ein Erlenstrauch ohne Blätter; der Wind bewegte die Stauden hin und her. Plötzlich wuchsen grüne Rosenblätter und daran lauter weiße Rosenknospen, die sich langsam vergrößerten und dann schön blühten. Der Wind bewegte sie, auf einmal teilte sich der Strauch in der Mitte und die liebe Mutter Gottes stand da in einem solchen Strahlenkranz, dass ich ganz geblendet war. Die Mutter Gottes sagte zu mir: Marie, du musst noch mehr beten, dann wirst du erlöst von deinem Schicksal. Dann schloss sich der blühende Strauch wieder, der Wind bewegte die schönen weißen Rosen mit den frischgrünen Blättern hin und her, das war ein hinreißender Anblick. Ja, beten soll ich noch mehr, sagt da die Mutter Gottes zu mir! Ich sah immer noch diesen blühenden Strauch, plötzlich teilt sich diese blühende Pracht wieder, da steht mein jetziger Mann darin im schwarzen Anzug, weißes Hemd mit Schmetterlingsschleife und einem Myrtensträußlein am Joppenaufschlag. Er lachte ganz freundlich und sagte zu mir, Marie ich helf dir auch beten und wir werden bald heiraten. Als ich erwachte, war ich ganz schweißbedeckt, momentan wusste ich gar nicht, was ich über diesen Traum denken soll.

Mein späterer Mann war zu dieser Zeit noch umschwärmt von zwei anderen Damen. Nachgedacht hab ich immer wieder über diesen Traum, aber dass das einmal Wirklichkeit wird, an das hab ich selber nicht geglaubt. Theo war zwar immer freundlich zu mir, er hatte schon lange Anschluss zu meiner Familie. Dort ging er öfters zum Kartenspielen hinauf. Zu der Zeit war ich aber nicht zu Hause, ich war in Simbach als Köchin in Stellung. Es hat halt so ausgesehen, dass der Traum niemals Wirklichkeit werden kann.

Inzwischen hatte ein Baumeister das alte Haus, in dem ich war, inspiziert. Er sagte, es wär um jede Mark schade, die man in diesen Moderhaufen stecken würde. Also gibt es nur eins: Ein neues Haus aufbauen. In dieses alte Haus mussten einige Jahre zuvor zwei neue Kamine gebaut werden, weil die alten nimmer feuersicher waren. Die zwei Kamine kosteten 800 DM. Sie hat mein Vater bezahlt, obwohl uns das Haus gar nicht gehörte. War ganz umsonst, weil beim Hausabbruch auch die neuen Kamine mit abgerissen wurden. Im Jahr 1955 ist dann mein ehemaliger Lehrer gestorben. Er wurde am Kirchweihmontag (Nachkirta) in Prienbach beerdigt. Ich bin mit dem Rad hinuntergefahren zur Beerdigung. Im Dezember kam ein neuer Verehrer ins Haus. An einem Abend träumte ich von meinem ehemaligen Lehrer. Er sagte zu mir, ich soll von dem neuen Verehrer ablassen, der wird nicht mein Mann. »Der bei mir zur Beerdigung war und mir recht viel Weihwasser ins Grab sprengte, der wird dein Mann und kein anderer.« Am nächsten Tag dachte ich immer wieder nach, wer könnte das gewesen sein? Und wozu dieser Traum von meinem Lehrer? Mir wollte das alles nicht in den Kopf. Von meinen Eltern erfuhr ich, dass der Theo, von dem ich einen so seltsamen Traum hatte, seine jüngere Freundin zu Weihnachten schön beschenkte. Träume sind Schäume! Was soll das bedeuten? Auf keinen Fall wollte ich bei den beiden Weibern bleiben. Mein

Bestreben wurde immer stärker, eine Pfarrhaushälterin zu werden. Ein Kaplan wollte mich für seinen Haushalt, aber dorthin mochte ich nicht. Von den Haushälterinnen, die er schon hatte, wusste ich, dass er ganz eigenartige Suchten hatte. Ich dachte mir damals, wenn das Frühjahr kommt, bewerb ich mich mit einem Inserat im Altöttinger Liebfrauenboten um eine Pfarrhaushälterinnen-Stelle.

In Kirchberg wurde schon seit Kriegsbeginn an jedem 13. des Monats eine Fatimaandacht am Abend gehalten. Dorthin bin auch ich immer gegangen, wenn ich in Kirchberg war. Also ging ich auch am 13. Januar 'rauf zur Kirche zur Fatimaandacht. Als ich die Kirche verließ, fasste mich eine Frau am Arm und sagte zu mir, ich soll mit ihr runterkommen, weil die Hausfrau so krank ist, und der Theo, der bei ihr wohnt, hat mir auch was zu sagen. Ich dachte mir, was hab ich denn angestellt, dass der mir was zu sagen hätte? Ich ging hinunter und läutete an der Hausglocke. Theo öffnete und ließ mich in der Küche Platz nehmen, dann sagte er zu mir: »Marie, du brauchst doch einen Mann, allein kannst du nicht ewig bleiben!« Mir kam das so überraschend, nachdem ich wusste, dass er Weihnachten mit einer Dame doch Geschenke austauschte. Ob ich ihn als Mann nicht brauchen könnte? Er sagte mir auch, dass er am Sonntag mit mir zu meinen Eltern geht und um meine Hand anhält. Ich dachte mir, wie soll jetzt das weitergehn mit meinen zwei Hausdamen, von denen ich mich am liebsten für immer verabschiedet hätte? Am Sonntagabend sind wir dann zu den Eltern gegangen, Vater sagte zu Theo, dass da herunter ein neues Haus gebaut wird. Es sei höchste Zeit zum Bäume fällen für das Bauholz. Vater fuhr mit dem Baumeister in den Hötzlwald, dort zeichnete er die Bäume an, die er für Bauholz benötigte. Theo und ich sind mit dem Rad hingefahren und haben mit einer

Schliersäge[43] die Bäume um- und ausgeschnitten. Motorsägen gab es zu dieser Zeit noch nicht!

Ein Haus wird gebaut

Der Baumeister zeichnete dann den Plan für das neue Haus. In den Wald zum Holzfällen sind Theo und ich oft gefahren, bis wir fertig waren mit der Holzschneiderei. Meinen zwei Hausdamen hat mein Vater gesagt, dass ich bald heiraten werde und dass wir ein neues Haus bauen. Da war dann alles in Ordnung, wir ließen uns auch schon Kies herfahren und den Berg herunterkippen. Bei der Kälte, die damals herrschte, musste ich jeden Tag Kies wegschaufeln, der auf dem Berg oben liegen blieb. Das war im Februar 1956. Wenn Theo von der Arbeit heimfuhr, kam und half er mir. Inzwischen fuhr der Grüner-Bauer von Wittibreut das gefällte Bauholz aus dem Hötzlwald zur Edmühle zum Schneiden. Als es fertig geschnitten war, fuhr er es zu uns her mit den Pferden, auf den Berg oberhalb der Baustelle. Dort schlichteten wir das Bauholz schön auf und deckten es gut zu, damit kein Regen rankam zum Trocknen. So viel Arbeit mit der Bauvorbereitung! Am 10. April war die Hochzeit.

Ich erzählte meinem jetzigen Mann vorher schon, was die jüngere Frau der zwei Frauen alles kann. Er gab mir zur Antwort, das gibts doch gar nicht, die geht doch jeden Tag in die

---

43) *Schliersäge:* Lange, aus einem biegsamen Stahlblatt und zwei Holzhandgriffen bestehende Säge, die nur von zwei damit gut eingeübten Personen gehandhabt werden konnte, auch »Waldsäge«.

Kirche und tut so fromm. Ja, ich musste ein Jahr vorher schon staunen, als es kälter wurde, ging sie nicht mehr zur Kirche, sie machte einfach auf krank, dann kam auch noch der Geistliche zum Versehen. Erst hat sie das Zimmer ausgeputzt, dann hat sie ein Nachthemd angezogen, sich an den Tisch gesetzt in der Stube, ihre Vorbereitung gebetet und dann ging sie ins Bett. Kurze Zeit drauf kam der Geistliche zum Erteilen der Sterbesakramente. Als er wieder fort war, ist die Kranke wieder aufgestanden, hat gekocht und ihre Hausarbeit verrichtet. Als ich das sah, musste ich laut lachen! Um Ostern, wenn es nicht mehr so kalt war, ist sie wieder zur Kirche raufgegangen, da feierte sie auch ihre Auferstehung (vor lauter Krankheit). Da war ich öfters schwerer krank von lauter Ärger, ich musste meine Arbeit trotzdem verrichten. Beim Misteinreiben half mir der Theo auch schon vor dem Heiraten, ich war ja zur Arbeit immer allein. Dürre Bäume im Obstgarten hab ich im Herbst ausgestockt, dann alles mit der Handsäge klein geschnitten. Die Zoierl gespalten und dann allein aufgeschlichtet, auch da half mir der Theo schon, wenn er von der Heraklith heimfuhr. Da ging die Alte schon spechten, ob sie nicht doch etwas erlauschen könnte, wenn wir zusammen gearbeitet haben in der Holzhütte. Oder gar was Unheiliges reden oder tun würden? Da konnte sie spechten, so viel sie nur wollte. Da bekam sie nie etwas zu hören oder zu sehen. Elektrisches Licht war auch nicht im Haus, das hat mir recht wehgetan, ebenso erging es meinem Mann. Erst war Theo in einem Lehrerhaus und dann in der alten Bude.

Ich war schon bei den alten Frauen im Haus, es war 1955 und am 15. Mai Hochzeit in der Nachbarschaft. Die Braut war vorher öfters helfen gekommen, Heu heruntertragen und so weiter. Zu mir sagte man, ich soll mitkommen zum Ständchen singen am Abend vor der Hochzeit, weil die Braut einmal im Jugendchor Sängerin war. Ich hab anschließend noch Blumen und Daxen[44] gesammelt und nachts vor dem Hauseingang einen Blumenteppich gelegt.

Ein Jahr hernach am 10. April 1956 war unsere Hochzeit. Am Tag vorher sind am Abend zu mir die Sänger gekommen zum Ständchen singen, ich sang ja früher im Kirchenchor. Bin bei Tag nach Simbach gefahren, hab Bohnenkaffee gekauft und einen Kuchen. Bei den Weibern durfte ich ja keinen Kuchen backen. Theo sagte zu mir, wenn die Schießer am Polterabend kommen, dann schickst du sie zum Nöhmeier-Wirt, dort hab ich alles schon bestellt. Die Hochzeitstorte hab' ich bei meinen Eltern oben gebacken und schön hergerichtet und den Rahm holte ich mir auch dort oben. Als es Abend wurde, nahm ich mein Kaffeeservice aus dem Küchenkasten und stellte es auf eine Küchenplatte. Als die Alte das sah, sagte sie zu mir, kommt da jemand Gaudi machen, dann schau zu, dass du zu deinen Eltern raufgehst. Wir wollen und brauchen unser Ruah. Ich sagte, ich weiß es nicht bestimmt, ob wirklich jemand kommt, ich habe niemand bestellt. Sollte aber wirklich jemand kommen, so muss ich doch etwas herrichten. Die Alte ging dann ins Bett, ohne gute Nacht zu sagen. Die Jüngere ging schon früher ins Bett. So gegen ½ 8 Uhr kamen die Sängerinnen zum Ständchen singen. Hernach gab es Kaffee und Kuchen. Die waren dabei recht lustig und so manche hat sich recht witzig geäußert. Auf einmal krachte es vor dem Haus. Die Schießer waren da. Um Himmels willen, sagte ich zu den Sängerinnen, die Alte braucht ihre Ruah! Ja, lachten die Sängerinnen, das gehört doch dazu, heut ist Polterabend! Ich bin dann zu den Schie-

---

44) *Daxen:* Kleine, grüne Tannenästchen.

ßern rausgegangen und hab sie ersucht, die Knallerei einzustellen, sonst krieg ich mit den Weibern Verdruss. Sagt der eine zu mir, jetzt schieß'n mir erst recht, dass die zwei Grantlerinnen richtig abrieglt. Die Schießer gingen dann zum Wirt, sonst ist es Brauch, dass sie im Haus bedient werden, aber es wäre unmöglich gewesen. Die Sängerinnen haben sich dann auch verabschiedet. Ich räumte noch sauber auf im Haus und vor dem Haus, dann ging ich zu Bett, konnte aber nicht schlafen. Mir kam alles so vor die Augen: Weihnachten hatte ich noch keine Ahnung von einer Hochzeit. Jetzt ist Ostern vorbei, und morgen soll ich heiraten? Mir kam alles so schwer vor, ich fragte mich, wie wird das weitergehn? Es ist ein ernster Schritt, den ich da machte. Dazu kam auch noch der Hausbau und seine Sorgen. Ich habe in der Nacht so geweint! Mir war alles einfach zu überraschend.

Statt Pfarrhaushälterin Ehefrau

Ich hatte mir meine Pläne geschmiedet, Pfarrhaushälterin zu werden, und weg von diesen Grantlerinnen. Jetzt bin ich verurteilt, bei ihnen zu bleiben. Am Morgen bin ich dann aufgestanden, hab' die zwei Kühe gemolken, die Stallarbeit fertig gemacht. Hernach hab ich mich sauber gewaschen und noch Wasser reingeholt vorm Haus. Eine halbe Stunde, bevor ich das Brautkleid anzog, hab ich noch Bohnenkaffee gekocht und unter der Kaffeehaube warm gestellt. Auch den Schlagrahm machte ich fertig und stellte ihn kalt. Inzwischen kam die Schneiderin mit dem Brautkleid an. Den Schleier nähte sie bei uns erst an das Myrtenkränzlein an. Die beiden Weiber wa-

ren fuchsteufelswild und sagten, sie gehen nicht in die Kirche zur Trauung, weil am Abend so eine Gaudi war. Die Jüngere ist krank und man kann sie nicht allein lassen. Die Alte ist auf dem Kanapee gesessen, den Rosenkranz in der Hand, beten konnte sie nicht vor lauter Neid. Was brauchst du überhaupt einen Schleier, ich hab auch keinen gehabt? Ich hatte mich auch nicht anders angezogen als die Bräute, die zu der Zeit geheiratet haben. Ein Gesicht hat die Alte gemacht, so richtig boshaft. Die Jüngere stand in aller Früh auf, zog sich an und hat dann draußen vor dem Haus auf der Gred mit dem Reisigbesen gekehrt. Ich dachte mir, was gibt es denn da noch zu kehren? Ich hab doch am Abend, als die Schießer fort waren, alles ganz sauber gemacht. Als ich dann Wasser reinholte, lagen unter dem Wassergrand zwei kleine Fichtenästlein. Mir kam der Gedanke, vielleicht ist da ein Blumenteppich gewesen, den die Jüngere mit dem Besen zusammengekehrt und weggeräumt hat. Ich sagte zu niemand etwas, auch nicht zum Theo. Ich zog mich dann an, die Schneiderin half dazu, da gab's noch allerhand zum Annähen. Als ich mich angezogen hatte und fertig war, saß die Alte immer noch mit dem Rosenkranz in der Hand auf dem Kanapee. Ich dachte mir, was wird der Theo jetzt sagen, wenn der mich abholt, und er sieht, wie die Alte ganz bockisch auf seinem Liegeplatz hockt und wirklich nicht zur Kirche mitfährt. Dann kam er zur Tür herein mit dem Nelkenstrauß in der Hand, er sieht, dass die Alte nicht mag. Am liebsten hätte er geweint, so haben uns die beiden den Hochzeitstag versalzen. Nach der Trauung fuhren wir mit den zwei Trauzeugen ins alte Haus, dort hat Theo mit den zwei Männern Kaffee getrunken und von der Hochzeitstorte gegessen. Ich musste im Brautkleid den Kaffee servieren und von der Torte drei Stück abschneiden. Ich selber hab mich gar nicht dazugesetzt, mir ist der Appetit vergangen vor lauter Ärger und auch beim Festmahl konnte ich nicht essen.

Ich war schon 33 Jahre, als ich geheiratet hab. Die Brautnacht war wirklich nicht so schön, wie sie gerne besungen wird: Hochzeitsnacht, du bist die schönste aller Nächte! Einige Tage nach der Hochzeit kam die Frau vorbei, die bei mir auf der Hausgred den Blumenteppich legte. Sie sagte zu mir, scheinbar war's dir gar nicht recht, dass ich dir einen Blumenteppich hinstreute, weil du ihn gleich weggeräumt hast, oder war er zu wenig schön? Das sei für sie eine solche Anstrengung gewesen, weil sie hochschwanger war. Ja, sagte ich dann zu ihr, jetzt weiß ich, warum die Jüngere am Hochzeitsmorgen vorm Haus so lange gekehrt hat, da hat die den Blumenteppich weggeputzt. Einige Fichtenästlein lagen noch unterm Wassergrand. So eine Bosheit, sagte die Nachbarin. Leider, sagte ich zu ihr, und mich redest dafür auch noch schwach an. Jetzt könnte die Jüngere die Tat nicht mehr leugnen. Mein Mann schüttelte nur noch den Kopf und meinte, da fängt ja alles gut an.

Gleich nach der Hochzeit fingen wir an, den Keller auszugraben, mit der Schaufel (Bagger gab es für uns noch nicht), mit der Karre wurde die Erde weggefahren. Wir haben jeden Tag gearbeitet, bis es dunkel war. Da kam einmal ein Herr vom Bauamt, schaute sich die Ausgrabung an. Sagt er dann zu mir, ihr habt euch aber schöne Flitterwochen ausgesucht! Ich erwiderte ihm, da ist gleich ausgeflittert, wir sind am Abend so müd, dass eins das andere nicht mehr anschaut. Das glaub ich, sagte dieser Herr, viel Spaß und Glück noch zu eurer Arbeit, dann fuhr er weg. Wenn wir ins Haus zurückkamen, dann die Gesichter!

Von der Firma, in deren Haus mein Mann acht Jahre wohnte, bekam ich das ganze Obst, Kirschen und Beeren, was ich brauchte. Ich kaufte mir ein Jahr vorher schon 300 Einweckgläser und einen Einweckapparat von einer gut bekannten Geschäftsfrau, die ihren Haushalt auflöste. Hab' dann da herunten gleich junge Kirschbäume gekauft und eingesetzt, auch Eierpflaumenbäumchen und Mirabellen. Halt so, dass wir selber einmal Obst haben zum Einwecken. Wir waren ja im Haushalt beisammen. Da hat die Alte gelacht, wenn sie ein Glas eingeweckter Kirschen vom Einweckschrank holte!

Wir holen die Kühe aus dem Marterkäfig

Theo und ich mussten uns schrecklich schinden beim Bau des Hauses, aber wir freuten uns, als wir die zwei Kühe aus dem »Marterkäfig« holten, sobald der Stall fertig war. Bruder Ludwig hat uns dabei geholfen. Heraus aus euerem Sibirien, sagte er zu den Kühen, als wir sie dort rausführten. Bei uns wurden sie mit neuen Ketten um den Hals angehängt, so wie es sich gehört. Das tat den Tieren recht wohl. Die Milchleistung ist angestiegen. Zwei Schweine hatten wir auch unten im alten Stall. Die konnten wir erst später raufholen, weil der Schweinestall auch noch nicht fertig war. Zum Abendgebet mussten wir uns auf dem Stubenboden niederknien. Als ich dann in Hoffnung war, ist mir beim Knien immer schlecht geworden, deshalb blieb ich beim Beten stehen. Als ich zur Tür rausging, hörte ich noch, wie die Jüngere zur Alten sagte: Seitdem sie verheiratet ist, braucht die sich nimmer hinknien, da ist die sich zu schön dazu. Kirchweih sind wir dann im neuen Haus eingezogen. Ich war ehrlich froh, als wir endlich allein waren. Mir tat es gut, keine Aufregungen mehr zu haben, es war genug, dass ich jeden Tag erbrechen musste vier Monate lang, dann erst wurde mir besser.

Als der Rohbau und die zwei Zimmer fertig waren und der Außenverputz, ist das Bargeld zu Ende gewesen. Mein Vater hat mir dann 2700 Mark geliehen, damit kauften wir einen Küchenherd, Tisch, Stühle, ein Schwenkkastl, Klosett und Bad bauten wir noch aus, die Stalltüren und überall noch die Fenster ein und einen kleinen Kohleofen, dann war das Geliehene zu Ende. Das Wasser ließen wir auch noch einrichten und das elektrische Licht. Dann ließen wir das Haus ausweihen von unserm Herrn Pfarrer. Jetzt kam eine ruhigere Zeit für mich, wir freuten uns so auf unser Kind. Trotzdem hatte ich Angst, weil meine Schwester ein Kind hatte mit einem Augentumor. Wenn mich jemand fragte, was ich mir wünsche, gab ich zur Antwort: Ein gesundes Kind. Zu der Zeit besucht mich der Arzt, der mich 1945 im Lazarett Marienhöh behandelt hat. Sagt er zu mir, was soll's denn werden? Ein gesundes Kind, war meine Antwort. In Wirklichkeit hatte ich Angst.

Eines Tages kommt ein Herr zu mir um die 40 Jahre, eine große schwarze Mappe in der Hand, sagte zu mir, dass er von der Brandversicherung sei. Bring mir den Plan vom Haus, er muss alles aufnehmen. Ach, sagte er dann, ihr habt ja noch viel im Rohbau, da kann ich noch nicht aufnehmen. Drauf gab er mir den Plan in die Hand und fragte, wo mein Mann arbeitet und was er verdient. Ich sagte, da brauchen Sie nicht zu fragen, wir sind jetzt so arm wie eine Kirchenmaus. Er lachte dazu; und wann kommt Ihr Mann nach Hause? Jetzt kam mir die Lage recht zweifelhaft vor. Ich gebrauchte eine Notlüge! Ach, sagte ich zu dem Herrn, der wird jeden Augenblick da sein, der hat die Arbeit aus. In Wirklichkeit fing Theo erst um 2 Uhr an und um 10 Uhr abends hatte er aus. Schnell nahm der Herr seine Mappe und ging. So halt, dass es mir aufgefallen ist. Zwei Wochen später kommt ein alter grauer Herr auch mit einer Mappe und sagt zu mir, er sei von der Brandversicherung. Er muss alles aufnehmen. Ich gab ihm zu verstehen, genau vor zwei Wochen war auch ein Herr da, er sei von der Brandversicherung und hat den Plan verlangt. Er gab ihn mir wieder in die Hand und sagte, da kann man noch nichts aufnehmen, weil das Meiste noch Rohbau ist. Der ältere Herr staunte, so, sagte er, das war von der Versicherung keiner. Wer war denn der Herr eigentlich? Ein Schwindler höchstens, wer weiß, was der im Sinn hatte, sagte der Ältere dann zu mir. Ich erzählte dem Herrn, dass der auch noch fragte, wann mein Mann heimkommt, dann hab ich mich einer Notlüge bedient, weil mir das Ganze nicht gefiel. Diesen Einfall haben Sie einem Schutzengel zu verdanken, weiß Gott, was es da noch gegeben hätte, sagte er und nahm den Plan, ist mit der Leiter überall raufgestiegen. Er hat sogar die Balken alle nachgezählt. Ja, das war schön, wenn der Rohbau auch nicht versichert sei und ein Teil ist ja doch schon fertig. Ihr wohnt ja schon drin. Wenn da ein Feuer ausbrechen tät und nichts versichert wäre, das ist ja sogar strafbar.

Vor der Niederkunft noch große Wäsche

An einem Sonntagnachmittag war recht schönes Wetter, da sagte Theo zu mir, wir fahren heute zum Fliesenleger hinauf mit dem Fahrrad, er soll kommen. Ich hab' einen Mantel angezogen, es war ja schon Herbst. Auf der Rückfahrt, bevor wir die Kirche in Kirchdorf erreichten, bekam ich Stechen in beiden Brüsten. Mir wurde ganz schlecht. Wir stiegen gleich von den Rädern. Theo fragte mich ganz ängstlich, ja was hast du denn? Wir lehnten unsere Räder bei der Kirche an, da war gerade eine Andacht, als wir dort reingingen. Im hinteren Teil von der Kirche war damals noch ein kapellenähnlicher Anbau, da stand ein gepolsterter Knieschemel. Auf den kauerte ich mich hin. Theo stand neben mir, er wusste auch keinen Rat. Ich konnte kaum reden vor lauter Schmerz. Es dauerte noch geraume Zeit, bis der Schmerz etwas gelinder war. Erst dann konnten wir die Heimfahrt fortsetzen. Am nächsten Tag fuhr ich zur Hebamme nach Simbach, ich fragte sie, was ich machen soll, dass der Schmerz weggeht. Sie empfahl mir warme Über-schläge zu machen und anschließend warme Flauschtücher auf der Brust zu tragen.

Nach einigen Tagen war der Schmerz weg. Hernach sah ich beim Waschen, dass ich bis zum Hals herauf ganz dicke blaue Adern bekam, wie so ein Netz. Bin wieder zur Hebamme ge-fahren und hab ihr das gezeigt. Sagt sie zu mir, so etwas sieht man doch ganz selten. Sollte ich noch einmal so arge Schmer-zen bekommen, muss ich zum Arzt gehen, weil sie keinen Rat mehr weiß. Diese Adern deuten viel Milch an, sagte damals die Hebamme. Schmerzen bekam ich keine mehr. Nach eini-gen Wochen, als ich am Morgen erwachte, war das Nachthemd ganz nass auf der Brust. Ich zog es aus, was ist denn da los? Ja, die Milch lief aus den Brüsten. Ich war ja erst im 5. Monat schwanger. In unserer Gegend haben zu der Zeit zwei Frauen entbunden, die dieselbe Hebamme hatten, sie fuhr mit dem Rad zu diesen Frauen und kam überraschend dann zu mir, sie wollte wissen, wie es mir geht. Dann erzählte ich ihr, dass kein Schmerz mehr gekommen ist, aber ich muss jeden Morgen die Brüste ausdrücken, sonst verschmier ich mir die ganze Wä-sche. Sagt sie dann zu mir, so etwas ist mir, seit ich Hebamme bin, noch nie untergekommen. Hoffentlich läuft uns die Milch nicht davon, bis wir sie brauchen. Jetzt kann sie sich den da-maligen Schmerz erklären, da ist die Milch schon eingeschos-sen, was bei Frauen normalerweise erst nach der Entbindung kommt. Ich hatte keine Beschwerden mehr und bin auch nicht zum Doktor gegangen, erst vor der Entbindung und er stellte fest, dass das Kind die richtige Lage hat. Von unseren Hausda-men hatte ich mehr Ruhe, wir waren ja nicht mehr beisammen. Der März war schon da, in diesem Monat erwartete ich meine Niederkunft.

Als der Tag kam, hatte ich vorher noch Großwäsche, mit der Bürste hab ich damals gewaschen und die Wäsche in einem großen Waschhafer auf dem Küchenherd ausgekocht. Damals gab es noch keine Waschmaschine. Ich verspürte schon immer so kleine Wehen. Ich war ja ganz allein im Haus und hatte auch kein Telefon. Bin dann nach dem Waschen noch zu meinen Eltern raufgegangen, hab sie ersucht, sie sollen, wenn Bruder Ludwig zum Markt geht (damals war in Simbach der Mitte-Fasten-Markt), bei mir vorbeischauen, denn mein Mann kam ja erst nach 4 Uhr nach Hause. Theo kam dann zu seiner Zeit heim. Ich konnte die Stallarbeit noch verrichten. Die Wäsche hab ich noch abgenommen, dann war's zum Abendessen. Ich bin zeitig ins Bett gegangen. Die Wehen wurden immer mehr. Gegen 9 Uhr holte Theo die Mutter ins Haus. Ludwig fuhr mit dem Moped zur Hebamme. Die ließ mich mit einem Taxi ins Simbacher Krankenhaus fahren. Ich kam in ein Krankenzimmer, da lagen Patientinnen mit verschiedenen Krankheiten. Wöchnerinnenzimmer gab es damals nicht in Marienthal. Eine jüngere Frau war auch noch dabei, die zur Entbindung eingeliefert war. Was ich sehr schlimm fand, dass die auch meine Hebamme hatte. Die kam zwar eher ins Entbindungszimmer als ich. Sie hatte nur eine Viertelstunde vor mir ihren Buben zur Welt gebracht. Die Hebamme untersuchte mich, als ich im Krankenhaus lag, dann sagte sie zu mir, das Kind hat die richtige Lage nicht, ich darf mich nur auf die linke Seite legen, ja die Lage nicht ändern, wenn auch die Wehen immer ärger werden, sonst brauchen wir einen Doktor. So lag ich bis um 5 Uhr morgens. Inzwischen hatte die Jüngere entbunden, dann kam ich dran. ½ 6 Uhr morgens kam unser Bub an. Um 8 Uhr kam dann der Chefarzt zur Visite, er hat gleich gratuliert zu unseren Stammhaltern. Beide haben einen Buben. Fragt er die Schwester, wann war die Geburt, um ½ 6, dann sagt er noch: Und jetzt lacht sie schon wieder. Ich sagte zu meiner Hebamme, sie soll meinen Mann in der Heraklith anrufen und ihm Bescheid geben. Bevor die Hebamme uns verließ, hat sie noch bei jeder nachgesehen. Sie sagte, dass für mich angerufen wurde, sie war der Meinung, dass das mein Mann war.

Um 4 Uhr nachmittags, nach der Arbeit, kam mein Mann ins Krankenzimmer und schaute mich ängstlich an. Ja, fragte ich ihn, weißt du noch nicht, dass wir seit ½ 6 Uhr morgens einen Buben haben? Nein, sagte er, wer war denn das, der da angerufen hat? Bruder Ludwig, wie sich das später herausstellte, der hatte schon Büchsen hergerichtet, falls es ein Mädl gewesen wäre, das hat sich dann alles erübrigt. Als ich im Krankenhaus aufstehen durfte, war ich so geschwächt, dass ich am Bett zusammengesackt bin. Bekam auch immer wieder Herzstechen. Ich sagte nichts zum Doktor und auch nichts zu den Schwestern. Nach einer Woche durfte ich doch nach Hause. Ich hatte aber noch viel auszuhalten, weil ich viel Blut verlor und daheim früh arbeitete und mich erkältete. Auch erlebte ich einen bösen Schrecken wegen des Buben, der bei der Geburt die Nabelschnur zweimal um den Hals gewickelt hatte und dessen Hals sehr anschwoll. Es wurde dann aber doch recht.

Zu der Zeit, im April 1957, war am Sternenhimmel einige Tage ein ganz großer Komet sichtbar, da war das Firmament richtig rot. Wenn wir uns das ansahen, hat es mich immer geschaudert. Ich erinnerte mich an das große Nordlicht vor dem grausamen Krieg. Plötzlich bekam unser Bub Erstickungsanfälle, wurde ganz blau im Gesicht. Ich hab ihn fest geschüttelt, dann war der Anfall wieder vorbei. Ich erzählte das meinem

Mann, als er von der Arbeit heimkam. Der Bub sieht doch so gut aus, meinte er, dem kann doch gar nichts fehlen? Einige Tage später war ich im Stall beim Kälberl füttern, da kommt der Mann mit dem Buben auf dem Arm zu mir heraus, jetzt hatte er wieder einen Erstickungsanfall bekommen. Ich hab' den Buben wieder fest geschüttelt, dann war der Anfall vorbei. Der Mann ist gleich mit dem Rad nach Simbach gefahren und hat den Kinderarzt geholt. Der ist dann gekommen und hat das Kind untersucht. Er sagte zu mir, er muss gleich ins Krankenhaus, er kann ausatmen, aber beim Einatmen kriegt er zu wenig Luft. Auf den Brustrippen hatte er zwei Daumen tiefe Löcher. Das war ein Schrecken! Ich hab das Kind voll gestillt, 7 Monate, ich hatte genug Milch. Der Doktor sagte, wir können das Kind unmöglich von der Muttermilch wegnehmen, das würde das Kind unmöglich überleben. Die Krankenkasse hätte mir den Krankenhausaufenthalt bezahlt, weil für den Buben Lebensgefahr bestand. Ja, wen hätte mein Mann die vier Wochen gehabt für den Stall und für den Haushalt?

Mit dem Fahrrad zum Stillen

Es blieb mir keine andere Wahl, alle drei Stunden mit dem Rad nach Simbach zu fahren zum Stillen. Gesunde Kinder kriegen alle vier Stunden ihre Mahlzeit. Das hätte der Bub nicht ausgehalten. Als ich reinkam ins Krankenhaus, hab' ich mich ganz entsetzt, als ich sah, wie der Bub im Bettstadl lag. Gleich nach der Einlieferung war er geröntgt worden und man stellte fest, dass sich die Wachstumsdrüse nicht zurückgebildet hatte, die sich bei Kindern normal im Mutterleib zurückbildet, bevor sie zur Welt kommen. Und dass die Luftröhre viel zu lang war durch die Gesichtslage, die der Bub im Mutterleib hatte. Auf der Röntgenaufnahme sah ich, dass die Luft- und Speiseröhre wie eine verkrümmte Schlange war, viel zu lang. Im Kinderbettstadl haben's den Buben auf ein Luftkissen gelegt, den Kopf tiefer nach unten gebogen, dann bekam er keine Erstickungsanfälle mehr. Die Wachstumsdrüse muss in vier Wochen auch zurückgebildet sein, sagte der Arzt, sonst muss er in eine Spezialklinik. Das war eine Zeit für mich! Alle drei Stunden nach Simbach fahren, früh 6 Uhr, dann 9 Uhr, dann 12 Uhr, 3 Uhr, dann 6 Uhr abends und 9 Uhr. Und immer die Angst, was wird aus dem Buben werden? Ich dachte mir oft, die vier Wochen vergehn nicht mehr. Aber es war nicht vergeblich. Nach vier Wochen hat sich alles normalisiert. Der Bub ist prächtig gediehen. Aus ihm ist ein großes Mannsbild geworden. Als ich im Krankenhaus entbunden hatte, sagte ich zu einer Bettnachbarin, mir wäre ein Mädl lieber gewesen; die dann drauf sagte, das kommt im nächsten Jahr. Ich meinte, so schnell werde es nicht gehen. Im Herbst 1957 fing mein Vater zu kränkeln an. Er wurde vor Weihnachten operiert, leider zu spät. Am 25. April 1958 starb er. Er war 30 Jahre bis zu seinem Tod Kirchenpfleger. Auch den Mesnerdienst hat er 22 Jahre für Gotteslohn gemacht. Als er verstorben war, sagte unser damaliger Ortspfarrer, es hat kein Mensch in Kirchberg so viel für die Kirche getan wie dieser Mann. Dafür gab es eine kostenlose Beerdigung von kirchlicher Seite und ich war mit dem zweiten Kind in der Hoffnung, konnte kaum zur Beerdigung gehn; bin gleich nach dem Gottesdienst wieder nach Hause. Zwölf Tage hernach kam unser Mädl zur Welt bei uns zu Hause, einen Tag vor dem Muttertag, das war mein schönstes Muttertagsgeschenk!

Wir bauten unser Haus langsam weiter aus, wenn wir Geld zusammengespart hatten. Inzwischen verkaufte ein Grundnachbar sein Anwesen und auch Wiesen. Bei uns war so wenig Wiese dabei, dass wir nicht einmal zwei Kühe füttern konnten. Er kam zu uns und bot uns den Grund an. Wir haben uns das Gartenstück dann dazugekauft und dazu von der Bank Geld aufgenommen. Das Haus wurde uns überschrieben und im Frühjahr 1964 starb die alte Frau. Wir hatten gar nicht gewusst, dass sie ernst erkrankt ist.

Meine Schwester feierte in München Silberprofess und zugleich Abschied vom Schwabinger Kinderkrankenhaus, denn sie wurde als Wirtschaftsküchen-Schwester nach Dinkelscherben versetzt. Im Schwabinger Kinderkrankenhaus war sie 27 Jahre, in Dinkelscherben 17 Jahre. Zur damaligen Feier bin ich einen Tag vorher nach München mit dem Zug gefahren, habe bei Bekannten übernachtet. Am nächsten Tag bin ich nach der Feier wieder zurückgefahren. Mein Mann hat mich am Bahnhof abgeholt und erzählte auf dem Heimweg, dass die alte Frau ernst erkrankt sei, das hat der Herr Pfarrer erzählt. Mein Mann ist dann zu ihr gegangen, aber die Jüngere sagt, wir brauchen euch nicht, wenn die Alte stirbt, kommen die Nachbarn zum Helfen. Als es dann ernst wurde, kam niemand, dann war die Jüngere um uns auch noch froh. Wir haben alles erledigt, was für die Beerdigung nötig war und auch die anfallenden Kosten bezahlt, die Jüngere zog aus dem Abrisshaus aus. Wir haben dann das alte Haus abgerissen. Das war vielleicht eine Arbeit! Ein alter Zimmerer hat dazu geholfen, dafür bekam er Fensterstöcke, Türen und Stiegen. Mauerwerk und verfaulte Holzbalken ließen wir mit der Raupe einebnen. Am Schluss war halt noch ein riesiges Loch. Wo soll man so viel Erdreich herbringen? Wir ließen einen großen Buckel einschürfen. Drei Tage hatten wir Lastwagen und Bagger da. Sie füllten dieses große Loch an. Die Raupe ebnete dann das Erdreich; überall ist schöne Wiese geworden.

Nun klappe ich das Buch der Erinnerung zu

Die Jahre vergingen nun rasch. 1963 kam der Bub zur Schule. Er musste nach Simbach. Damals wurden die Kinder noch nicht mit Bussen zur Schule gefahren. Die erste Zeit hab ich ihn mit dem Rad reingefahren und auch abgeholt, bis er dann allein ging. Im Jahr darauf kam das Mädl in die Schule, auch sie musste ich die erste Zeit fahren und abholen, bis sie auch selber ging. In der zweiten Klasse ist jedes Kind dann schon mit dem Rad gefahren.

1960 zog die Frau, bei der mein Mann acht Jahre gewohnt hatte, zu uns ins Haus, sie kränkelte schon länger. Für mich war es eine große Erleichterung, dass ich nicht immer zu ihr nach Kirchberg gehen oder fahren musste. Ende Oktober ging sie ins Krankenhaus zu einer Operation und erholte sich gut. Mitte Dezember bekommt sie einen Herzanfall, Mitte Januar einen zweiten. Als ich zur Kirche ging, sagte die Kranke zu mir, ich soll dem Geistlichen sagen, dass er kommen möcht und ihr die Sterbesakramente erteilen. Ich glaub', sagte sie zu mir, der Herzanfall war ein Fingerzeig Gottes, ich muss mich auf die Heimroas richten.

Drei Tage vor ihrem Tod hat sie das Bewusstsein verloren und ist dann in der Nacht auf Sonntag, 25. Januar, verstorben. Mein Mann war nicht zu Hause. Ich war damals so fertig, ich konnte nichts mehr essen. So ein Leiden sehen und nicht helfen können. Habe damals 20 Pfund an Gewicht verloren.

Im selben Jahr 1970 starb am 20. Juli Bruder Ludwig auf dem Heimathof. Genau an dem Tag, wo er vor 25 Jahren aus der Kriegsgefangenschaft nach Hause kam. Mit 49 Jahren, die Mutter musste noch miterleben, was aus dem einst so schönen, ertragreichen und gut situierten Hof geworden ist, den die Eltern mit Müh und Fleiß aufbauten und es zu solchem Ansehen gebracht haben.

1973 verstarb dann die Mutter im 82. Lebensjahr. Und nun bin ich selbst alt, ausgeschunden und krank. 1989 feierte meine älteste Schwester goldene Profess in München, das war für uns ein Freudenfest. Aber am 8. Juni 1989 starb die jüngste

Schwester in Eggstetten. Mein Mann und ich sind jetzt schon in Rente. Aber die Erinnerungen sind so lebhaft in meinem Gedächtnis, dass ich großen Spaß daran fand, sie aufzuschreiben.